第2版

问卷数据分析

破解SPSS软件的六类分析思路

周俊 著

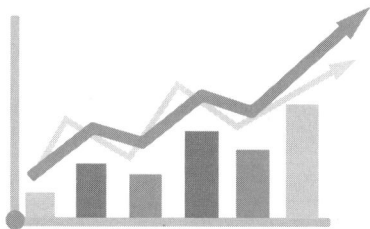

电子工业出版社
Publishing House of Electronics Industry
北京·BEIJING

内 容 简 介

本书系统介绍了使用 SPSS 软件进行问卷数据分析的思路及方法，分为四部分，分别是问卷设计、六类问卷分析思路、数据分析方法在 SPSS 软件中的操作和答疑解惑。其中问卷设计部分适用于所有读者，建议读者在设计问卷前详细阅读这部分内容。读者可以结合实际情况选读六类问卷分析思路部分的内容。数据分析方法在 SPSS 软件中的操作部分详细讲解了各类数据分析方法在 SPSS 软件中的操作细节，并且对输出结果进行说明。答疑解惑部分罗列了使用各类分析方法时常见的疑难杂症，并且提供了解决方法。本书侧重于问卷分析的应用性，力求让读者在最短的时间内掌握使用 SPSS 软件分析问卷数据的方法并完成高质量的问卷数据分析报告。

使用 SPSS 软件分析调查问卷数据常见于各类学术研究、论文写作、企业市场调研和各类调查报告中，本书侧重于学术研究中的调查问卷数据分析在 SPSS 软件上的操作指导，适合高等院校的本科生和研究生，以及企事业单位使用问卷进行调研的从业人员和其他从事问卷分析工作的读者学习参考。

图书在版编目（CIP）数据

问卷数据分析：破解 SPSS 软件的六类分析思路 /周俊著. —2 版. —北京：电子工业出版社，2020.1

ISBN 978-7-121-38198-0

Ⅰ．①问… Ⅱ．①周… Ⅲ．①问卷调查－统计分析－软件包 Ⅳ．①C915-39

中国版本图书馆 CIP 数据核字（2019）第 298112 号

责任编辑：张慧敏　　　　特约编辑：田学清
印　　刷：三河市华成印务有限公司
装　　订：三河市华成印务有限公司
出版发行：电子工业出版社
　　　　　北京市海淀区万寿路 173 信箱　　　　邮编：100036
开　　本：720×1000　　1/16　　印张：16.5　　字数：387 千字
版　　次：2017 年 4 月第 1 版
　　　　　2020 年 1 月第 2 版
印　　次：2024 年 8 月第 17 次印刷
定　　价：69.00 元

凡所购买电子工业出版社图书有缺损问题，请向购买书店调换。若书店售缺，请与本社发行部联系，联系及邮购电话：（010）88254888，88258888。

质量投诉请发邮件至 zlts@phei.com.cn，盗版侵权举报请发邮件到 dbqq@phei.com.cn。

本书咨询联系方式：010-51260888-819，faq@phei.com.cn。

第 2 版前言

数据分析是数学知识、统计知识和分析人员自身专业知识的融合及实际运用，其关键在于挖掘数据潜在的价值，解决实际问题。分析人员可使用一系列科学研究方法挖掘数据本身的意义及数据之间的关系，进而为实际研究提供有力的数据支撑。然而并非每个人都对数据感兴趣，但是没有数据结论作为支撑，论点就没有让人信服的依据。学生时代，我曾想是否可以有这样一本书，既可以让读者完全理解数据分析原理，又没有原理性书籍的一大堆数学公式。直到网络问卷调研兴起，我才找到了这样的切入口：使用问卷作为背景案例进行阐述，不仅可以将各类分析方法融入问卷研究，还可以将分析思路进行梳理，以"傻瓜"式的文字进行讲解，从而解决实际问题。

纵观我国当前教育现状，很多高校会开设统计理论课程，但这些课程大部分基于理论原理，以分析方法的计算公式讲解为主。例如，t 检验的公式是什么，如何把 t 值计算出来，等等。一旦将课堂中的分析方法应用于实际数据分析，就会出现巨大的鸿沟：理论上讲数据需要服从正态分布，但实际数据一般无法完全服从正态分布；课程中使用的练习数据总是很"完美"，一旦自己收集数据进行分析，就会"面目全非"，无法继续进行分析，应该使用什么样的分析方法，以及分析方法的逻辑关系是什么，完全没有头绪。课堂上的分析方法是彼此独立的讲解，而在实际研究中，需要选择合适的分析方法对整份数据进行分析，并且完成研究报告。我很庆幸有机会将自己近 10 年的数据分析经验进行浓缩，写成一本有意义的书。

站在个人角度，我认为每个人都需要掌握一定的数据分析技能。因为在实际工作中，每个行业都会产生数据，并且需要根据数据分析的结论提供相关建议、措施，各行业涉及的专业名词术语较多，进行数据分析需要结合专业知识，不太可能让只懂统计的人员进行处理。希望本书让读者有不一样的体验，忘记一堆数学公式、理论原理，随心所欲地进行数据分析。

自本书第 1 版出版以来，我收到非常多读者的反馈，这些反馈对第 2 版的完善和改进有非常大的帮助。非常感谢各位读者的来信，同时也欢迎读者朋友继续在本书互动页面与我进行交流。在本书写作期间得到电子工业出版社张慧敏编辑的大力帮助，在此表示感谢。针对本书的第二部分内容，张文彤老师提供了非常多有价值的建议，在此一并表示感谢。同时，也把感谢送给我的父母，以及在写作过程中给予我支持的朋友们。

真心希望本书给各位读者带来一定的帮助，至少可以有所启迪。建议读者首先阅读第一部分内容，通过学习这部分内容，可以大致了解各类分析方法的功能及其使用要求，以及问卷与各类分析方法的匹配对应关系；针对第二部分内容，读者可以进行选读，阅读与自己的问卷相对应的分析思路框架及分析方法，并且结合第三部分操作指导，完成高质量的分析报告；如果在分析方法的使用过程中出现问题，可参考第四部分内容进行解决。

本书素材下载地址为：www.broadview.com.cn/38198。

序　言

从啤酒和尿布的故事开始，我们发现简单的数据中可能存在无穷的奥秘，好奇心驱使越来越多的人投身到枯燥的数据中。已经没有人会否认这是一个数据的时代，或者一个大数据的时代。但相比后者，我还是更倾向于认为目前仅是一个数据的时代。诚然，大数据的概念火热，但具体到某个领域或某个研究，获取和存储海量数据都远远超出了绝大多数研究者的能力范围，更遑论随后的研究。退而求其次，如果不谈大数据，那么目前已有足够的研究方法和数据分析方法可供我们选择使用。

在浩如烟海的数据中，不论是科学研究还是商业调查，很大一部分数据是通过调查问卷的方式获取的。在问卷星平台上，每天都会产生上万份问卷和过百万份答卷。但在运营过程中，我们也发现大部分用户的数据分析仅仅停留在简单的频率分析上，数据中隐藏的巨大价值还在默默"沉睡"，等待被人挖掘。造成这种窘境的原因可能是我们在关注各种数据概念的同时，并没有以科学的研究方法来处理这些数据。

如何挖掘这些"沉睡"在问卷数据中的价值，正是本书作者周俊老师想要与广大读者分享的。周俊老师专注于数据研究近10年，同时也是问卷星数据研究部的专家顾问。在同周老师一起工作的时间里，我们不仅领会了他在问卷数据分析方面的独到见解，也感受到他一丝不苟的工作态度，这些都深深融入了本书的创作过程中。

本书同其他数据分析方面的专著相比，特点鲜明：首先，作者专注于问卷来源的数据分析，对数据分析方法的介绍更加专业、详细和深入；其次，作者没有讲解任何数据分析背后的数学原理，着重介绍的是数据分析方法的实际应用；最后，本书内容深入浅出，适合所有对问卷数据分析有需求的读者随时翻看查阅。

截至目前，用户在问卷星上发布的问卷已超过4000万份，累计回收答卷超过27亿份。让更多人挖掘到问卷数据中隐藏的无限价值——我想这正是周老师和问卷星共同的愿景。

问卷星CEO　胡啸

2019年10月

目　　录

第一部分　问卷设计

第二部分　六类问卷分析思路

第三部分　数据分析方法在 SPSS 软件中的操作

第四部分 答疑解惑

第一部分

问卷设计

　　本部分首先阐述基础统计知识，然后分别针对量表和非量表两类问卷设计的注意事项进行说明。笔者建议读者详细阅读第 1 章内容，以便对统计的基本概念、相关术语及统计方法有基本的认识。问卷是研究思路的具体体现，问卷确认的同时即确认了分析思路框架。由于问卷在回收后几乎没有修改的可能性，因此研究人员需要高度重视问卷的设计，避免出现问卷不能分析或分析与思路不一致的尴尬情况。本部分分为 4 章，分别为统计学基础知识及常用术语、问卷题设计和研究方法选择、量表类问卷设计和注意事项、非量表类问卷设计和注意事项。

第 **1** 章

统计学基础知识及常用术语

本章对统计学基础知识进行说明，包括各种研究方法的基本理论、使用场景及相关术语名词，以便研究人员对各种分析方法有一定的了解，建议读者详细阅读。分析方法与问卷设计有着对应关系，问卷设计决定分析方法的选择。研究人员需要重视问卷设计的质量，糟糕的问卷设计可能会导致无法选择合适的分析方法、分析方法单一枯燥甚至无法分析等尴尬局面。

1.1　数据分析

本节对数据分析常用的统计术语进行说明，如 P 值、量表、非量表、数据类型、样本等。常用的统计术语如表 1-1 所示。

表 1-1　常用的统计术语

编　号	术　语	相 关 名 词
1	P 值	显著性、显著性差异、0.01 水平显著、0.05 水平显著
2	量表	李克特量表、定量数据
3	非量表题	分类数据、多选题
4	数据类型	定量数据、分类数据
5	样本	样本量、无效样本

（1）P 值，也称显著性值或 Sig.值，用于描述某件事情发生的概率情况，其取值范围为 0～1，不包括 0 和 1。通常情况下 P 值有 3 个判断标准，分别是 0.01、0.05 和 0.1。在绝大多数情况下，如果 P 值小于 0.01，则说明某件事情的发生至少有 99% 的把握；如果 P 值小于 0.05（且大于或等于 0.01），则说明某件事情的发生至少有 95% 的把握；如果 P 值小于 0.1（且大于或等于 0.05），则说明某件事情的发生至少有 90% 的把握。0.01 和 0.05 这两个标准的使用频率较高，0.1 这个标准则很少使用。

在统计语言表达上，如果 P 值小于 0.01，则称作在 0.01 水平上显著。例如，研究人员分析 X 对 Y 是否存在影响关系时，如果 X 对应的 P 值为 0.00（由于小数位精度的要求，因此为 0.00），则说明 X 对 Y 存在影响关系这件事情至少有 99% 的把握，统计语言描述为 X 在 0.01 水平上呈现出显著性。

如果 P 值小于 0.05（且大于或等于 0.01），则称作在 0.05 水平上显著。例如，研究人员在研究不同性别人群的购买意愿是否有明显的差异时，如果对应的 P 值为 0.01，则说明在 0.05 水平上呈现出显著性差异，即说明不同性别人群的购买意愿有着明显的差异，而且对此类差异至少有 95% 的把握。绝大多数研究希望 P 值小于 0.05，即说明研究对象之间有影响、有关系或有差异等。但个别地方需要 P 值大于 0.05，如方差齐性检验时需要 P 值大于 0.05（此处 P 值大于 0.05 说明方差不相等）。

（2）量表，通常是指李克特量表，用于测量样本对某件事情的态度或看法情况。通常量表会由很多选项构成，如"非常同意""同意""不一定""不同意""非常不同意"或"非常满意""比较满意""中立""比较不满意""非常不满意"等。量表被广泛使用于学术研究的各个领域，并且大多数统计方法只适用于量表，如信度分析、效度分析、探索性因子分析等。量表的尺度形式有多种，常见的是五级量表，即有 5 个选项，另外还有四级量表、七级量表和九级量表等，四级量表和九级量表的使用频率相对较少。

（3）非量表题，本书约定此名词为除量表题（或类似量表题）以外的题，如多选题、基本事实现状题等。非量表题更多地用于了解基本事实现状，研究人员可以通过此类题分析当前现状，并且提出相关建议、措施。

（4）数据类型的分类标准并不统一，本书将数据分为两类，分别是定量数据和分类数据，如表 1-2 所示。

表 1-2　定量数据和分类数据

术　　语	说　　明	举　　例
定量数据	数字大小具有比较意义	你对天猫的满意度情况如何？（非常不满意、比较不满意、中立、比较满意、非常满意）
分类数据	数字大小代表分类	性别（男、女），专业（文科、理科、工科）

定量数据和分类数据的区别在于数值大小是否具有比较意义，具体针对问卷来讲，定量数据在大多数情况下指量表数据，即类似于"非常不满意""比较不满意""中立""比较满意""非常满意"等选项数据，通常 1 代表"非常不满意"，2 代表"比较不满意"，3 代表"中立"，4 代表"比较满意"，5 代表"非常满意"。定量数据的数值大小具有比较意义，数值越高，代表样本的满意度越高。

分类数据，本书约定此名词代表类别数据，对应非量表数据，其特点为数值大小基本没有比较意义或比较意义很小。例如，1 代表"男性"，2 代表"女性"，数值大小仅为区分类别，而不能理解为"数值越大越女性"。分类数据也可以是收入、年龄等数据。例如，将收入分为 4 个选项，1 代表"5 000 元及以下"，2 代表"5 001～10 000 元"，3 代表"10 001～20 000 元"，4 代表"20 000 元以上"。此类数据虽然是数值越高代表收入水平越高，但更多时候会将其看作分类数据，相当于将样本人群分成 4 个不同的类别。

（5）样本，通俗地讲就是填写问卷的人，对于样本量，统计上并没有统一标准，通常情况下量表类问卷的样本量为量表选项的 5 倍或 10 倍即可。有时研究人员需要的样本比较特殊，如需要样本具有企业高管背景，此时样本量要求会较少。从经验上看，如果要求样本的学历为硕士研究生，那么多数情况下样本量需要大于 200 个；如果要求样本的学历为本科生，那么样本量需要大于 100 个。样本常见要求说明如表 1-3 所示。

表 1-3　样本常见要求说明

问卷/学历	样本量的要求
量表类问卷	量表选项的 5 倍或 10 倍
非量表类问卷	常见 100 个以上（最好 200 个以上）
本科	常见 100 个以上
硕士	常见 200 个以上
企业	常见 200 个以上

如果存在以下情况，那么样本为无效样本：样本有大篇幅选项没有填写，多数选项填写同样的答案，样本本身并不具有研究的背景性质（例如，研究对象为"90 后"，但部分样本为"80 后"，则"80 后"为无效样本），研究人员认为某部分样本的填写存在逻辑问题，等等。在分析问卷之前需要将无效样本进行筛选并删除。

1.2 样本特征描述分析方法

下面介绍问卷研究涉及的描述分析方法及名词术语。描述分析通常分为频数分析和描述性分析，涉及的名词术语如表 1-4 所示。

表 1-4　频数分析和描述性分析涉及的名词术语

编　号	方　法	名 词 术 语
1	频数分析	有效样本、频数、百分比、累积百分比
2	描述性分析	平均值、标准差、中位数

（1）频数分析通常会涉及样本、有效样本、频数、百分比、累积百分比、有效百分比等名词术语。样本，简单来讲即回答问卷的人；有效样本指筛选掉无效样本（如随意填写问卷的人或没有资格填写问卷的人等）后剩下的样本；频数是指选择某选项的人数，如男性人数为 200 个；累积百分比是指多项百分比累积相加，如男性和女性的百分比加起来为100%。如果问卷里面有个别样本没有填写，那么会涉及问卷的有效百分比。例如，总共有 400 个样本，其中有 200 个男性和 199 个女性，还有一个样本没有填写，那么这里男性的有效百分比就应该等于 $200 \div 399 \times 100\%$。

（2）描述性分析通常会涉及平均值、标准差、中位数等名词术语。平均值通常用于描述样本的整体态度情况；标准差用于判断样本的态度波动情况；中位数指样本的中间态度情况。平均值与中位数是不同的概念，中位数是指所有的选择答案按升序排序后处于中间的那个值，如果数据中有异常值，那么使用中位数来描述整体水平更为合理。例如，填写样本的收入时，有个别样本收入非常高，此时平均值就有可能失去意义，原因在于平均值很可能受个别样本的干扰，而此时使用中位数表示所有样本收入的整体水平更为合理。分析问卷数据时，通常不会涉及异常值，因此平均值的使用频率会更高。

1.3 信度分析和效度分析

下面对问卷信度分析和效度分析涉及的名词术语进行阐述，如表 1-5 所示。

表 1-5　信度分析和效度分析涉及的名词术语

编　号	方　法	名 词 术 语
1	信度分析	克隆巴赫系数、信度系数、α 系数、项已删除的克隆巴赫系数、项已删除的 α 系数、校正的项总计相关性（CITC）、预测试
2	效度分析	内容效度分析、结构效度分析、探索性因子分析、验证性因子分析

（1）信度分析用于研究数据是否真实可靠，即研究样本是否真实回答了问题。通常情况下，信度分析只能分析量表题。信度分析涉及的相关名词术语包括克隆巴赫系数、项已删除的克隆巴赫系数、校正的项总计相关性等。信度分析涉及的名词术语如表 1-6 所示。

表 1-6　信度分析涉及的名词术语

名 词 术 语	说　明
克隆巴赫系数	用于测量信度水平，常见标准是大于 0.7
项已删除的克隆巴赫系数	删除某题后的信度系数，常用于预测试
校正的项总计相关性（CITC）	题之间的相关关系，常用于预测试

克隆巴赫系数，也称信度系数、内部一致性系数、Cronbach α 系数或 α 系数，此值一般大于 0.7 即可。对于项已删除的克隆巴赫系数，如果某个因子或变量对应 5 个题，那么删除某题后余下的 4 个题的信度系数即被称为 "项已删除的克隆巴赫系数"，通常此指标用于预测试。预测试是指在初步设计问卷之后，收集小量样本（通常在 100 个以内）进行信度分析或效度分析，以便发现题中可能存在的问题，并且对问卷进行修正处理，从而得到正式问卷。对于校正的项总计相关性（CITC），如果某变量对应 5 个题，那么这 5 个题之间的相关关系情况可以使用此指标表示，通常此值大于 0.4 即说明某题与另外的题之间有着较高的相关性，在进行预测试时通常会使用此指标。

（2）效度分析用于研究题是否有效地表达研究变量或维度的概念信息，即研究题设计是否合理，或者用某题表示某个变量是否合适。通常情况下，效度分析只能分析量表题。效度分析通常分为 3 类，分别是内容效度分析、结构效度分析（探索性因子分析）和结构效度分析（验证性因子分析）。效度分析类型如表 1-7 所示。

表 1-7　效度分析类型

效度分析类型	说　明
内容效度分析	使用文字描述量表设计的合理性
结构效度分析（探索性因子分析）	探索性因子分析结果，与专业预期进行对比
结构效度分析（验证性因子分析）	验证性因子分析判断量表是否合理

内容效度分析即使用文字叙述的形式对问卷的合理性、科学性进行说明。结构效度分

析通常使用探索性因子分析（EFA）对题进行分析，如果输出结果显示题和变量的对应关系基本与预期一致，则说明结构效度良好。探索性因子分析涉及的名词术语将在 1.4 节进行阐述。

1.4　因子分析

因子分析在统计研究中有着非常重要的地位，因子分析可分为探索性因子分析和验证性因子分析。在统计领域，通常将探索性因子分析称为因子分析。由于只有结构方程模型（SEM）软件 AMOS 或 LISREL 具有验证性因子分析功能，因此本书不对验证性因子分析（CFA）进行说明。探索性因子分析涉及的名词术语如表 1-8 所示。

表 1-8　探索性因子分析涉及的名词术语

编　　号	方　　法	名　词　术　语
1	探索性因子分析	浓缩因子、结构效度分析、指标权重计算
2	探索性因子分析（检验指标）	KMO 值、巴特利特球形检验（也称 Bartlett 球形检验）
3	探索性因子分析（判断指标）	特征根、方差解释率、累积方差解释率、因子、因子载荷系数、共同度
4	方差旋转	方差旋转、最大方差旋转法

（1）探索性因子分析是一种将多个量表题浓缩成少数几个因子的处理方法。例如，总共有 30 个题，最终浓缩成 5 个因子表示。探索性因子分析在具体应用过程中，总共涉及 3 种功能，分别是探索因子（浓缩因子）、结构效度分析和指标权重计算。探索性因子分析的功能如表 1-9 所示。

表 1-9　探索性因子分析的功能

探索性因子分析的功能	说　　明
探索因子（浓缩因子）	将题浓缩为少数因子
结构效度分析	使用探索性因子分析结果，与专业预期进行对比，进行结构效度分析
指标权重计算	利用探索性因子分析原理进行权重计算

探索因子（浓缩因子）是指将题浓缩成少数几个因子。例如，当研究人员设计出 30 个题，但是并不知道这些题应该浓缩成几个因子时，可以使用探索性因子分析进行科学判断。结构效度分析是指使用探索性因子分析功能块，由软件生成题与因子的对应关系，并且将软件生成的对应关系与专业预期进行对比，如果二者基本一致，则说明结构效度良好。指标权重计算是指利用探索性因子分析的计算原理计算指标的权重。

探索性因子分析的 3 种功能在 SPSS 软件中的操作基本没有明显区别，但在实际应用过程中会有实质性区别。如果要使用探索性因子分析的探索因子功能，那么研究人员需要结合专业知识与主观判断进行综合分析。例如，当某题与因子的对应关系出现严重偏差时，需要考虑将此题删除；当某题的因子载荷系数值非常低（通常以小于 0.4 为标准）时，也需要考虑将此题删除。

如果希望通过探索性因子分析得到较好的分析结果，那么在设计问卷时可以将每个变量用 4～7 个题表示，利用探索性因子分析将不合理的题删除后，每个变量依然对应至少 3 个题，此时相关指标达标的可能性更高。

（2）探索性因子分析涉及的名词术语包括 KMO 值、巴特利特球形检验、特征根、方差解释率、累积方差解释率、因子、因子载荷系数、方差旋转等。KMO 值和巴特利特球形检验可对是否适合进行探索性因子分析进行判断，适合进行探索性因子分析是基本前提，因此这两个指标也较容易达标。KMO 值通常以大于 0.6 为判断标准，有时也以大于 0.5 为判断标准，如果 KMO 值大于 0.6（或 0.5），那么说明相应的题可以进行探索性因子分析。巴特利特球形检验的判断标准是对应的 P 值小于 0.05，如果小于 0.05，那么说明相应的题可以进行探索性因子分析。

（3）在完成 KMO 值判断及巴特利特球形检验后，如果研究人员不进行特别设置，那么软件会默认以特征根值大于 1 为标准输出因子数量。大多数时候，当软件输出的因子数量与预期不相符时，研究人员可以结合主观判断进行因子数量设定。

SPSS 软件还会输出方差解释率、累积方差解释率等指标。方差解释率是指因子可以解释题的信息量情况。例如，某因子的方差解释率为 20.0%，说明该因子可以解释所有题 20.0% 的信息量。累积方差解释率是指多个因子方差解释率的累积。例如，3 个因子累积方差解释率为 60.0%，表示 3 个因子总共可以解释所有题 60.0% 的信息量。所有因子方差解释率之和是指在进行探索性因子分析后，全部因子可以解释所有题的信息量总和情况。

（4）确认探索因子的数量后，最后关键的步骤是看因子与题的对应关系，即方差旋转。方差旋转的目的是让题与因子的对应关系进行空间旋转，以便使同一个因子的题分布在同一个空间中（可以将其理解为魔方旋转，即将同一个颜色的方块旋转在同一个面）。在问卷研究中最常见的方差旋转方法为最大方差旋转法。因子载荷系数是判断题与因子对应关系的指标，如果某个题与某个因子对应的因子载荷系数值较高（意味着该题与该因子有着较高的相关关系），那么该题应当归纳于该因子。因子载荷系数可以为负值，当判断因子与题的对应关系时，使用因子载荷系数的绝对值进行判断。共同度表示题总共被提取出的信息量情况，此指标越大越好，一般情况下以大于 0.4 为标准。

1.5 变量关系研究分析方法

本书约定变量关系的研究分析方法包括相关分析、线性回归分析、Logistic 回归分析等。变量关系研究分析方法涉及的名词术语如表 1-10 所示。

表 1-10　变量关系研究分析方法涉及的名词术语

编　号	方　法	名　词　术　语
1	相关分析	相关系数、Pearson 相关系数、Spearman 相关系数
2	线性回归分析（模型检验指标）	R^2、调整 R^2、F 值、VIF 值、D-W 值、多重共线性、自相关性
3	线性回归分析（显著性指标）	P 值、显著性、非标准化回归系数和标准化回归系数
4	Logistic 回归分析	二元 Logistic 回归分析、多元无序 Logistic 回归分析、多元有序 Logistic 回归分析
5	二元 Logistic 回归分析（模型检验指标）	Hosmer-Lemeshow 检验、Cox & Snell R^2、Nagelkerke R^2
6	二元 Logistic 回归分析（显著性指标）	P 值、回归系数 B 值、对数比（Exp（B））

（1）相关分析是一种最基本的关系研究分析方法，其目的在于分析两个变量之间的相关关系，包括二者是否存在相关关系及相关关系的紧密程度。相关关系程度由相关系数表示，相关系数分为两种，分别是 Pearson 相关系数和 Spearman 相关系数。这两种相关系数均用于描述相关关系程度，判断标准也基本一致，通常当绝对值大于 0.7 时，两个变量之间表现出非常强的相关关系；当绝对值大于 0.4 时，相关关系较强；当绝对值小于 0.2 时，相关关系较弱；当绝对值非常低（小于 0.1）时，通常不会呈现出显著性，即两个变量之间没有相关关系。相关系数的正负决定相关关系是正相关还是负相关。

（2）线性回归分析是一种研究 X 对 Y 的影响关系的分析方法，其中 X 被称为自变量，Y 被称为因变量。这种分析方法在问卷研究中最为常见，在多数情况下，可以使用线性回归分析进行假设验证。Logistic 回归分析也研究影响关系，其与线性回归分析的区别在于，线性回归分析的因变量 Y 为定量数据，而 Logistic 回归分析的因变量 Y 为分类数据，如选项为"有""无"之类的数据。线性回归分析涉及的指标包括 R^2、调整 R^2、F 值、VIF 值、D-W 值、非标准化回归系数和标准化回归系数等。

R^2 和调整 R^2 均代表所有 X 对 Y 的解释力度。例如，R^2 为 0.5，说明所有自变量 X 可以解释因变量 Y 值 50% 的变化原因。通常 R^2 的使用频率更高，其值的取值范围为 0～1，该值越大越好。F 值用于检验是否所有自变量 X 中至少有一个会对因变量 Y 产生影响关系，如果 F 值对应的 P 值小于 0.05，则说明所有自变量 X 中至少有一个会对因变量 Y 产生影响关系。

VIF 值用于判断多重共线性，其判断标准为小于 5（宽松标准为小于 10），如果达到标准则说明没有多重共线性，即所有自变量 X 之间并没有相互干扰影响关系。D-W 值用于判断自相关性，判断标准是 D-W 值在 2 附近（1.8～2.2），如果达到标准则说明没有自相关性，即样本之间并没有干扰关系。VIF 值和 D-W 值这两个指标在问卷研究中极少使用，但需要研究人员对它们进行关注。

（3）对指标解释完成后，再继续分析自变量 X 是否呈现出显著性，即对应的 P 值是否小于 0.05，如果小于 0.05，则说明 X 呈现出显著性，具体是正向影响关系还是负向影响关系需要对 X 的回归系数的正负号进行判断。回归系数有两个，分别是非标准化回归系数和标准化回归系数，通常使用非标准化回归系数的情况较多，使用标准化回归系数的情况较少。如果研究人员想对比影响关系的强弱情况，则建议使用标准化回归系数，但首先需要保证自变量 X 对因变量 Y 具有影响关系（呈现出显著性，P 值小于 0.05）。

（4）Logistic 回归分析也用于研究 X 对 Y 的影响关系，此处涉及的 Y 是分类数据。结合 Y 的具体情况，Logistic 回归分析共分为 3 类，分别是二元 Logistic 回归分析、多元无序 Logistic 回归分析和多元有序 Logistic 回归分析。Logistic 回归分析类型如表 1-11 所示。

表 1-11　Logistic 回归分析类型

Logistic 回归分析类型	因变量 Y 选项举例	说　　明
二元 Logistic 回归分析	有、无	分类数据，并且仅为两类
多元无序 Logistic 回归分析	一线城市、二线城市、三线城市	分类数据，并且超过两类，类别之间没有对比意义
多元有序 Logistic 回归分析	不愿意、无所谓、愿意	分类数据，并且超过两类，类别之间具有对比意义

如果因变量 Y 仅有两个选项，分别是"有"和"无"之类的分类数据，则应该使用二元 Logistic 回归分析。如果因变量 Y 的选项有多个，并且选项之间没有对比意义，例如，选项有 3 个，分别是"一线城市"、"二线城市"和"三线城市"，则应该使用多元无序 Logistic 回归分析。如果因变量 Y 的选项有多个，并且选项之间具有对比意义，例如，选项有 3 个，分别是"不愿意"、"无所谓"和"愿意"，则应该使用多元有序 Logistic 回归分析。

（5）在问卷研究中，二元 Logistic 回归分析简单易懂，使用频率最高；多元无序 Logistic 回归分析和多元有序 Logistic 回归分析相对较为复杂，使用频率较低。本节仅对二元 Logistic 回归分析进行说明。

二元 Logistic 回归分析涉及的指标包括 Hosmer-Lemeshow 检验、Cox & Snell R^2 和 Nagelkerke R^2、对数比（Exp（B））等。Hosmer-Lemeshow 检验用于判断模型预期拟合情况与模型实际拟合情况是否一致，如果此检验对应的 P 值大于 0.05，则说明模型预期拟合情况与模型实际拟合情况一致。

Cox & Snell R^2 和 Nagelkerke R^2 代表所有 X 对 Y 的解释力度情况，研究人员自行选择使用即可，这两个指标值差别很小。

（6）判断 X 对 Y 是否有影响，首先要判断 X 是否呈现出显著性，如果呈现出显著性，则说明有影响关系，具体是正向影响关系还是负向影响关系，需要根据回归系数 B 值进行判断。

在 Logistic 回归分析中会涉及一个名词术语——对数比，在 SPSS 软件中用符号 Exp（B）表示。Exp（B）值等于自然对数 e 的 B 次方（B 是回归系数 B 值），表示当 X 增加一个单位时，Y 的变化倍数。例如，Exp（B）值为 1.3，表示当 X 增加一个单位时，Y 会变成原值的 1.3 倍（此时 X 的回归系数 B 值大于 0），说明 Y 发生某事情的可能性是参照项的 1.3 倍（例如，Y 为"有"或"无"，Y 为"无"为参照项，那么当 X 增加一个单位时，Y 为"有"的可能性是 Y 为"无"的 1.3 倍。）。

二元 Logistic 回归分析涉及预测准确率问题，即模型拟合情况与实际情况相比，具体预测准确情况如何，是否会将选择"有"的样本预测为选择"无"，或者将选择"无"的样本预测为选择"有"，SPSS 软件会默认输出预测准确率汇总表格。

1.6　中介效应和调节效应

在当前学术研究中，中介效应和调节效应这两种研究都较为常见，中介效应和调节效应并非分析方法，而是一种关系的描述，研究人员需要结合不同的数据分析方法对这两种关系进行分析。根据学术规范，中介效应研究和调节效应研究需要较强的理论依据，即需要较多文献参考，研究人员不能仅凭经验判断。

中介效应和调节效应涉及的名词术语如表 1-12 所示。

表 1-12　中介效应和调节效应涉及的名词术语

编　号	方　法	名 词 术 语
1	中介效应	中介变量、中心化、标准化、Sobel 检验、定量数据
2	调节效应	调节变量、中心化、标准化、分类数据

中介效应是指自变量 X 对因变量 Y 产生影响关系时，是否会通过中介变量 M 的作用影响 Y，如果存在这种关系，则说明 M 起着中介效应。例如，在研究组织信任对员工离职意愿的影响过程中，组织承诺是否起着中介效应。调节效应是指在自变量 X 对因变量 Y 的影响过程中，当调节变量 Z 取不同值时，X 对 Y 的影响程度是否有明显差异，如果当 Z 取不同值时，X 对 Y 的影响幅度不一致，则说明 Z 具有调节效应。例如，研究组织信任对员工离职意愿的影响，不同性别的影响幅度是否一致，如果不一致，则说明性别具有调节效应，反之则说明性别没有调节效应。

在问卷研究中，中介变量 M 通常为定量数据；调节变量 Z 通常为分类数据，也可以为定量数据，研究人员需要结合 X、Y 和 Z 的数据类型，选择合适的分析方法。通常情况下，中介变量 M 与 X 或 Y 有着较强的相关关系，而调节变量 Z 与 X 或 Y 的相关关系相对较弱。

对于中介效应，除了上面提及的中介变量，还会涉及中心化、标准化、Sobel 检验等名词术语。中心化是指 X 减去 X 的平均值；标准化是指 X 减去 X 的平均值后，除以 X 的标准差。使用 SPSS 软件可以直接进行标准化处理，但不能直接进行中心化处理，研究人

员需要先计算变量 X 的平均值，然后使用 SPSS 软件的计算功能得到中心化变量。中心化和标准化处理有助于降低计算过程的舍入误差，而舍入误差是导致多重共线性的原因之一，即中心化和标准化的目的在于减少多重共线性问题。Sobel 检验是中介检验步骤中可能涉及的一种检验，SPSS 软件不提供此项功能，研究人员需要自行计算或利用相关网站直接进行 Sobel 检验。中介效应研究将在第 6 章详细说明，并且在后续章节中详细讲解操作步骤。

对于调节效应，除了上面提及的调节变量，还会涉及中心化、标准化等名词术语，上面已经进行说明，此处不再赘述。调节效应研究将在第 6 章详细说明，并且在后续章节中详细讲解操作步骤。

1.7 差异研究分析方法

在问卷研究中，差异研究分析有 3 种方法，分别是方差分析、t 检验和卡方分析。如果要研究分类数据与定量数据之间的关系，则应该使用方差分析或 t 检验，如研究不同性别样本的满意度差异情况。如果要研究分类数据与分类数据之间的关系，则应该使用卡方分析。差异研究分析方法涉及的名词术语如表 1-13 所示。

表 1-13　差异研究分析方法涉及的名词术语

编　号	方　法	名 词 术 语	说　明
1	方差分析	P 值、F 值、事后检验、方差齐性检验	分类数据和定量数据关系研究
2	t 检验	方差齐性检验、t 值、P 值、单样本 t 检验、独立样本 t 检验、配对样本 t 检验	分类数据和定量数据关系研究
3	卡方分析	P 值、显著性、卡方值、分类数据	分类数据和分类数据关系研究

（1）方差分析。t 检验仅能研究两组样本的差异情况，如不同性别（男和女）样本对工作满意度的差异情况；方差分析可以研究多个组别（两组或更多）样本的差异，如不同学历样本（本科以下、本科、硕士及以上共 3 组）对工作满意度的差异情况。方差分析涉及的名词术语包括 P 值、F 值、事后检验、方差齐性检验等。

F 值用于表示是否存在差异，但最终都会被计算成 P 值（F 值和 P 值有一一对应关系），因此研究人员在分析 P 值时，不用单独对 F 值进行分析。事后检验是在方差分析（多个组别对比差异）呈现出差异后，进一步分析两两组别之间差异的一种检验方法。例如，学历分为 3 组（本科以下、本科、硕士及以上），具体是本科以下与本科有差异，还是本科以下与硕士及以上有差异，或者两两组别之间均有差异，此时就需要使用事后检验具体分析组别之间的差异情况。

方差分析在原理上主要有两种差异：一种是各个组别之间的差异（此类差异为研究人员进行研究的差异），另一种是各个组别内部的差异（此类差异为干扰性差异）。例如，在比较不同学历样本（本科以下、本科、硕士及以上）对工作满意度的差异时，可能这 3 组样本的工作满意度平均值都一样（如平均值为 4 分表示"满意"），其中本科以下的样本态度都非常均匀（如基本上都选择"满意"）；本科或硕士及以上的样本态度差异非常大（例如，有的选择"非常满意"，有的选择"中立"），最终平均值也是"满意"。这种组内样本的态度波动情况明显不一样的现象被称为方差不齐（出现干扰性差异）。

在进行方差分析时，首先使用方差齐性检验检测各个组别样本自身内部的态度波动情况，如果这 3 个组别样本内部态度波动情况基本一致，则说明方差齐。也就是说，如果最终这 3 个组别样本有着差异性态度，那么这种差异一定是由这 3 个组别样本的满意度态度不一致所致，不可能是由这 3 个组别样本自身内部的态度差异（干扰性差异）所致。如果方差分析显示有差异时，则研究人员需要具体对比各个组别的差异情况，即通过对比各个组别的平均值进一步分析说明。

（2）类似方差分析，t 检验也会涉及方差齐性检验、t 值和 P 值等名词术语。t 检验还可以具体分为单样本 t 检验、独立样本 t 检验和配对样本 t 检验，其中独立样本 t 检验在问卷研究中的使用频率最高。这 3 种方法的具体区别和说明将在第 5 章详细说明。t 值与 P 值也有对应的关系，研究人员对 P 值进行分析即可。

（3）卡方分析是研究分类数据与分类数据之间关系的分析方法，如性别和是否戴隐形眼镜之间的关系。卡方分析通常会涉及卡方值和 P 值两个名词术语，卡方值与 P 值有对应关系，若 P 值小于 0.05，则说明有差异存在，即性别与是否戴隐形眼镜之间有关系。在具体差异分析的基础上，卡方分析还可以进一步分析不同性别样本戴隐形眼镜的百分比。例如，男性戴隐形眼镜的百分比为 30%，而女性戴隐形眼镜的百分比为 50%，说明女性样本戴隐形眼镜的百分比要明显高于男性样本。

1.8 聚类分析

聚类分析，通俗地讲就是分类分析。SPSS 软件会按照相关指标进行计算，最终将样本分为几类，并且不同类别样本之间的差异很大，但相同类别样本之间的差异要尽可能小。例如，电信公司结合消费者打电话时长、消费情况、打电话时间点等指标进行聚类分析，将样本分为 3 类，分别是商务型、家用型和普通型，每一类样本均有自身特点，电信公司根据不同类别样本的特点提供不同的套餐服务。

通常情况下，聚类分析用于样本细分，或者将样本细分后对比不同类别样本的差异，以便进一步分析并提供具体建议、措施等。聚类分析广泛用于社会学、市场营销专业，企业使用聚类分析较多，学术研究使用较少。聚类分析涉及的名词术语如表 1-14 所示。

表 1-14　聚类分析涉及的名词术语

编　号	方　法	名 词 术 语
1	聚类分析（分类）	样本聚类（Q 型聚类）、变量聚类（R 型聚类）、两步聚类分析、k-均值聚类分析和系统聚类分析（分层聚类分析）
2	聚类分析（效果判断）	方差分析、卡方分析、判别分析、探索性因子分析

（1）聚类分析的分类方法有很多，按照功能划分可以分为两种——样本聚类（Q 型聚类）和变量聚类（R 型聚类）。在问卷研究中，样本聚类的使用频率远高于变量聚类。样本聚类是指将样本分成几类，类似上述电信公司对消费者进行分类的例子。例如，研究人员收集了 1 000 个样本，利用聚类分析将这 1 000 个样本按照相关指标归为 3 类。而变量聚类是指将问卷指标（题）分成几类。例如，研究人员的问卷中有 30 个指标（题），利用聚类分析将这 30 个指标（题）归为 3 类。

按照 SPSS 软件的功能，聚类分析方法分为 3 种，分别是两步聚类分析、k-均值聚类分析和系统聚类分析（分层聚类分析）。这 3 种聚类分析方法各有特点，针对这 3 种聚类分析方法的介绍及使用方法将在第 9 章详细说明。通常情况下聚类分析是针对定量数据的，但如果分析项中有分类数据，则可以考虑使用两步聚类分析及 K-prototype 聚类分析（SPSS 软件并未提供此方法，可使用 SPSSAU 软件进行分析）。

（2）聚类分析效果判断是指在得到聚类类别之后，判断各个类别样本是否均匀，并且进行方差分析来对比不同类别的差异。如果全部呈现出显著性差异，并且研究人员结合专业知识可以对聚类类别命名，那么说明聚类效果较好。

聚类分析与探索性因子分析有共同点，也有不同点。聚类分析与探索性因子分析较为类似，但原理并不相同，前者为分类，后者为浓缩。研究人员可以首先进行探索性因子分析，浓缩出几个因子，然后根据因子进行样本聚类，即根据浓缩出的因子进行聚类分析，得到几类样本，最后对不同类别的样本进行方差分析或卡方分析，以便进一步了解不同类别样本的差异情况。

聚类分析的目的非常明确，即对样本或变量进行分类，得到不同的类别。聚类分析有较多的专业术语，在 SPSS 软件中也有较多的设置选项，非专业分析人员不需要对专业术语进行深入理解，针对非专业研究人员，较为妥当的方法是直接使用 SPSS 软件的默认设置，仅需要主动设置聚类类别数量及需要软件输出的分类信息数据（生成单独一列，这一列的数字代表样本或变量对应的类别编号），并且在得到聚类类别后对结果进行阐述，包括聚类方法说明、每个聚类类别样本量等。接着需要对聚类效果进行说明，使用方差分析对比不同类别样本的差异情况，结合各个类别特征对聚类类别命名。

1.9 其他分析方法

上面对常见的数据分析方法涉及的名词术语进行了阐述，然而在实际操作中可能还会涉及其他分析方法。其他分析方法涉及的名词术语如表 1-15 所示。

表 1-15 其他分析方法涉及的名词术语

编　号	方　法	名 词 术 语
1	方差分析	单因素方差分析、多因素方差分析
2	交互作用	多因素方差分析、交互作用图、R^2
3	卡方分析	单选题卡方分析、多选题卡方分析、多重响应

（1）除了 1.7 节提及的方差分析（全称为单因素方差分析，通常称之为方差分析），还有一种方差分析，其全称为多因素方差分析，它们的共同点是均为研究不同类别样本对定量数据的差异情况，区别在于单因素方差分析仅比较 1 个分类数据，多因素方差分析可以比较多个分类数据（常见为 2 个或 3 个），以及研究多个分类数据对定量数据的交互影响关系。

例如，如果仅研究不同性别样本对工作满意度的差异情况，这里仅涉及"性别"一个分类数据，那么此类方差分析被称为单因素方差分析；如果要研究性别（男性和女性）和地区（北方和南方）对工作满意度的差异情况，例如，同性别、不同地区的样本对工作满意度的差异情况，或者同地区、不同性别的样本对工作满意度的差异情况，那么此类方差分析被称为多因素方差分析。多因素方差分析可以研究多个分类数据对定量数据的差异情况，以及多个分类数据之间的交互作用，这方面内容将在第 8 章详细说明。

多因素方差分析涉及 F 值、P 值、方差齐性检验、交互作用、R^2 等名词术语，其中 F 值、P 值和方差齐性检验这 3 个名词术语的意义与单因素方差分析基本一致。

（2）交互作用用于研究多个分类数据之间的交互关系。例如，性别（男性和女性）与地区（北方和南方）交互时形成的 4 组样本（北方地区的男性、南方地区的男性、北方地区的女性、南方地区的女性）对定量数据（满意度）的差异情况，当性别相同时，不同地区样本的满意度不同；当地区相同时，不同性别样本的满意度也不同，说明性别与地区之间具有交互作用。R^2 表示所有分类变量（性别和地区）在交互作用下对某定量数据（满意度）的解释力度，即多大程度上可以解释某定量数据（满意度）的变化原因，如 R^2 为 0.2 表示可以解释 20%的满意度变化原因，此值的意义很小。

对于多因素方差分析，首先需要分析每个分类数据（性别和地区）对定量数据（满意度）的差异情况，如果其中一个呈现出显著性，则可能需要继续进行交互作用分析。交互作用需要结合交互作用图进行分析。

（3）卡方分析用于研究分类数据与分类数据之间的关系（问卷研究中的多选题均属于分类数据）。例如，导致雾霾的原因（多选题）有 5 个选项，分别是汽车污染、煤污染、工业污染、制造行业污染和其他原因，如果希望分析不同地区样本（北方和南方）对雾霾产生原因的态度差异情况，则应该使用卡方分析。

多选题的卡方分析与单选题的卡方分析在原理上一致，但在 SPSS 软件中操作时完全不同。多选题的卡方分析涉及"多重响应"，简单来讲就是将多选题的选项处理成一个整体，如将上述多选题的名称设为"导致雾霾的原因"。上述多选题有 5 个选项，那么在 SPSS 软件中会被存储为 5 列（通常的存储机制为 1 代表"选择"，0 代表"未选择"），但是如果研究人员希望研究不同地区样本对雾霾产生原因的态度差异（并非每个原因的态度差异），则需要将这 5 列（5 个选项）处理为 1 列，此处理过程被称为多重响应。

第2章

问卷题设计和研究方法选择

　　本章结合各类分析方法要点及笔者的问卷研究经验，详细剖析问卷设计整体规范，并且对各种题的设计要点、注意事项等进行说明。本章分别从量表题和非量表题两个方面进行阐述，剖析如何选择合适的研究方法。

2.1 量表题设计

测量量表可以反映受访者对某件事情的态度或看法。通常问卷会使用李克特量表，里面包括"非常不满意"、"不满意"、"中立"、"满意"和"非常满意"之类的选项。在实际应用中，测量量表根据选项数量可分为四级量表、五级量表、七级量表和九级量表等。例如，选项为 5 个（"非常不满意"、"不满意"、"中立"、"满意"和"非常满意"）的量表为五级量表，在计算方式上，通常给这 5 个选项分别赋值 1、2、3、4、5，数值越高，代表样本对题越满意。

量表广泛运用于各个学术领域，有很多分析方法适用于量表题，如因子分析、相关分析、回归分析、方差分析、t 检验、聚类分析等。通常情况下中介效应分析和调节效应分析也适用于量表题。如果需要使用某种分析方法，那么应当尽量合理地设计量表题。具体的量表题设计注意事项如表 2-1 所示。

表 2-1　量表题设计注意事项

编　　号	量表题设计注意事项	说　　明
1	量表题需要有文献参考依据	题设计是否具有文献来源？是否需要预测试
2	量表题数量	每个变量应当用多少题表示
3	因变量 Y 题设计	在研究影响关系时，是否缺少因变量对应的题
4	量表题设计要规范统一	量表题的尺度是否规范
5	量表反向题	如何处理反向题
6	排序题和打分题	如何处理排序题和打分题
7	其他	样本筛选问题

（1）量表题需要有文献参考依据。

量表题设计切勿随心所欲，研究人员应该参考前人的文献量表设计，或者在前人设计的文献量表上进行适当的修改。如果需要对量表进行修改，那么研究人员需要有充分的依据。例如，根据当前实际研究对量表进行小量改动：在进行预测试时发现某个题问法不合理，在正式分析时发现因子分析部分某个题应该被删除，等等。优秀的量表是取得良好分析结果的基础，如果量表设计随意，则很可能导致信度不达标、效度很差等尴尬结果。如果量表来自国外的文献，那么考虑到翻译和实际情况，需要对问卷进行预测试并多次修正问卷，以避免在正式分析时出现问题。在进行预测试时可以使用项目分析方法进行研究，识别出质量较低的量表题。项目分析方法的实质为 t 检验，可使用 SPSSAU 软件进行研究，具体请参考 17.2 节内容。

（2）量表题数量。

根据笔者的实际经验，使用量表对某个变量进行测量时，最好每个变量对应 4～7 个题，不能太少，也不能过多。以测量样本离职倾向这一变量为例，可以使用 5 个题进行测量（"家人支持我离开现在的公司"，"我想寻找其他工作"，"有其他合适的工作就会辞职"，"我计划明年辞职"，"继续待在现在的公司的前景并不乐观"）。具体每个变量应该由几个题表示，应该以文献为准。

在进行探索性因子分析时，建议每个变量对应 4 个题以上，否则很可能出现探索性因子分析结果较差的尴尬结果。根据笔者的经验，当某变量仅由 2 个或 3 个题表示时，信度会较低；当某变量仅由 1 个题表示时，则无法测量信度和效度。如果仅希望表达整体概念，如整体满意度情况，那么可以仅使用 1 个题表示。

一个变量对应的题数量不能过多，当数量超过 10 个时，很容易因为整个问卷题过多使受访者不愿意认真回答，从而导致数据不真实，最终分析结果较差。

（3）因变量 Y 题设计。

如果希望进行影响关系研究（X 影响 Y），如使用回归分析研究多个因素对员工离职倾向的影响情况，那么应该特别注意，因变量 Y 即离职倾向，需要有对应的题。如果因变量 Y 没有对应的题，只有自变量 X 有对应的题，那么此类问卷无法进行回归分析，即无法进行影响关系研究。

另一类较为常见的问卷设计问题是将自变量 X 与因变量 Y 放在同一个题中。例如，"我不满意公司的领导就想辞职"，这句话包括了两个变量，自变量 X 为对领导的满意度，因变量 Y 为离职倾向。此类错误在问卷设计中较为常见，科学的做法是将此类错题拆分为两个题，分别是"我对公司领导的满意度情况"和"我的辞职倾向情况"。将自变量 X 与因变量 Y 分别用题表示，而不能将它们放在同一个题中。

（4）量表题设计要规范统一。

量表题设计要规范统一，同一个变量的题不能混合使用多级量表。例如，某变量对应着 4 个题，其中 2 个题使用五级量表，另外 2 个题使用四级量表，此类问卷会导致数据处理不准确，无法计算该变量题的平均值，影响问卷分析的科学性。

（5）量表反向题。

如果某变量用 4 个题表示，其中有 3 个题表示样本的正向态度，1 个题表示样本的反向态度，此时涉及反向题。例如，离职倾向由 4 个题表示，分别是"家人支持我留在现在的公司"，"我想寻找其他工作"，"有其他合适的工作就会辞职"，"我计划明年辞职"，其中"家人支持我留在现在的公司"这个题与另外 3 个题的意思相反，此题称作反向题。

出于对语言修辞的考虑，如果不是必须使用反向题，或者量表来源就有反向题（这种情况需要对数据进行重新编码处理），那么尽量不使用反向题，更不能在问卷里面设置没有明确偏向（似乎是"反向"，又似乎不是"反向"）、模棱两可的题，如"我也不确定到底要不要离职"。根据笔者的研究经验，反向题或模棱两可的题很容易导致信度和效度不达标，因子分析结果较差。

（6）排序题和打分题。

对选项进行排序通常有 3 种方法：第 1 种是直接让样本回答排序情况；第 2 种是使用五级量表或七级量表；第 3 种是将排序题设计成打分题，即直接对每个选项进行打分。使用这 3 种方法均可，笔者建议使用第 2 种或第 3 种方法，计算每个选项的平均值，通过平均值进行排序。如果使用第 1 种方法，那么可以通过计算平均排名进行排序。

（7）其他。

如果某个量表题的填写需要一定的条件，那么需要设置筛选跳转题。例如，研究"90后"群体的离职倾向情况，即限定样本为"90 后"，设置筛选跳转题，如果受访者不是"90后"，则中止问卷填写。

2.2　非量表题设计

本书约定非量表题为除量表题（或类似量表题）以外的题，如多选题、基本事实现状题等。非量表题更多用于了解基本事实现状，通过对此类题进行分析，研究当前现状，并且提出相关建议。通常情况下，非量表题包括单选题、多选题、填空题等类型。在分析方法上，非量表题可以使用频数分析进行基本描述，使用卡方分析进行差异对比，使用Logistic 回归分析研究影响关系，使用聚类分析将样本或变量细分为几个类别。非量表题设计注意事项如表 2-2 所示。

表 2-2　非量表题设计注意事项

编　　号	非量表题设计注意事项	说　　明
1	单选题选项设计	单选题相关注意事项
2	多选题选项设计	多选题选项数量和设计相关问题
3	填空题答项设计	填空题如何处理
4	逻辑跳转题	逻辑跳转题是否必要及如何处理

（1）单选题选项设计。

在问卷中，样本背景信息包括性别、年龄、学历、收入等，可以设置成单选题形式。针对年龄、学历、收入等问题，选项设置需要结合具体情况。例如，当预判样本的年龄范围为 20～40 岁时，选项可以设置为"20～25 岁"、"26～30 岁"、"31～35 岁"和"36～40岁"共 4 组，无须设置"41～50 岁"和"50 岁以上"等选项。收入选项与年龄选项的设置类似。

在其他非量表题设计方面，研究人员有时并不清楚选项的具体内容应该如何设计，或者对选项设计并没有把握，此时可以先进行预调查，总结归纳选项的具体内容。非量表题可以使用卡方分析进行差异对比，但如果选项过多，就会导致每个选项对应的样本量很少（低于 30 个），因此需要结合样本量情况设置选项数量。例如，计划收集 150 个样本，若某题对应 10 个选项，则很容易导致个别选项基本没有人选择或选择的人极少，以及分析方法不适用等问题。非量表题的选项也不能过少，如果过少，则信息量不够充分，就会导致最终获取的价值有限。

（2）多选题选项设计。

通常情况下，多选题只能计算频数和百分比，通过频数和百分比可以直观地展示每个选项的选择情况，并且通过对比百分比大小得出相关结论。除此之外，卡方分析可用于研究多选题与分类数据之间的关系。通常情况下多选题的选项非常多，因此如果样本量较少，则容易导致每个选项的平均样本量过少（少于 30 个），也就没有统计代表意义了，通过卡方分析得出的结论也就不可靠。研究人员需要提前知晓此类情况，平衡样本量与多选题选项数量之间的关系（尽量保证每个选项的样本量达到 30 个或更多）。如果多选题选项数量较多，那么需要收集更多的样本。

（3）填空题答项设计。

在单选题或多选题中，通常会有一个选项为"其他"，并且让样本回答具体信息。根据笔者的经验，通常此类题的回答百分比非常低（通常低于 10%），即使样本回答，也会有很多无效答案，如"不知道""不清楚""无"等，此类文字答案没有研究意义。填空题答项可在讨论时使用，从中找出有价值的信息并进行汇总讨论。

填空题是一种开放式题，样本的回答可以随心所欲，但统计分析只能针对封闭式答案，因此建议尽量少用填空题。例如，当问及年龄时，直接让样本选择选项而非填写具体的数字。如果研究人员由于特殊要求需要设置填空题，那么在后续处理时需要手动将文字进行标准化，将表达同一个意思的文字答案进行统一，并且编码后再进行分析，这相当于将开放式的填空题处理成封闭式的单选题或多选题。

（4）逻辑跳转题。

非量表类问卷中经常会使用到逻辑跳转题。逻辑跳转题是思路跳跃的一种体现，逻辑跳转题选项过多会导致研究思路混乱，尤其是在使用 SPSS 软件分析时，需要进行多次数据筛选工作以匹配逻辑跳转，从而导致看似简单的问卷分析变得异常复杂。因此为了保证问卷逻辑清晰，尽量减少逻辑跳转题，如果必须使用，那么可以将同一类跳转后的题紧挨在一起。

2.3 研究方法的选择

上述两节针对量表题和非量表题设计进行阐述，本节将讲解如何选择数据研究方法。数据研究方法的选择从两个角度入手，分别是分析思路和数据类型。研究人员的分析思路与研究方法的选择有着非常紧密的联系，一旦确认分析思路，就会有对应的研究方法与之对应。根据笔者的研究经验，笔者将问卷题的具体分析思路分为 4 种类型，分别是基本描述、影响关系、差异关系和其他关系。基本描述针对每个题的分布特征进行研究，影响关系针对题之间的影响情况进行研究，差异关系针对题之间的差异情况进行研究，其他关系包括聚类、信息浓缩等研究方法。

除此之外，数据研究方法的选择与数据类型有着紧密的联系，因此在确定分析思路后，需要结合实际数据类型，才能选出最适合的研究方法。本节以 4 种类型的分析思路入手，结合数据类型进行详细阐述。

2.3.1 基本描述

在问卷数据收集完成后，可对数据的基本情况进行分析，通常情况下可对人口统计学变量进行统计描述（人口统计学变量是指性别、专业、年龄、学历、收入、婚姻状况等个体属性），如不同性别或专业的样本分布情况、样本对多选题的选择分布情况等。如果问卷中包括量表题，还需要针对量表题进行描述分析，通过计算量表题的平均值，了解样本对量表题的整体态度情况。对于量表题，通常还需要进行信度分析和效度分析，以论证样本数据对量表题回答的可靠性和量表题设计的有效性。针对人口统计学变量，通常需要进行频数分析，即计算各选项的百分比选择情况。基本描述研究方法的选择如表 2-3 所示。

表 2-3　基本描述研究方法的选择

举　　例	数 据 类 型	研 究 方 法
单选题（如性别、专业等）	分类数据	频数分析
多选题	分类数据	频数分析、多重响应
填空题（如年龄）	定量数据	描述性分析
排序题	定量数据	描述性分析
量表题	定量数据	描述性分析、信度分析、效度分析

前面已经提及数据可分为两类，分别是定量数据和分类数据，二者的区别在于数值大小是否具有比较意义，如果数值大小具有比较意义，则为定量数据；如果数值大小仅代表类别，则为分类数据。

对于问卷中的单选题，如果单选题的数据为分类数据，如性别、专业的数值仅代表类别，那么需要使用频数分析，分别统计各选项的选择百分比，还可以使用饼图、圆环图、柱形图及条形图等统计图进行辅助展示。

对于问卷中的多选题，多选题通常情况下使用数字 1 代表"选择"，0 代表"未选择"，数值代表的意义为类别，即数据为分类数据，也可以使用频数分析进行研究，并且使用柱形图、条形图等统计图进行可视化展示。多选题相对比较特殊，其在数据呈现上表现为一个选项为一列，如果一个多选题有 5 个选项，则会使用 5 列数据进行表示，因此多选题的频数分布情况还可以使用多重响应进行研究。

对于问卷中的填空题，应该先确定填空题的数据类型，再确定使用哪种分析方法。如果填空题的数据为分类数据，则应该使用频数分析，并且可以使用条形图、词云图等统计图进行直观展示。如果填空题的数据为定量数据，则应该使用描述性分析。例如，让样本填写自己的年龄，数字越大年龄越大，即年龄为定量数据，此时应该使用描述性分析计算样本的平均年龄、最小年龄、最大年龄等。填空题直接收集的数据通常无法直接使用，需要研究人员进行加工处理。例如，样本为 20 岁，很可能会填写诸如"20 岁""二十岁"等答案，此类开放数据需要研究人员全部统一为"20"才能进行分析。

针对问卷中的排序题和打分题，很明显排序题和打分题的数据为定量数据，数字大小具有比较意义，因此可以使用描述性分析进行研究，排序题可计算平均值表示平均排名，打分题可计算打分平均值，同时可以使用折线图、柱形图及条形图等统计图直观展示平均值。

对于问卷中的量表题，量表题数据是典型的定量数据，因此可以使用描述性分析进行研究，利用平均值分析样本对量表题的整体态度情况，并且使用折线图、柱形图及条形图等统计图直观展示数据情况。很多时候一个变量会由多个量表题表示，此时可计算对应量表题的平均值，用于概括表示对应的变量，接着针对变量进行描述性分析。除此之外，量表题需要进行信度分析和效度分析，用于研究数据的可靠性和量表题设计的有效性。如果量表题的参考量表为成熟量表，具有权威性特点，有时可直接进行信度分析，不需要进行效度分析。信度分析和效度分析仅能用于量表题，对于非量表题，无法使用研究方法研究其信度和效度，研究人员可通过文字描述证明数据的可靠性和问卷设计的有效性。

综上所述，对于问卷中的单选题、多选题、填空题（数据为分类数据），应该使用频数分析进行研究，并且结合饼图、圆环图、条形图及柱形图等统计图直观展示选项的百分比情况。对于问卷中的填空题（数据为定量数据），应该使用描述性分析进行研究。对于问卷中的排序题和打分题，应该使用描述性分析进行研究，并且使用折线图、柱形图及条形图等统计图直观展示平均值情况。对于问卷中的量表题，应该使用描述性分析进行研究，同时需要使用信度分析研究数据的可靠性，使用效度分析研究量表题设计的有效性。

2.3.2　影响关系

在 2.3.1 节中已经阐述了问卷具体研究方法的选择，但在实际研究中，研究人员更加希望挖掘数据之间的影响关系。例如，哪些因素会影响员工离职，哪些因素会影响消费者购买 iPhone 手机，等等。影响关系涉及的研究方法包括线性回归分析和 Logistic 回归分析，需要结合因变量的数据类型选择合适的研究方法。影响关系研究方法的选择如表 2-4 所示。

表 2-4　影响关系研究方法的选择

因变量的数据类型	研 究 方 法
定量数据	线性回归分析
分类数据（且为两类）	二元 Logistic 回归分析
分类数据（类别数量超过两类且无序）	多元无序 Logistic 回归分析
分类数据（类别数量超过两类且有序）	多元有序 Logistic 回归分析

如果因变量为定量数据，则应该使用线性回归分析进行影响关系研究。对于线性回归分析，如果自变量个数仅为一个，则称为一元线性回归分析或简单线性回归分析；如果自变量个数超过一个，则称为多元线性回归分析。在进行线性回归分析前，研究人员使用相关分析了解自变量与因变量之间的相关关系。如果相关分析显示某自变量和因变量之间没有呈现出显著的相关关系，则该自变量不会对该因变量产生影响关系；如果相关分析显示某自变量和因变量之间呈现出显著的相关关系，则该自变量可能会对该因变量产生影响关系。

如果因变量为分类数据，则应该使用 Logistic 回归分析进行影响关系研究。结合因变量的具体情况，Logistic 回归分析分为二元 Logistic 回归分析、多元无序 Logistic 回归分析和多元有序 Logistic 回归分析共 3 种类型。如果因变量仅包括两类，如"愿意"和"不愿意"，那么应该使用二元 Logistic 回归分析；如果因变量的类别数量超过两类且无序，如因变量为手机品牌选择偏好（手机品牌选择偏好分为 3 类，分别是："iPhone"、"三星"和"小米"），那么应该使用多元无序 Logistic 回归分析；如果因变量的类别数量超过两类且有序，如因变量为 iPhone 手机偏好情况（iPhone 手机偏好情况分为 3 类，分别是："不喜欢"、"中立"和"喜欢"），那么应该使用多元有序 Logistic 回归分析。

上述因变量 iPhone 手机偏好情况也可以看作定量数据，那么可以考虑使用线性回归分析。对于这种可以看作分类数据，也可以看作定量数据的因变量，建议研究人员分别使用多元有序 Logistic 回归分析、线性回归分析和多元无序 Logistic 回归分析进行影响关系研究，并且结合这 3 种分析方法的结果和实际情况，选择出最优结果。

在进行 Logistic 回归分析前，研究人员可以使用卡方分析了解自变量与因变量之间的关系。如果卡方分析显示某个自变量与因变量之间没有关系，在建立 Logistic 回归模型时可直接不放入该自变量。

综上所述，如果因变量为定量数据，那么应该使用线性回归分析；如果因变量为分类数据，那么应该使用 Logistic 回归分析，并且在进行 Logistic 回归分析时结合因变量的类别数量选择具体的 Logistic 回归分析。在进行影响关系研究时，除了因变量的数据类型，还需要注意自变量的数据类型，如果自变量为定量数据，则直接放入模型中；如果自变量为分类数据，则需要进行虚拟变量设置，具体可参考 5.2.8 节内容。

2.3.3 差异关系

在 2.3.2 节中已经阐述了影响关系研究方法的选择，本节着重讲解差异关系研究方法的选择。通常情况下，差异关系研究方法包括 4 种，分别是 t 检验、方差分析、卡方分析和非参数检验。研究人员需要结合自变量 X 和因变量 Y 的数据类型，确认研究方法的选择。差异关系研究方法的选择如表 2-5 所示。

表 2-5　差异关系研究方法的选择

自变量 X 的数据类型	自变量 Y 的数据类型	研 究 方 法
分类数据（且为两类）	定量数据	t 检验
分类数据	定量数据	方差分析
分类数据	分类数据	卡方分析
分类数据	定量数据（且不服从正态分布）	非参数检验

如果自变量 X 为分类数据且为两类（如性别分为"男"和"女"）、因变量 Y 为定量数据，那么可使用 t 检验（具体为独立样本 t 检验）进行差异关系研究。如果两种类别间呈现出差异性，那么需要对比当自变量为不同类别时因变量 Y 的平均值差异。

如果自变量 X 为分类数据且因变量 Y 为定量数据，那么可使用方差分析（具体为单因素方差分析）进行差异关系研究。如果自变量 X 为分类数据且为两类，那么使用 t 检验和方差分析均可，研究结论上并不会有区别。

如果自变量 X 和因变量 Y 均为分类数据，那么可使用卡方分析进行差异关系研究。使用卡方分析时自变量 X 和因变量 Y 均为分类数据，因此如果卡方分析结果显示呈现出显著性差异，那么需要对比当自变量 X 为某类别，因变量 Y 为不同类别时的百分比（非平均值）差异情况。

除了 t 检验、方差分析和卡方分析这 3 种差异关系研究方法，在问卷研究中还经常用到非参数检验。当自变量 X 为分类数据且因变量 Y 为定量数据时可使用方差分析进行差异关系研究，但使用方差分析的前提条件是因变量 Y 服从正态分布且满足方差齐。如果不满足使用方差分析的前提条件，则可以使用非参数检验进行差异关系研究。不同于方差分析，非参数检验用于对比不同类别数据的数据分布特征是否具有一致性，而且在进行具体差异对比时，如果呈现出差异性，一般使用中位数（而非平均值）进行具体差异描述，但有时会出现非参数检验呈现出显著差异性但中位数却无明显差异的情况（原因在于非参数检验的原理是对比数据分布是否一致，而不是直接针对中位数进行差异对比，中位数只是数据分布是否一致的一个参考指标而已）。

根据笔者的经验，在实际研究中并不存在绝对的正态分布数据，但方差分析的检验效能相对较高，因此在实际研究中只要数据基本服从正态分布即可使用方差分析，而不是使用非参数检验。

综上所述，如果自变量 X 为分类数据且为两类、因变量 Y 为定量数据，则可使用 t 检验或方差分析进行差异关系研究；如果自变量 X 为分类数据且多于两类、因变量 Y 为定量数据，则仅可使用方差分析进行差异关系研究；如果自变量 X 和因变量 Y 均为分类数据，则可使用卡方分析进行差异关系研究；如果不满足方差分析的前提条件（如因变量 Y 为非正态分布数据或方差不齐），则可使用非参数检验进行差异关系研究。

2.3.4　其他关系

在问卷研究时，除了对数据的基本描述、影响关系和差异关系的研究方法，还会涉及其他关系的研究方法，如信息浓缩、聚类、权重计算等。其他关系研究方法的选择如表 2-6 所示。

表 2-6　其他关系研究方法的选择

应 用 场 景	数 据 类 型	研 究 方 法
信息浓缩	定量数据	因子分析、主成分分析
样本聚类（Q 型聚类）	定量数据	k-均值聚类分析、两步聚类分析
样本聚类（Q 型聚类）	定量数据和分类数据	两步聚类分析、K-prototype 聚类分析
变量聚类（R 型聚类）	定量数据	系统聚类分析（分层聚类分析）
权重计算	定量数据	因子分析、熵值法
权重计算	专家打分	AHP 层次分析法

如果研究数据中包括量表题，现希望将量表题浓缩成少数几个因子（实际应用时也称维度），此时可使用因子分析或主成分分析，多数时候使用因子分析。例如，希望将 30 个量表题浓缩成 5 个因子，在完成分析后，一个因子一般对应着几个量表题，此时可进一步计算出这几个量表题的平均值，用于表示该因子。还有一种处理方法是使用因子得分（或主成分得分）表示该因子，通常是使用前者（计算平均值表示某因子）。

如果研究中需要进行分类，那么可使用聚类分析。聚类分析分为两种，一种是 Q 型聚类，一种是 R 型聚类。Q 型聚类是指对样本进行分类，如将 300 个样本聚类成几种类别的样本。Q 型聚类可使用 k-均值聚类分析、两步聚类分析、K-prototype 聚类分析等聚类分析方法，其中 k-均值聚类分析的使用最为广泛，但是如果聚类分析项中包括分类数据，则只能使用两步聚类分析或 K-prototype 聚类分析。R 型聚类是指对题进行聚类，如将 30 个题分类。R 型聚类使用的聚类方法为系统聚类分析（分层聚类分析）。

如果在问卷研究中希望进行权重计算，尤其是针对量表题进行权重计算，那么可使用因子分析和熵值法。因子分析可以将量表题浓缩成几个因子，并且计算出每个因子的权重值；而熵值法可以计算出具体每个题的权重值。结合因子分析和熵值法进行权重计算，最终可构建出完整的权重体系。在研究中有时会用到专家打分，如果涉及此类数据的权重计算，可使用 AHP 层次分析法。

综上所述，如果数据需要进行因子浓缩，则可使用因子分析或主成分分析；如果数据需要进行聚类分析，则可使用 k-均值聚类分析、两步聚类分析、K-prototype 聚类分析、系统聚类分析（分层聚类分析）等聚类分析方法；如果需要进行权重计算，则可使用因子分析和熵值法；如果需要进行权重计算且数据为专家打分，则可使用 AHP 层次分析法。

2.3.5　数据类型与研究方法

本节从数据类型的角度阐述研究方法的选择情况。本书约定数据分为定量数据和分类数据共两种类型，结合数据类型及研究需要即可选择正确的研究方法。数据类型与研究方法的选择如表 2-7 所示。

表 2-7　数据类型与研究方法的选择

自变量 X	因变量 Y	研 究 方 法	研 究 场 景
分类数据	—	频数分析	计算百分比
分类数据（多选题）	—	多重响应	计算多选题选择百分比
—	定量数据	描述分析	计算平均值等（包括排序题和打分题）
定量数据	定量数据	相关分析	数据间相关关系研究
定量数据/分类数据	定量数据	线性回归分析	数据间影响关系研究
定量数据/分类数据	分类数据（两组）	二元 Logistic 回归分析	数据间影响关系研究
定量数据/分类数据	分类数据（多组且无序）	多元无序 Logistic 回归分析	数据间影响关系研究
定量数据/分类数据	分类数据（多组且有序）	多元有序 Logistic 回归分析	数据间影响关系研究
分类数据	分类数据	卡方分析	数据间差异关系研究
分类数据（两组）	定量数据	t 检验	两组类别数据间差异关系研究
分类数据	定量数据	方差分析	两组或多组类别数据间差异关系研究
分类数据	定量数据	非参数检验	差异研究（因变量 Y 不服从正态分布或方差不齐）
定量数据（量表题）	—	信度分析	研究量表数据的可靠性情况
定量数据（量表题）	—	效度分析	研究量表题设计的有效性情况
定量数据	—	聚类分析	样本聚类和变量聚类
定量数据	—	因子分析、熵值法	权重计算

备注：—表示没有该项，即分析不需要区分自变量和因变量

在表 2-7 中列出了数据类型与研究方法的选择对应关系，表格内容为 2.3 节内容的概括。上表仅列出常见的研究方法与数据类型的选择对应关系，在实际研究中还会结合具体数据情况进一步选择。例如，在进行相关分析时，如果数据服从正态分布，则可以使用 Pearson 相关系数；如果数据不服从正态分布，则需要使用 Spearman 相关系数。建议读者参阅第 6 章～第 10 章的具体内容。

第**3**章

量表类问卷设计和注意事项

本书约定量表类问卷是指大部分题（60%以上）为量表题的问卷。量表类问卷广泛运用于学术研究。量表类问卷研究方向很多，包括影响关系研究、中介效应和调节效应研究、指标权重计算、细分市场研究等。量表题对应多种统计分析方法，包括描述性分析（平均值）、信度分析、效度分析、相关分析、回归分析、探索性因子分析和聚类分析等，以及仅适用于量表类的结构方程模型（SEM）软件 AMOS 的验证性因子分析。本章首先讲解量表类问卷设计框架和注意事项，然后结合具体问卷案例详细解读量表类问卷设计。

3.1 量表类问卷设计框架

问卷设计是研究思路的具体体现，问卷设计的质量直接影响研究方法的使用，笔者通过对问卷星网站中近千份问卷的解读，总结归纳出量表类问卷的设计框架。量表类问卷设计框架从结构上可以分为 6 部分，分别是筛选题、样本背景信息题、样本特征信息题、样本基本态度题、核心变量题和其他题，如图 3-1 所示。

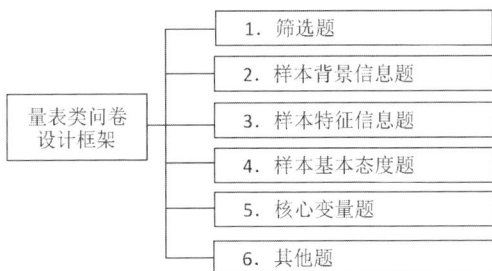

```
                    ┌─────────────────────┐
                    │  1. 筛选题           │
                    ├─────────────────────┤
                    │  2. 样本背景信息题    │
    ┌──────────┐    ├─────────────────────┤
    │ 量表类问卷 │────│  3. 样本特征信息题    │
    │ 设计框架   │    ├─────────────────────┤
    └──────────┘    │  4. 样本基本态度题    │
                    ├─────────────────────┤
                    │  5. 核心变量题        │
                    ├─────────────────────┤
                    │  6. 其他题           │
                    └─────────────────────┘
```

图 3-1　量表类问卷设计框架

（1）筛选题。如果对样本特征有特殊要求，那么需要首先设置筛选题。例如，研究主题为"90 后"员工离职倾向影响因素研究，研究样本为"90 后"，如果受访者非"90 后"，则应停止回答后续题。如果研究需要进行样本筛选，则需要将样本筛选题设置在问卷前面；如果不需要进行样本筛选，则可忽略此类题。

（2）样本背景信息题。通常情况下，不同背景的样本可能对同一件事情有不同的态度，因此问卷中需要加入样本背景信息题（人口统计学变量），如性别、年龄、学历、月收入等。此类题通常要进行频数分析、方差分析、t 检验等。

（3）样本特征信息题。除了样本背景信息题，通常还需要设计样本特征信息题。例如，研究题目为"网络消费态度影响因素研究"的问卷，可以加入与网络消费基本现状有关的样本特征信息题：当前网购频率、网购的商品类目、网购消费金额、网购消费平台等。

在多数情况下，样本特征信息题为非量表题，此类题可用于深入了解样本特征信息。此类题多为单选题和多选题，常见的统计方法是计算频率（无法使用信度分析和效度分析），直观展示各选项选择情况；也可以使用卡方分析进行差异对比，对比不同类别样本（如网购消费金额不同的样本）对其余题的态度差异。

通常情况下，研究的核心思路并非针对样本特征信息，因此此类题的数量应该较少，建议设置 3～8 个。如果研究内容对样本特征完全不在意，那么可以忽略此类题。

（4）样本基本态度题。此类题基本为非量表题。此类题的设计目的在于了解样本的基本态度情况，如研究人员可以通过此类题了解样本对当前网购的消费态度、前景态度及对网购平台的态度等。

此类题用于分析样本的基本态度，通常情况下在后续分析时会对其进行频率统计，以了解样本总体的基本态度（无法使用信度分析和效度分析）。有时也可以分析此类题与其余题之间的关系。例如，使用卡方分析研究不同性别样本对此类题的差异性态度，使用回归分析研究此类题对消费意愿的影响情况等。

通常情况下，此类题的数量不会太多，考虑到整份问卷的题数，建议将此类题的数量控制在 3~8 个。如果研究人员对样本的基本态度有较多的关注，那么建议使用非量表类问卷设计框架（见第 4 章）；如果研究人员并不关注样本的基本态度，那么可以忽略此类题。

（5）核心变量题。此部分为量表类问卷研究的核心内容，题的数量最多。通常情况下，此类题均为量表题。例如，研究主题为"90 后"员工离职倾向影响因素研究，具体影响因素可分为 6 种，分别是薪酬福利、人际关系、工作本身、价值观、成就发展和企业文化，研究人员需要针对这 6 种影响因素分别设计核心变量题，每种影响因素可能由多个核心变量题组成（建议每个影响因素由 4~7 个核心变量题表示），因此这 6 种影响因素总共涉及约 30 个核心变量题。要研究影响因素对离职倾向的影响，还需要设置核心变量题询问样本的离职倾向态度。量表核心变量题设计注意事项如表 3-1 所示。

表 3-1　量表核心变量题设计注意事项

量表核心变量题设计注意事项	说　明
需要有量表参考依据	题是否参考量表
变量对应题合理性	每个变量对应题的数量是否合适
因变量 Y 对应题	如果研究影响关系，那么是否有因变量 Y 对应题
反向题	反向题是否需要，以及是否可以反向处理

第一，此类题设计需要有量表参考依据，可以结合相关研究参考量表进行设计，或者直接引用相关参考量表题，不能随意主观设计，以免导致后续信度和效度不达标。

第二，每个变量尽可能由 4~7 个题表示，避免在后续分析过程中出现信度和效度不达标的现象。当每个变量由多个题表示时，可以更好地表达对应变量的概念信息，更具说服力。

第三，如果要研究变量影响关系，即 X 对 Y 的影响情况，那么需要有因变量 Y 的对应题，否则会导致后续无法进行相关分析或回归分析的尴尬情况。例如，要研究工作满意度的影响情况，问卷中涉及各种可能影响工作满意度的因素对应的题，但是没有体现样本整体工作满意度的题，那么此类问卷无法进行相关分析或回归分析以研究各类因素对工作满意度的影响关系。

第四，关于反向题，当条件允许时，研究人员可以将反向题进行反向处理。

当研究权重情况或使用此部分量表题进行样本聚类时，很可能每一个题即为一个小点（方面），研究人员需要仔细考量各个题的问法，避免问卷设计有问题导致样本回答偏差。如果涉及中介效应研究或调节效应研究，则对应的变量题均需要有理论文献参考，避免问卷设计有问题导致分析结果出现误差。如果要研究中介效应或调节效应，则中介变量或调节变量也需要有对应的题。

此部分量表题适用于各种统计方法，包括信度分析、效度分析、相关分析、回归分析、因子分析、聚类分析等。

（6）其他题。如果研究的目的在于将样本细分为几类并针对每类样本提供个性化的建议，如消费者对某类潜在新产品的需求偏好或态度情况，那么可以设计题单独问消费者对此类潜在产品的需求偏好或态度情况。例如，研究人员基于这样的思路，结合相关题将样本进行聚类，分析不同类别样本对某新型雾霾保险产品的偏好差异，并且针对不同类别样本提供不同的产品选择。

3.2 量表类问卷案例

结合量表类问卷设计框架，本节通过列举两个案例来具体展示如何设计量表类问卷，并且对相关注意事项进行说明。其中案例 1 为"90 后"员工离职倾向影响因素研究，案例 2 为旅游消费者样本细分情况研究。具体问卷设计和说明分两部分进行阐述。

3.2.1 案例 1："90 后"员工离职倾向影响因素研究

本案例研究相关因素对"90 后"员工离职倾向的影响情况，相关因素共有 6 个，分别是薪酬福利、人际关系、工作本身、价值观、成就发展和企业文化。问卷涉及筛选题、样本背景信息题、样本特征信息题、样本基本态度题和核心变量题，其中核心变量题包括 6 个影响因素对应的量表题及离职倾向对应的量表题。"90 后"员工离职倾向影响因素研究问卷框架如表 3-2 所示。

表 3-2　量表类问卷设计案例 1："90 后"员工离职倾向影响因素研究问卷框架

框 架 内 容	题 　 号	题 　 内 　 容
筛选题	Q1	请问您是"90 后"吗（如果不是，则请结束回答）
样本背景信息题	Q2	性别
	Q3	年龄
	Q4	婚姻状况
	Q5	学历
样本特征信息题	Q6	从毕业开始，累积工作年限为
	Q7	当前公司工作年限为
	Q8	您是独生子女吗
	Q9	您曾有几次主动离职经历
	Q10	您现在的职位是
	Q11	您现在所在公司的性质

框 架 内 容	题 　 号	题 　 内 　 容
样本基本态度题	Q12	如果离职，原因是什么（多选题）
	Q13	您对当前公司不满意的地方有哪些（多选题）
核心变量题	Q14	我认为我现在获得的报酬与付出的代价基本相符
	Q15	公司的工资福利和其他公司相比更有吸引力
	Q16	我认为我获得的报酬与付出的代价和同事相比基本公平
	Q17	我对所获得的报酬感到满意
	Q18	当我遇到困难时，能够得到同事或领导的关心
	Q19	公司员工之间凝聚力强、合作融洽
	Q20	我与上司关系和睦
	Q21	在公司我有很好的归属感
	Q22	公司内部的人际关系良好
	Q23	我与同事关系融洽
	Q24	现在的工作内容丰富
	Q25	我现在的工作任务很有挑战性
	Q26	我现在的公司有吸引力的一点是它提供弹性工作时间
	Q27	现在的工作环境、条件比较差
	Q28	如果现在的领导不太有能力，我会不太服从他的指挥，甚至跳槽
	Q29	在工作中体现我的自我价值，对我来说非常重要
	Q30	在工作中能充分表达我的想法和意见，对我来说很重要
	Q31	如果工作中不能充分表达我的意见，我会感觉郁闷
	Q32	对我来说，好的工作最主要是自己喜欢，而不是别人的意见
	Q33	公司提供了明晰的晋升标准和广阔的发展空间
	Q34	公司效益、发展前景良好
	Q35	在现在的工作岗位上，可以实现我的理想
	Q36	我现在从事的工作有良好的前景
	Q37	公司具有良好的企业文化
	Q38	公司的领导者和管理者能够信守诺言
	Q39	公司的领导者和管理者具有独特的管理风格和管理方法
	Q40	公司有明确的价值观来指导我们日常的工作
	Q41	公司有明确的道德准则指导我们的行为，使我们明辨是非
	Q42	现在还没找到合适的工作，一旦找到就立刻辞职
	Q43	如果现在辞职，经济上的损失不能承受
	Q44	我常常想辞去目前的工作
	Q45	我在明年可能会离开公司，另谋他就
	Q46	假如我继续待在本公司，我的前景不会好

从表 3-2 中可以看出，Q1 为筛选题；Q2～Q5 为样本背景信息题；Q6～Q11 为样本特征信息题，此部分是当前样本的基本事实特征题；Q12～Q13 为样本基本态度题，这两个题用于了解样本离职的相关原因；Q14～Q46 为核心变量题，全部为量表题（1 代表"非常不同意"，2 代表"比较不同意"，3 代表"中立"，4 代表"比较同意"，5 代表"非常同意"）。

Q14～Q46 共 33 个题，涉及 7 个变量，分别是薪酬福利、人际关系、工作本身、价值观、成就发展、企业文化和离职倾向，每个变量均由 4～7 个题表示，其中离职倾向（Y）由最后 5 个题表示（Q42～Q46）。有时因变量 Y 仅由 1 个题表示，如员工整体满意度情况、整体的品牌态度情况、整体的消费意愿情况等。

Q24～Q27 是对工作本身这个变量态度的体现，其中 Q27（现在的工作环境、条件比较差）为反向题，样本对此题打分越高，表示样本对工作本身这个变量越不认可；其余 3 个题（Q24～Q26）的分值越高表示样本对工作本身这一变量越认可。可以将 Q27 修改为"现在的工作环境、条件比较好"，或者在后续数据分析前进行数值反向处理。

关于此份问卷的分析思路，读者可以结合第 5 章内容进行学习。在分析思路上，使用频数分析对样本背景信息进行说明；使用频数分析统计样本特征信息和样本基本态度；使用信度分析研究 6 个影响因素（薪酬福利、人际关系、工作本身、价值观、成就发展和企业文化）和离职倾向变量的信度情况；使用探索性因子分析进行效度分析；还可以使用描述性分析，通过计算平均值了解样本对 6 个影响因素和离职倾向的整体态度情况；使用相关分析研究 6 个影响因素分别与离职倾向的相关关系；使用多元线性回归分析研究 6 个影响因素对离职倾向的影响关系；还可以使用方差分析或 t 检验，对比不同背景特征的样本对 6 个影响因素和离职倾向的态度差异。

如果问卷中不包括离职倾向的 5 个题（Q42～Q46），则不能使用多元线性回归分析，因为缺少被影响因素（因变量 Y）。如果研究人员已经假定 6 个影响因素（薪酬福利、人际关系、工作本身、价值观、成就发展和企业文化）会影响离职倾向，并且想研究 6 个影响因素的影响权重情况，那么可以参考第 7 章内容。

3.2.2 案例 2：旅游消费者样本细分情况研究

本案例研究消费者对旅游相关问题的态度情况，并且希望结合研究结果，将样本细分为几类，深入研究不同类别旅游消费人群的特点，从而为产品（旅游卡）设计提供研究支持。本问卷的核心思路是对样本进行分类，即结合样本的相关态度将样本细分为几类，然后研究不同类别消费者对旅游卡的态度差异。旅游消费者样本细分情况研究问卷框架如表 3-3 所示。

表 3-3　量表类问卷设计案例 2：旅游消费者样本细分情况研究问卷框架

框 架 内 容	题　　号	题　内　容
样本背景信息题	Q1	性别
	Q2	年龄
	Q3	学历
	Q4	家庭年收入

续表

框 架 内 容	题　号	题 内 容
样本特征信息题	Q5	您的旅游消费观念是
	Q6	您每个月用在旅游消费方面的支出大约有多少
	Q7	您是通过什么途径了解旅游信息的
样本基本态度题	Q8	您认为旅游消费是否有必要
	Q9	如果您的月收入提高 1 000 元，那么您会增加多少旅游费用
	Q10_1	您旅游的目的是什么（娱乐休闲）
	Q10_2	您旅游的目的是什么（扩大眼界）
	Q10_3	您旅游的目的是什么（释放生活压力）
	Q10_4	您旅游的目的是什么（感受生活）
	Q10_5	您旅游的目的是什么（健身保养）
	Q10_6	您旅游的目的是什么（人际交往）
	Q10_7	您旅游的目的是什么（其他）
核心变量题	Q11	家人或朋友建议去某景点我一般都同意
	Q12	我喜欢去大家都去的景点旅游
	Q13	我觉得旅游有时候很麻烦，交通拥堵，景点人又多
	Q14	我会提前与旅行社进行一些前期沟通，了解相关事宜
	Q15	我会随时关注旅游景区的官方微博和微信
	Q16	我喜欢看旅游相关的书籍或电视节目
	Q17	我会提前留意相关旅游信息，以便做好相应准备
	Q18	去旅游后，我乐于在自己的社交圈分享自己的感受
	Q19	我会随时与朋友、家人沟通旅游心得，交换旅游意见
	Q20	我对相关旅行社的负面报道深信不疑
	Q21	我对景点的负面评论非常在意
	Q22	旅游结束后，我会告诉同事并和他们进行讨论，有时还会送旅游纪念礼物
	Q23	旅游时，我乐于在朋友圈、QQ 空间、微博等网络社交平台分享自己在旅途中的所见所闻
	Q24	旅游时，为了拍好照片，我会不断更新自己的拍摄设备
	Q25	我更喜欢旅游后发长博客来分享自己的体验
	Q26	我更愿意去交通方便的旅游景点
	Q27	如果购买了私家车，那么我会提高外出旅游的频率
	Q28	如果交通不那么拥堵，那么我会开车自驾游
	Q29	在每次工作或学习中取得成就后，我会去旅游奖励自己
	Q30	我喜欢旅行社帮我打点好一切
其他题	Q31	请选择您偏好的旅游卡类别
	Q32	每张旅游卡的票面金额偏好情况是

从表 3-3 中可以看出，此问卷共有 32 个题。其中，Q1～Q4 为样本背景信息题；Q5～Q7 为样本特征信息题；Q8～Q10 为样本基本态度题；Q11～Q30 为核心变量题，这 20 个题都是与旅游相关的态度题，使用五级量表（1 代表"非常不同意"，2 代表"比较不同意"，3 代表"一般"，4 代表"比较同意"，5 代表"非常同意"）；Q31～Q32 为其他题，这两个题是针对旅游卡产品设计的题。

在学术研究上，大部分量表题都有文献参考依据，因此各个变量与题的对应关系能够基本确认。在此问卷中，核心变量题共有 20 个（Q11～Q30），但是并没有清晰地显示出分为几个变量，原因可能是研究人员并不知道这些题应该用多少个变量表示，或者设计的题并没有明显的理论依据。此类情况在企业研究中较常出现。针对这个问题，需要使用探索性因子分析将这 20 个题浓缩为少数几个因子，然后结合 SPSS 软件输出结果进行变量判别，以确认变量与题的对应关系。

关于此问卷的分析思路，研究人员首先可以使用频数分析对样本背景信息题、样本特征信息题和样本基本态度题进行分析，然后使用探索性因子分析对核心变量题（Q11～Q30）进行分析，将这 20 个题浓缩为少数几个因子。根据探索性因子分析得到的因子进行聚类分析，将样本分为几个不同的聚类类别。利用方差分析研究不同聚类类别样本对因子的态度差异情况，并且结合不同聚类类别样本的特征对聚类类别命名。然后研究不同聚类类别样本在题（Q8～Q10）上的态度差异，以及不同聚类类别样本对旅游卡问题（Q31～Q32）的态度倾向差异情况，最终为企业决策提供数据支持。

第 **4** 章

非量表类问卷设计和注意事项

本章主要讲解非量表类问卷设计和注意事项。本书约定非量表类问卷是指大部分题（60%以上）为非量表题的问卷。多数非量表类问卷用于研究某件事情的现状或样本的基本态度，然后根据数据分析结果提供建议、措施。非量表类问卷可以使用的分析方法较少，常见的有卡方分析、Logistic 回归分析，在部分情况下也可以使用相关分析和回归分析，其中卡方分析的使用频率最高，单选题和多选题均可以使用卡方分析研究各题之间的关系。非量表题无法使用信度分析、效度分析和探索性因子分析等分析方法。

4.1 非量表类问卷设计框架

非量表类问卷广泛使用于各类研究中，尤其在企业进行市场研究时会经常使用此类问卷。如果希望对某个话题现状及样本态度情况有所了解，或者希望通过问卷研究提供相关建议，那么非量表类问卷较为适用。在具体题设计上，非量表类问卷的题更多是结合实际情况而定的，并没有相关学术理论依据作参考，因此问卷设计思路显得尤其重要。

非量表类问卷设计框架可分为 6 部分，分别是筛选题、样本背景信息题、样本特征信息题、样本基本现状题、样本基本态度题及其他题，如图 4-1 所示。

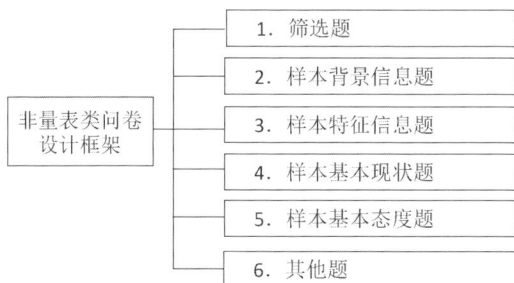

图 4-1　非量表类问卷设计框架

（1）筛选题。类似于量表类问卷，如果研究话题对样本有一定的要求，那么需要设置筛选题。

（2）样本背景信息题。通常情况下，不同背景的样本可能对同一件事情有不同的态度，因此问卷中需要加入样本背景信息题（人口统计学变量），如性别、年龄、学历、月收入、职业等。此类题通常会进行频率统计，使用卡方分析对比差异，有时也会将样本背景信息题作为自变量（X）进行 Logistic 回归分析。

（3）样本特征信息题。非量表类问卷通常会有较多的样本特征信息题。例如，研究主题是 P2P 投资态度，其内容可能包括：样本对 P2P 的了解渠道，样本 P2P 投资的资金来源，样本对 P2P 相关平台的了解情况，样本以往投资经验，样本关于 P2P 投资的情况，等等。此类题更多是为了进一步了解样本特征信息。由于不同特征的样本可能对同一个话题有着差异性态度，因此充分了解样本特征信息有助于研究人员深入分析某个结论的产生原因。此类题并非核心研究内容，因此题的数量不能过多，较为合理的题数百分比是占整份问卷题总数量的 20%左右。在分析方法上，通常是对此部分题进行频数分析。

（4）样本基本现状题。此部分用于了解样本关于某研究话题的基本现状情况。例如，研究主题是 P2P 投资态度，则可能涉及以下题：当前是否有过 P2P 投资经历，P2P 投资时间情况，P2P 投资金额情况，P2P 投资平台情况，P2P 投资的具体产品情况，等等。样本基本现状题即事实性问题，只有深入了解样本的基本现状才有可能更好地进行分析。

如果此部分的题过多，那么可以根据分析思路将之拆分成几个小部分，每一小部分表示一个事项（方面）。此部分内容较为重要，样本基本现状情况很可能会影响到样本的态度情况，因此在分析方法上可以将其与样本基本态度题进行卡方分析实现差异对比，也可以进行回归分析（包括多元线性回归分析和 Logistic 回归分析）研究影响关系。此类题的数量占整份问卷题总数量的 30% 较为合适。

（5）样本基本态度题。在非量表类问卷研究中，除了要对样本基本现状进行分析，研究人员还需要分析样本的基本态度。例如，上述案例可能会涉及以下题：愿意进行 P2P 投资的原因，不愿意进行 P2P 投资的原因，对 P2P 的风险态度认知情况，对 P2P 的前景看法，对 P2P 的关注度情况，对 P2P 相关政策的态度，等等。样本基本态度题可以是多选题和单选题，也可以是量表题（例如，对 P2P 的前景看法可以分为 5 个选项，分别是"非常不看好"、"不看好"、"中立"、"看好"和"非常看好"）。

如果在研究思路上侧重于了解样本的态度，那么可以在这部分设置较多的题，并且将此类题分为几类，每类分别代表某方面的态度。此类题的数量占整份问卷题总数量的 40% 较为合适。

对于样本基本态度题，需要对此类题进行频数分析，这样可以了解样本当前的基本态度情况；也可以将此类题与样本特征信息题或样本基本现状题进行卡方分析，了解不同特征或基本现状样本的态度差异；还可以使用回归分析（多元线性回归分析或 Logistic 回归分析）研究样本背景信息或样本基本现状对样本基本态度的影响关系。

在设计样本基本态度题时，逻辑跳转题可能会导致某些题放置在其他部分，如"不愿意进行 P2P 投资的原因"明显应该由没有进行过 P2P 投资的样本回答。由此可见，此类题可能会与样本基本现状题之间建立逻辑跳转关系。逻辑跳转题在非量表类问卷设计中较为常见，但是逻辑跳转题会增加后续分析过程的复杂性，因此在条件允许的情况下，建议尽量减少逻辑跳转题。

（6）其他题。在上述案例中，如果研究人员希望设计一款新型投资理财产品或需要有一部分单独的题用以了解 P2P 投资者的风险态度，那么可以设置一部分独立题。

4.2 非量表类问卷案例

结合非量表类问卷设计框架，本节通过列举两个案例展示如何设计非量表类问卷，并且对相关注意事项进行说明。其中案例 1 为网购奢侈品消费情况研究，案例 2 为大学生理财情况研究。

4.2.1 案例 1：网购奢侈品消费情况研究

本案例研究网购奢侈品的样本的现状及相关态度，问卷涉及筛选题、样本背景信息题、样本特征信息题、样本基本现状题、样本基本态度题和其他题。由于要求样本有网购奢侈品经历，因此要设置筛选题。由于本问卷设计的核心思路是研究样本的现状及相关态度，因此在题设置上大部分是样本基本现状题和样本基本态度题。网购奢侈品消费情况研究问卷框架如表 4-1 所示。

表 4-1　非量表类问卷设计案例 1：网购奢侈品消费情况研究问卷框架

框 架 内 容	题 号	题 内 容
筛选题	Q1	是否网购过奢侈品
样本背景信息题	Q2	性别
	Q3	年龄
	Q4	婚姻状况
	Q5	学历
	Q6	年收入
样本特征信息题	Q7	网购年限情况
	Q8	您主要是使用什么设备网购奢侈品
样本基本现状题	Q9	您网购的奢侈品主要是以下哪些类别（多选题）
	Q10	您网购过的奢侈品品牌有（多选题）
	Q11	您平常主要通过哪些渠道购买（获得）奢侈品
	Q12	网购奢侈品的费用占您每年消费额的大致百分比是
	Q13	您网购奢侈品频率大致是
	Q14	您有网购过奢侈品赝品吗
样本基本态度题	Q15	您网购奢侈品的目的是什么
	Q16	影响您网购奢侈品的外界因素（多选题）
	Q17	网购奢侈品时如何防范赝品（多选题）
	Q18	您对网购奢侈品赝品的态度情况是
	Q19	吸引您网购奢侈品的原因有哪些（多选题）
	Q20	您以后还愿意继续网购奢侈品吗
	Q21	什么原因导致您不再网购奢侈品（多选题）
	Q22	当前网购是一种风尚，您觉得网购奢侈品将会成为一种趋势吗
其他题	Q23	当您在网购奢侈品的时候，品牌知名度对您的影响有多大
	Q24	您在网购奢侈品时，您会觉得有面子的程度是多少

从表 4-1 中可以看出，Q1 为筛选题；Q2～Q6 为样本背景信息题，在具体设计问卷时可以结合实际情况，增加此类题；Q7～Q8 为样本特征信息题，用于了解样本的基本特征，在具体设计问卷时可结合实际情况，增加此类题；Q9～Q14 为样本基本现状题，用于了解样本网购奢侈品的消费情况，包括消费金额、消费频率、消费奢侈品类别、品牌及消费渠道等；Q15～Q22 为样本基本态度题，这 8 个题用于了解样本对网购奢侈品相关事项的基本态度，包括网购奢侈品的目的、对网购奢侈品赝品的态度、影响因素等；Q23～Q24 为其他题，用于了解样本对面子问题的态度，在具体研究时很可能会涉及更多其他题。

在案例分析思路上，首先可以对样本背景信息进行统计，说明样本基本特征情况，然后描述样本基本现状情况和基本态度情况等。在这些过程中，均可以使用频数分析，即分别统计选择频数，也可以结合图表进行分析说明。对样本购买奢侈品的基本现状和基本态度有了一定了解后，可以继续研究差异关系，如网购奢侈品频率与样本基本态度（Q15～Q22）的差异关系。也可以研究不同背景样本（如不同收入或不同性别）在样本基本态度题上的差异情况。案例中还有涉及样本是否愿意继续网购奢侈品的题（Q20），即购买意愿题。因为不同背景或不同态度的样本可能有不同的购买意愿，所以可以研究样本背景信息、样本基本态度对购买意愿（Q20）的影响关系。

本案例没有涉及量表题，因此不能使用信度分析、效度分析和探索性因子分析等分析方法。研究人员可以使用频数分析对样本背景信息、样本特征信息、样本基本现状和样本基本态度进行描述，使用卡方分析研究不同背景（或不同特征）的样本在样本基本态度题上所呈现出的差异性，可以使用二元 Logistic 回归分析研究相关因素对购买意愿（Q20）的影响情况。

4.2.2　案例 2：大学生理财情况研究

本案例研究大学生理财现状情况及理财态度情况。首先进行样本筛选，即只有在校大学生才能回答后续问题；然后对样本背景信息和样本特征信息进行了解，包括每月开支计划、理财知识了解情况等；最后对样本的基本现状和基本态度进行了解，包括理财必要性、影响因素、理财意愿情况等。大学生理财情况研究问卷框架如表 4-2 所示。本问卷各部分题的数量较少，研究人员在具体研究过程中需要结合实际情况设置题内容并衡量题数量。

表 4-2　非量表类问卷设计案例 2：大学生理财情况研究问卷框架

框 架 内 容	题　号	题　内　容
筛选题	Q1	是否为在校大学生
样本背景信息题	Q2	性别
	Q3	年龄
	Q4	专业
	Q5	月生活费
样本特征信息题	Q6	您每月的支出有计划吗
	Q7	您对理财方面的知识了解多少
	Q8	您平时会关注一些理财方面的信息吗
样本基本现状题	Q9	您是否使用过理财产品（有、没有）（跳转题，选择否跳到 Q12）
	Q10	您选择过哪种投资理财产品（多选题）
	Q11	您使用过哪种互联网理财产品
样本基本态度题	Q12	您心目中合理的理财状态和结构是
	Q13	您认为大学生是否需要专业化的理财咨询和服务
	Q14	您认为大学生有必要制订投资理财计划吗（四级量表）

续表

框 架 内 容	题 号	题 内 容
样本基本态度题	Q15	对您进行投资理财影响最深的因素是
	Q16	您最希望通过哪种途径了解理财知识
	Q17	您对理财产品的了解程度是（四级量表）
	Q18	您认为导致自己没有购买投资理财产品的主要因素是
	Q19	您未来是否愿意或继续购买理财产品（愿意、不愿意）

　　从表 4-2 中可以看出，Q1 为筛选题；Q2~Q5 为样本背景信息题；Q6~Q8 为样本特征信息题；Q9~Q11 为样本基本现状题，其中 Q9 为跳转题，如果样本没有理财行为，则不需要回答 Q10 和 Q11，在具体设计问卷时可以设计题了解这部分样本没有理财的原因；Q12~Q19 为样本基本态度题，由于本案例着重体现思路框架，因此题的数量较少，在实际研究过程中会涉及更多此类题，Q14 和 Q17 可以使用四级量表来了解样本的理财态度和对理财产品的了解情况。

　　在案例分析思路上，首先统计样本背景信息题，然后分别对样本特征信息题、样本基本现状题、样本基本态度题进行频数分析。Q14 和 Q17 使用四级量表，在具体分析时可以进行频数分析，也可以直接计算平均值，用平均值表示样本的整体态度情况。

　　对各部分题进行频数分析后，还可以进行差异分析。例如，研究有购买经历和没有购买经历（Q9）的样本在样本基本态度题（Q12~Q19）上的差异情况，不同特征的样本（如 Q6、Q8）在其余题上的差异情况。另外，在本案例中涉及两个重要的题，分别是样本的购买经历（Q9）和购买意愿（Q19），在具体分析时应当对其给予特别关注，通过将这两个题与其余题进行差异分析，了解购买行为或购买意愿不同时样本的态度差异。

　　在分析方法的选择上，频数分析可用于各题的选择情况统计，以了解样本的背景信息、特征信息、基本现状和基本态度；卡方分析可用于研究差异关系。另外，还可以使用二元 Logistic 回归分析研究样本背景信息、特征信息、基本现状和基本态度与样本购买经历（Q9）或购买意愿（Q19）之间的影响关系，找出影响因素并提供相关建议、措施。可以把 Q14 和 Q17 看作量表题，并且利用方差分析研究不同背景信息的样本在这两个题上的差异情况。

第二部分

六类问卷
分析思路

本书第一部分详细介绍了问卷研究涉及的统计学基础知识、研究方法基本理论及相关名词术语，详细阐述了量表类问卷和非量表类问卷的设计框架，并且以案例的形式直观展示了这两类问卷的设计和具体分析思路。第二部分具体介绍不同类型的问卷、研究话题的分析思路。笔者结合对问卷星网站中近千份问卷的研究总结与自己的分析经验，将常见的问卷分析思路浓缩为六类，分别是量表类问卷影响关系研究、量表类问卷中介效应和调节效应研究、量表类问卷权重研究、"类实验"类问卷研究、聚类样本类问卷研究和非量表类问卷研究，如下图所示。

```
                              ┌──────────────────┐
                              │ 1. 量表类问卷影    │
                              │ 响关系研究         │
                              └──────────────────┘
                              ┌──────────────────┐
                              │ 2. 量表类问卷中介  │
                              │ 效应和调节效应研究  │
                              └──────────────────┘
           ┌─────────┐        ┌──────────────────┐
           │ 问卷分析  │───────│ 3. 量表类问卷权重  │
           │ 思路汇总  │       │ 研究              │
           └─────────┘        └──────────────────┘
                              ┌──────────────────┐
                              │ 4. "类实验"类     │
                              │ 问卷研究           │
                              └──────────────────┘
                              ┌──────────────────┐
                              │ 5. 聚类样本类问卷  │
                              │ 研究              │
                              └──────────────────┘
                              ┌──────────────────┐
                              │ 6. 非量表类问卷    │
                              │ 研究              │
                              └──────────────────┘
```

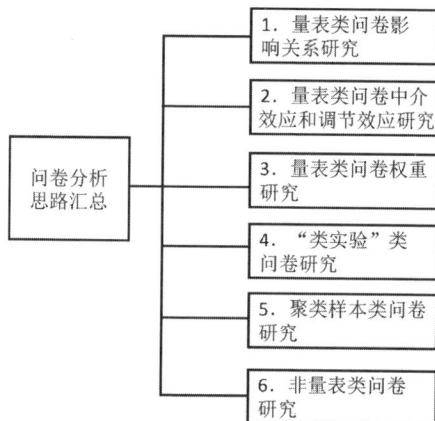

问卷分析思路汇总

这六类问卷分析思路通常适用于社会科学类专业，也适用于工商管理、旅游管理、市场营销等经济类专业，还适用于心理学、教育学、语言类等专业。关于这六类分析思路的说明具体如下。

第一类分析思路侧重对影响关系的研究。例如，各种因素对员工薪酬满意度的影响关系研究，员工离职倾向影响关系研究，消费者重复购买意愿影响关系研究，等等。如果使用此类分析思路，那么在问卷设计上，大部分题为量表题，少部分题为非量表题。心理学、管理学、旅游、市场营销等专业使用此类分析思路频率较高。

第二类分析思路侧重对中介效应和调节效应的研究。例如，研究员工工作与生活的平衡对离职倾向的影响时，工作满意度是否起着中介效应；研究消费者对产品质量的认知对口碑传播意愿的影响时，消费者收入水平是否具有调节效应。类似第一类分析思路，如果使用这类分析思路，那么在问卷设计上，大部分题为量表题，仅小部分题为非量表题。工商管理、市场营销、心理学、教育学等专业偏好使用此类分析思路，此类分析思路适用于有一定统计基础的研究人员。

第三类分析思路侧重构建权重指标体系，即研究人员使用量化形式直观展示各研究指标的重要性和影响程度等。例如，B2C 电子商务消费意愿影响因素指标体系构建，企业领导力权重模型构建。如果使用此类分析思路，那么在问卷设计上，通常会有大量量表题，而且量表题对应着很多变量。工商管理、旅游管理等专业会使用此类分析思路。

第四类分析思路侧重根据实验方法和问卷形式进行关系研究，通常问卷中会有不同的情景设置。例如，在百货商店中音乐刺激对消费意愿的影响研究中，通常在问卷中会设置不同的情景：有无背景音乐、不同类型的背景音乐等。此类分析思路强调在不同场景或不同实验情况下的差异比较，通常情况下会有较多的量表题。市场营销、心理学、媒体等专业会使用此类分析思路进行各类研究，此类分析思路适用于有一定统计基础的研究人员。

第五类分析思路侧重样本细分，通过聚类分析将样本分为几个聚类类别，继而对各个聚类类别样本进行比较。例如，在大众文化消费情况研究中，通过将样本细分为几个聚类类别进行差异对比，然后针对不同聚类类别样本的消费偏好情况提供相关的建议。如果使用此类分析思路，那么在问卷设计时应该注意量表题可以用于聚类样本。另外，此类问卷会有较多非量表题用于了解样本的特征情况。社会学、市场营销等专业经常使用此类分析思路进行研究，此类分析思路适用于有一定统计基础的研究人员。

第六类分析思路侧重对样本现状、基本态度和差异对比的研究。此类分析思路的特点是问卷基本为非量表题，并且大多数题的目的在于了解样本的现状情况或对某件事情的基本态度。例如，社区环境管理情况研究，社区商业发展模式探究，互联网金融消费态度研究，等等。此类分析思路适用于对非量表题的分析，社会学、媒体等专业经常使用此类分析思路进行相关研究，此类分析思路比较适用于企业问卷研究。

六类问卷分析思路的问卷特点及思路说明如下表所示。

六类问卷分析思路的问卷特点及思路说明

类　别	问卷分析思路	问卷特点	思路说明
1	量表类问卷影响关系研究	量表题所占百分比很高	研究影响关系
2	量表类问卷中介效应和调节效应研究	量表题所占百分比很高	中介效应和调节效应研究
3	量表类问卷权重研究	量表题所占百分比比较高	构建权重指标体系
4	"类实验"类问卷研究	问卷为实验形式，量表题较多	问卷为实验形式，研究差异关系
5	聚类样本类问卷研究	量表题与非量表题混合	对样本进行分类，并且对比不同聚类类别样本的差异
6	非量表类问卷研究	非量表题所占百分比很高	研究样本基本现状及样本基本态度

如果研究问卷为非量表类问卷，那么使用第六类分析思路较为合适，这样可以使用交叉表格呈现数据结果，并且可以对样本现状有所了解，最终提供科学化的建议。非量表类问卷也可以使用聚类分析进行研究，即第五类分析思路。如果研究问卷为量表类问卷，那么可以使用第一类分析思路，并且可以使用回归分析研究变量之间的影响关系。另外，还可以使用第二类分析思路对量表类问卷进行中介效应和调节效应研究，如果要进行中介效应和调节效应研究，则需要有充足的量表参考依据。如果研究人员希望构建指标权重体系，那么可以使用第三类分析思路。第四类分析思路主要用于对"类实验"类问卷进行差异分析。第五类分析思路更加侧重样本细分。

此部分分别对六类问卷分析思路进行详细剖析，对于每类分析思路，分别从分析思路解读、分析方法说明、案例分析解读三部分进行阐述。

第 **5** 章

量表类问卷影响关系研究

就量表类问卷而言，对变量之间的影响关系研究十分常见。研究人员首先提出假设，即自变量（X）对因变量（Y）的影响关系，然后使用相应的统计方法验证假设，发现二者之间的规律，最终提出建议。通常在统计时，首先使用相关分析研究变量之间的相关关系，如研究变量之间是否存在关系、关系紧密程度如何等，然后使用回归分析研究变量之间的影响关系。

5.1 分析思路

量表类问卷影响关系研究分析思路分为 9 部分，分别是样本背景分析，样本特征、行为分析，指标归类分析，信度分析，效度分析，变量描述分析，变量相关关系分析，假设验证和差异分析，如图 5-1 所示。

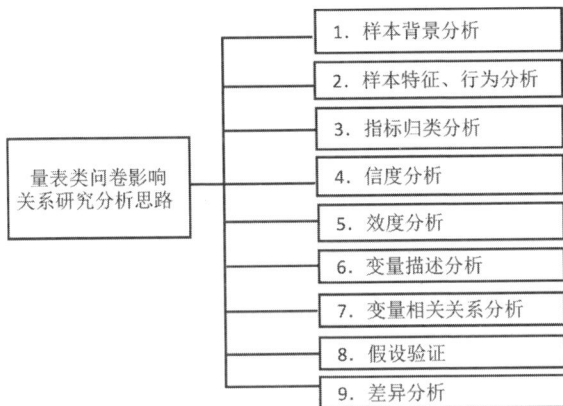

图 5-1 量表类问卷影响关系研究分析思路

（1）样本背景分析。当收集样本数据完成后，第一步就是分析样本的背景信息，通常包括样本的性别、年龄、学历、收入和婚姻状况等人口统计学变量，这一步的目的在于对样本基本情况有一定的了解。

（2）样本特征、行为分析。多数问卷会涉及与样本的基本特征、行为现状和基本态度相关的题，以便更深入地了解样本基本情况。通过计算频数、百分比和平均值等形式进一步了解样本的基本特征、行为现状和基本态度。

（3）指标归类分析。当问卷有较多量表题（如 20 个）时，如果研究人员不知道怎么对这些量表题进行分类处理，或者研究人员对这些量表题的归类没有充足的理论依据，那么此步骤就变得尤为必要。

研究人员可以使用探索性因子分析自动找出量表题与因子的对应关系，以得到更为科学严谨的结论。在此步骤中，探索性因子分析的目的是找出量表题与因子的对应关系，用几个因子浓缩、概述、表达多个量表题信息。如果把量表题清晰地分为几个因子（变量），每个因子（变量）与量表题的对应关系也有充足的理论依据，那么可以跳过此分析步骤。

（4）信度分析。通过信度分析可以证明研究样本数据是真实可信的。信度与效度之间的逻辑关系表现为：信度高但效度并不一定高，而信度低时效度一定低。因此信度分析应在效度分析之前进行。使用 SPSS 软件的信度分析模块进行分析即可。

（5）效度分析。在完成信度分析后，需要继续对题的效度情况进行分析。效度分析有很多种方法，对于问卷研究，效度分析通常分为内容效度分析和结构效度分析。通常研究人员可以通过探索性因子分析（EFA）或验证性因子分析（CFA）对题进行效度分析（此处提及的探索性因子分析功能不同于（3）的指标归类分析，后面会进一步说明；验证性因子分析本书不作具体讲解）。

（6）变量描述分析。问卷通过了信度分析和效度分析，意味着研究数据可信且有效。接下来计算各变量或具体题的平均值，并且对各变量进行详细描述分析，以便进一步了解样本对各变量的基本态度。

（7）变量相关关系分析。相关分析用于研究两个变量之间的关系。通过相关分析，研究人员可以大致了解变量之间的基本关系、是否有相关关系，以及相关关系的紧密程度等基本信息，还可以为后续研究影响关系做好铺垫。相关关系与影响关系之间的逻辑关系表现为：有相关关系但并不一定有影响关系，而有影响关系一定会有相关关系。因此，相关分析应在回归分析之前进行。

（8）假设验证。研究人员提出假设并进行假设验证，这是最为常见的分析思路。在SPSS 软件中，回归分析是当前假设验证最为常见的分析方法。随着统计技术的发展，结构方程模型（SEM）也被越来越多的研究人员使用。

（9）差异分析。在完成假设验证分析后，可以使用差异分析继续深入挖掘样本数据信息，以便得到更多有意义的研究结论。例如，研究人员可以通过分析不同类别样本对研究变量的态度差异情况，提出不同的建议、措施。差异分析通常使用方差分析或 t 检验进行，有时候也会使用卡方分析研究不同类别样本行为或态度的差异情况。

5.2 分析方法

本节对分析思路涉及的分析方法进行详细说明，包括每种分析方法的功能、使用技巧及解释说明等。量表类问卷影响关系研究分析思路可能涉及的分析方法有频数分析、描述性分析、探索性因子分析、信度分析、相关分析、回归分析、方差分析、t 检验及卡方分析等。量表类问卷影响关系研究分析思路与分析方法的对应关系如图 5-2 所示。

量表类问卷影响关系研究分析思路	分析方法
1. 样本背景分析	频数分析、描述性分析
2. 样本特征、行为分析	频数分析、描述性分析
3. 指标归类分析	探索性因子分析
4. 信度分析	信度分析
5. 效度分析	探索性因子分析
6. 变量描述分析	描述性分析、频数分析
7. 变量相关关系分析	相关分析
8. 假设验证	回归分析
9. 差异分析	方差分析、t检验、卡方分析

图 5-2　量表类问卷影响关系研究分析思路与分析方法的对应关系

5.2.1　样本背景分析

样本背景分析的目的在于对样本的背景信息进行描述分析。样本背景分析可以使用频数分析统计样本的背景信息，如性别、学历、收入和婚姻状况等，通常情况下会将多个题的频数统计结果整理到一个表格中。如果年龄为填空题形式且无法统计具体数字，那么可以使用描述性分析，通过计算平均值或中位数的形式描述样本年龄分布结构情况。

5.2.2　样本特征、行为分析

样本特征、行为分析的目的在于对样本的基本特征、行为现状和基本态度进行深入分析。在通常情况下计算各题的频数即可，有时为了表达方便，会用计算平均值的形式描述样本的基本特征、行为现状和基本态度。出于逻辑性考虑，通常会对样本的基本特征、行为现状和基本态度分别进行描述。例如，将同属于样本特征信息的题汇总成一个表格呈现结果，如果此部分涉及题的数量较少（少于 5 个），并且研究人员希望做深入分析说明，那么可以每个题使用一个表格呈现结果。样本特征、行为分析的分析方法如图 5-3 所示。

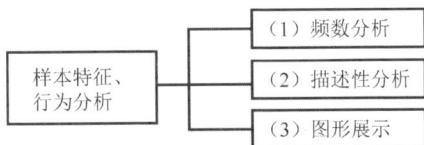

图 5-3　样本特征、行为分析的分析方法

（1）对于样本基本特征、行为现状和基本态度的统计，一般使用频数分析，通过计算各个选项的选择频数和百分比进行分析。如果涉及多选题，那么通常使用频数分析统计多选题各个选项的选择频数和百分比。

（2）如果样本基本特征相关的题使用定量数据表示，如年龄或收入，那么需要使用描述性分析。

（3）如果涉及多选题，那么通常将多选题各个选项的选择频数和百分比汇总成表格或条形图来展示样本的选择情况并进行分析。在使用条形图展示时，可以将选项的选择百分比进行降序展示，某选项的选择百分比越高，那么其位置会越靠前。

5.2.3　指标归类分析

指标归类分析使用探索性因子分析，将题进行分类，并且探索出少数几个因子，以便进一步分析研究。探索性因子分析不仅可以探索因子，还可以进行效度分析和权重指标计算。探索性因子分析的功能如图 5-4 所示。

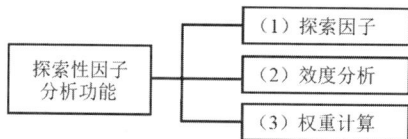

图 5-4　探索性因子分析的功能

（1）探索性因子分析的第 1 种功能为探索因子（浓缩因子）。将多个题进行探索性因子分析，探索出少数几个因子，便于后续研究使用。一般情况下，因变量和自变量分别进行探索性因子分析，不能将因变量和自变量对应的题一起放入并进行探索性因子分析。使用探索性因子分析的探索因子功能时，通常会经历以下 5 个步骤，如图 5-5 所示。

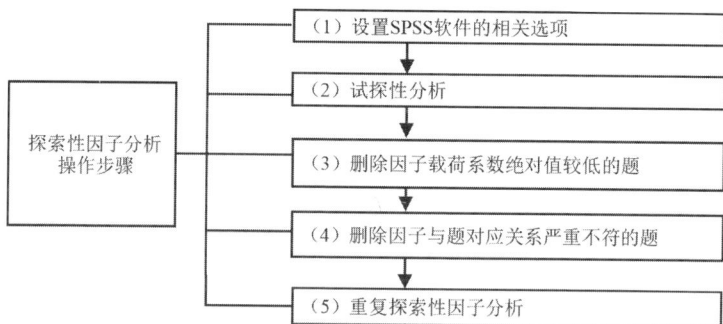

图 5-5　探索性因子分析操作步骤

① 设置 SPSS 软件的相关选项。设置"KMO 和 Bartlett 的球形度检验"选项，此操作可以输出 KMO 值等；设置"最大方差法"选项进行最大方差旋转；设置"按大小排序"和"取消小系数"（通常设置为 0.4）选项。

② 试探性分析。在选项设置完成后进行试探性分析，即第一次探索性因子分析，用于大概了解探索因子数量及题与因子的对应关系，为下一步做好准备。

③ 删除因子载荷系数绝对值较低的题。在试探性分析完成后，结合第 2 步操作结果和专业知识确定因子数量（如果探索性因子分析默认结果的因子数量与专业知识不相符，则应以专业知识为准，并且手动设置探索因子数量）。然后再次进行探索性因子分析，删除因子载荷系数绝对值较低（统计上没有明确标准，常见以 0.4 为标准）的题。继续进行探索性因子分析，并且多次重复此步骤，直到所有题的因子载荷系数绝对值均大于 0.4 为止（通常此步骤删除的题非常少，多数时候不会涉及题删除）。

上述方法针对具体每个题的因子载荷系数绝对值进行甄别，用于判断分析题是否需要删除，此种方法使用较多。但是，如果题的数量很多，需要重复进行很多次，那么可以使用另一种处理办法——共同度。共同度是一个概括性指标，表示某题被因子提取的信息量情况，如果某题对应的共同度值小于 0.4（意味着被因子提取的信息量不足 40%），则说明该题应该被删除。

④ 删除因子与题对应关系严重不符的题。完成上一步之后，如果发现某题与因子对应关系出现严重偏差，即发生"张冠李戴"的现象，那么应该将此题删除。删除完成后继续进行探索性因子分析，并且多次重复此步骤，直到因子与题的对应关系与专业知识基本相符为止。另外，如果某题对应着多个因子，那么可以理解该题为"纠缠不清"，尽管此题与多个因子的因子载荷系数绝对值均大于 0.4，但还是需要考虑将此题删除后重新进行分析。如果某题出现"纠缠不清"现象但非常重要，则可以考虑不删除。

⑤ 重复探索性因子分析。多次重复第③步和第④步，直到题与因子的对应关系与专业知识相符，并且题的因子载荷系数绝对值大于常见标准 0.4，否则可能会导致后续信度分析和效度分析不达标。最后对探索得到的因子命名。

（2）探索性因子分析的第 2 种功能为效度分析，此功能的分析步骤与探索因子功能完全一致，但其目的在于进行效度分析而非探索因子。需要特别说明的是，经典量表有非常强的理论依据，通常不需要进行探索性因子分析，以免出现题与因子的对应关系与参考量表对应关系不相符的尴尬局面。

（3）探索性因子分析的第 3 种功能为权重计算。使用探索性因子分析进行权重计算的操作步骤与之前的内容基本一致，但会涉及较多公式和因子分析的具体理论知识等内容。此功能将在第 7 章进行详细说明。

5.2.4　信度分析

信度分析的目的在于研究样本数据是否真实可靠，通俗来讲就是研究样本是否真实地回答了各个题。如果样本没有真实回答，则信度不达标。有时即使样本真实回答了，也可能因为题设计不规范、未对反向题进行反向处理等原因导致信度不达标。信度分析可以分为 4 类，分别是：α 系数、折半信度、复本信度和重测信度，建议研究人员使用 α 系数对问卷进行信度分析。信度分析分类如图 5-6 所示。

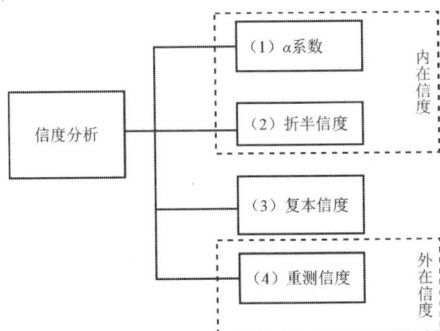

图 5-6　信度分析分类

（1）α 系数，即内部一致性系数。此类信度分析最为常见，基本上所有问卷信度分析均使用此类分析。具体方法是通过软件计算出 α 系数，并且用其进行信度水平判断。进行此分析前需要对反向题进行反向处理，并且 α 系数的测量通常以最小的变量为准。

一般来讲：α 系数值最好大于 0.8，0.7~0.8 属于可接受范围；如果 α 系数值希望大于 0.7，则 0.6~0.7 也可以接受；如果 α 系数值小于 0.6，则需要考虑修改量表。从 α 系数计算公式来看，当变量对应的题越多、样本量越大时，此值会越大。根据笔者的经验，如果某个变量仅由 3 个或 2 个题表示，并且样本量少于 200 个，那么 α 系数值通常会较小（小于 0.6）。此外，由 1 个题表达的变量无法计算 α 系数值。

α 系数在信度分析中最为常见，在绝大多数情况下可以使用此类方法衡量信度质量。α 系数也可以用于问卷预测试，但问卷预测试需要结合 CITC 值和项已删除的 α 系数值判断是否修正或删除题。通常来讲，当 CITC 值小于 0.4，或者项已删除的 α 系数值增加了 0.1 左右时，应该考虑对题进行修正或删除处理。

（2）折半信度。折半信度是指将变量对应的题按照单双号分成两组，计算两组题之间的相关系数，然后通过公式计算得到折半信度系数值，以此衡量信度质量。心理学、教育学的经典量表常使用此类方法衡量信度质量。其判断标准可参考 α 系数的判断标准。

（3）复本信度。复本信度是指同样一组样本一次性回答两份问卷，如同样一组学生连续做两份同样难度水平的试卷，然后计算两组问卷数据的相关系数，以此衡量信度质量。由于该方法在实际操作过程中存在诸多客观条件限制，因此此类分析方法较为少用。

（4）重测信度。重测信度是指同样的样本在不同的时间回答同样一份问卷，继而计算两组问卷数据的相关系数，并且通过相关系数衡量信度质量。重测信度可以评估时间差异带来的数据误差，但在实际操作中有诸多不便，因此此类信度分析较为少用。

5.2.5 效度分析

效度分析的目的在于判断题是否可以有效地测量研究人员需要测量的变量，通俗来讲就是测量问卷题是否准确有效。当信度分析不达标时，效度分析必然也不能达标。效度分析常见的有内容效度分析、结构效度分析，建议研究人员通过内容效度分析和结构效度分析两方面对问卷进行效度分析。效度分析分类如图 5-7 所示。

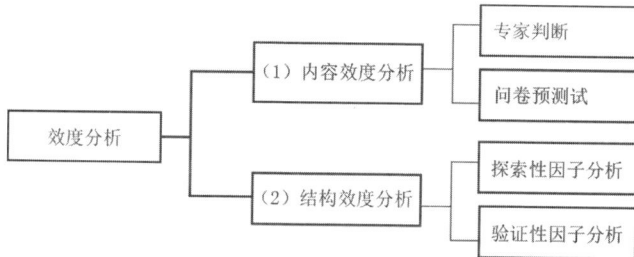

图 5-7 效度分析分类

（1）内容效度分析。内容效度分析是指题对相关测量的适用性情况，简单来讲，即题设计的合理性情况。内容效度分析可以从两个方面进行说明。

第一，专家判断。专家具有权威性，因此如果专家对问卷进行判断并得出肯定，那么可以说明问卷具有有效性。此处的专家是指行业内专家或参考量表、权威来源等。

第二，问卷预测试。针对预测试数据进行分析，并结合分析结论对问题或选项进行修正，此处理过程可用于论证问卷设计的有效性。

在具体分析过程中，通常内容效度分析主要体现在题的设计是否有参考量表，是否经过专家、老师的认可，是否得到同专业相关人员的认可，以及研究人员是否对问卷进行修正工作，如对问卷进行预测试后发现问题并做出修正工作。内容效度分析不必使用 SPSS 软件，直接进行文字描述即可。在问卷研究过程中，一般需要对内容效度分析进行说明。

（2）结构效度分析。结构效度分析指测量题与测量变量之间的对应关系。其测量方法有两种，一种是探索性因子分析，另一种是验证性因子分析。

探索性因子分析是当前使用最广泛的结构效度分析方法，此分析方法可以通过 SPSS 软件实现。其实现方法与探索性因子分析的探索因子功能的操作步骤相似，只是在进行具体文字分析时会侧重对效度的说明（在 5.2.3 节中有详细的操作步骤）。使用探索性因子分析进行结构效度分析时，应该以量表为准，对变量和量表分别进行分析（如分别针对自变量 X、因变量 Y 进行），而不能将所有变量和量表放在一起进行探索性因子分析。

使用探索性因子分析进行结构效度分析时，首先需要对 KMO 值进行说明（最为简单的效度分析是直接对每个变量进行探索性因子分析，并且通过 KMO 值判断，不需要判断题与因子的对应关系等情况，但是此种判断方法过于简单，使用较少），KMO 值指标的常见标准是大于 0.6；然后需要详细说明探索的因子数量、每个因子的方差解释率、总共方差解释率，并且详细描述各个题与因子的对应关系，如果对应关系与预期相符（符合专业知识预期），那么说明问卷有着良好的结构效度。在使用探索性因子分析进行效度分析时，很可能会删除对应关系与预期不一致的题或因子载荷系数绝对值较低的题。

验证性因子分析需要借助 AMOS 或 LISREL 等结构方程模型（SEM）软件进行测量，其对问卷量表质量、样本量和样本质量均有着较高的要求。如果问卷量表质量并非很高或样本量较少（低于 200 个），那么验证性因子分析进行的结构效度分析结果会很差。本书不对验证性因子分析进行详细说明，感兴趣的读者可以自行查阅相关资料。

5.2.6　变量描述分析

变量描述分析的目的在于研究样本对变量的整体态度情况。在进行变量描述分析时，需要将反向题进行反向处理（习惯上的处理方式是分值越大越满意）。例如，当 1 分代表"非常同意"，5 分代表"非常不同意"时，就需要将其反向处理为 5 分代表"非常同意"，1 分代表"非常不同意"。使用描述性分析，通过统计变量的平均值或中位数进行分析，或者用折线图展示变量的平均值或中位数的排序情况。如果某变量仅由一个题表示，而研究人员希望更深入地分析该变量时，那么可以使用频数分析。另外，还可以将题作为标准统计平均值或中位数，即统计各个具体量表题的平均值或中位数，详细分析样本对具体题的基本态度情况。

5.2.7　变量相关关系分析

在进行变量描述分析后，接着研究两两变量之间的相关关系，即使用相关分析研究变量之间的相关关系，包括是否有相关关系和相关关系紧密程度。通常一个变量由多个题表示，因此在进行相关分析之前需要计算出多个题的平均值代表对应变量。相关分析分为两种，一种为 Pearson 相关系数法，另一种为 Spearman 相关系数法，如图 5-8 所示。在用法上，如果变量服从正态分布或近似正态分布，那么使用 Pearson 相关系数法，否则使用 Spearman 相关系数法。

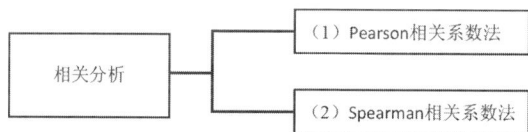

图 5-8　相关分析分类

（1）Pearson 相关系数法是当前问卷研究中最为常见的相关分析方法。Pearson 相关系数取值范围为-1～1。在分析变量相关关系时，首先分析相关系数值是否呈现出显著性。如果呈现出显著性，则说明两个变量之间有相关关系，否则说明两变量之间没有相关关系。当相关系数呈现出显著性时，如果 Pearson 相关系数大于 0，则表示两个变量之间有正相关关系，反之为负相关关系。然后判断两个变量相关关系的紧密程度。根据经验及统计基本情况，在问卷研究中，如果 Pearson 相关系数的绝对值大于 0.6，则表示两个变量之间有强相关关系；如果该值大于 0.4，则表示两个变量之间有较强相关关系；如果该值小于 0.4，则说明两个变量之间的相关关系紧密程度较低。

（2）Spearman 相关系数法的使用频率较低，其判断标准与 Pearson 相关系数法的判断标准完全一致。从使用频率上看，Pearson 相关系数法的使用频率明显高于 Spearman 相关系数法，即使研究人员发现变量不服从正态分布或近似正态分布，很多研究也会使用 Pearson 相关系数法。这是因为正态分布是一种理想状态，而近似正态分布才是现实情况，即使变量不服从近似正态分布，一般情况下 Pearson 相关系数法也与 Spearman 相关系数法的结论基本保持一致。

5.2.8　假设验证

通常来讲，假设验证是自变量对因变量的影响关系研究或差异关系研究，本分析思路为影响关系研究。假设验证的分析方法如图 5-9 所示。

（1）多元线性回归分析。如果因变量为定量数据，那么使用线性回归分析或结构方程模型（SEM）进行假设验证；如果因变量为分类数据，那么使用 Logistic 回归分析进行假设验证。线性回归分析根据自变量个数分为两类，分别是多元线性回归分析和简单线性回归分析。当自变量个数超过一个时，使用多元线性回归分析；当自变量个数仅为一个时，使用简单线性回归分析（又称一元线性回归分析）。

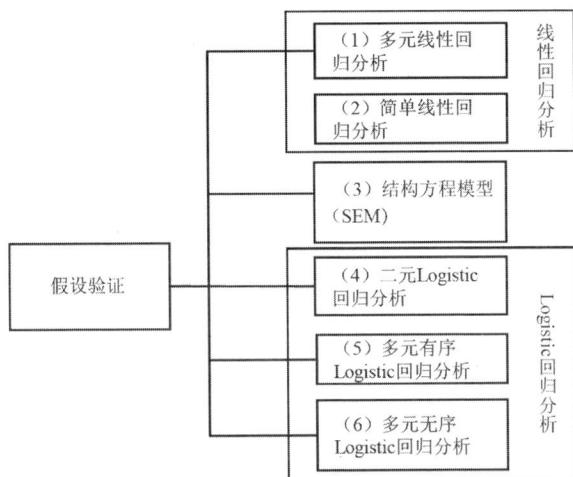

图 5-9　假设验证的分析方法

多元线性回归分析广泛应用于假设验证，即验证自变量对因变量的影响关系。进行假设验证时，首先分析自变量的显著性，如果呈现出显著性，则说明该自变量对因变量产生影响关系。然后判断该自变量的回归系数，如果该值大于 0，则说明为正向影响关系，反之为负向影响关系。使用多元线性回归分析进行假设验证时，可以将样本背景信息题（如性别、学历、年龄、收入和婚姻情况等）作为控制变量一并放入模型中，以防止样本个体属性产生干扰（控制变量就是自变量，通常控制变量为性别、年龄、学历、收入等样本背景信息题）。

如果需要将性别放入模型中进行分析，而性别是分类变量，那么此时性别被称为虚拟变量。研究人员需要对性别（选项为"男"和"女"，在问卷中数字编码分别是 1 和 2）重新编码并处理为一列（两个选项生成一列），此列名称为"男"。在这一列中数字 1 代表"男"，0 代表"女"（以"女"为参照项；如果以"男"为参照项，那么也做类似处理），并且将重新编码后名称为"男"的变量取代原始数据中名称为"性别"的变量放入模型中。

类似地，如果把专业（假设专业有 4 个选项，分别是"市场营销"、"心理学"、"教育学"和"管理学"，在问卷中这 4 个专业的数字编码分别是 1、2、3 和 4）也放入模型中进行分析，那么应该生成 3 列，这 3 列的名称分别是"市场营销"、"心理学"和"教育学"（以"管理学"为参照项）。在"市场营销"这一列中，数字 1 代表样本为"市场营销"专业，数字 0 则代表样本为"非市场营销"专业；在"心理学"这一列中，数字 1 代表样本为"心理学"专业，数字 0 则代表样本为"非心理学"专业；在"教育学"这一列中，数字 1 代表样本为"教育学"专业，数字 0 则代表样本为"非教育学"专业（以"管理学"为参照项；如果想以其他专业为参照项，那么也做类似处理）。将重新编码后名称分别为"市场营销"、"心理学"和"教育学"的 3 个变量代替原始数据中名称为"专业"的变量纳入模型。在 SPSS 软件中的具体编码操作将在第三部分进行详细说明。性别和专业的虚拟变量处理结果如表 5-1 所示。

表 5-1　性别和专业的虚拟变量处理结果

性　别	男	专　业	市 场 营 销	心 理 学	教 育 学
男（1）	1	市场营销（1）	1	0	0
男（1）	1	心理学（2）	0	1	0
女（2）	0	教育学（3）	0	0	1
女（2）	0	管理学（4）	0	0	0

多元线性回归分析主要关注 3 个指标，分别是 F 检验、R^2 和 t 检验。第 1 个指标关注的是回归模型是否通过 F 检验（也称为 ANOVA 检验），如果其对应的 P 值小于 0.05，则说明通过 F 检验，意味着回归模型有意义，即自变量中至少有一个会对因变量产生影响关系。接着需要看第 2 个指标，即 R^2，它的取值范围为 0～1，表示回归模型拟合情况，如果这个值为 0.5，那么说明有 50% 的样本分布在回归模型上。R^2 表示自变量 X 对因变量 Y 的解释力度，此指标越高越好，其本身并没有固定标准。第 3 个指标关注每个自变量是否通过 t 检验，判断标准是自变量对应的 P 值是否小于 0.05 且大于或等于 0.01，如果小于 0.05 且大于或等于 0.01，则说明该自变量对因变量的影响关系在 0.05 水平上呈现出显著性；如果小于 0.01，则说明该自变量对因变量的影响关系在 0.01 水平上呈现出显著性。有时候也会以 0.1 或 0.001 为 P 值标准，但这类情况在问卷研究中较为少见。如果自变量对因变量的影响关系呈现出显著性，那么继续看自变量的回归系数、非标准化回归系数或标准化回归系数。如果回归系数值大于 0，那么说明自变量会对因变量产生正向影响关系，反之为负向影响关系。如果需要对影响程度进行比较，那么可以通过对比标准化回归系数值的大小进行判断。

在进行多元线性回归分析时，D-W 值和 VIF 值这两个指标也值得关注。D-W 值是自相关性判断指标。自相关性通俗地讲就是上一个样本的填写是否影响下一个样本的填写。D-W 值越接近 2 越好，通常情况下，如果其取值范围为 1.8～2.2，则说明没有自相关性。在问卷研究中，此指标基本上都可以达标，除非样本之间确实存在互相影响的情况。VIF 值是多重共线性判断指标。多重共线性是指自变量之间存在着较强的相关关系。通常 VIF 值的判断标准为在 10 以内，较为严格的标准为在 5 以内。在问卷研究中，通常极少出现多重共线性问题。如果 VIF 值高于 10，那么说明问卷存在严重的多重共线性问题，此时自变量之间的相关系数值也应该非常高（大于 0.7）。出现这种情况时，最好的解决方法是使用探索性因子分析的探索因子功能对各个自变量重新进行探索，对应的研究假设也要随之改变；另一种解决方法为进行多次简单线性回归分析，例如，当一个因变量对应 5 个自变量时，进行 5 次简单线性回归分析，最后汇总 5 次简单线性回归分析结果，将其整理为一个简洁的表格进行假设验证。

（2）简单线性回归分析。简单线性回归分析模型中仅有一个自变量，如果自变量与因变量之间有着显著相关关系，那么简单线性回归分析肯定也会得出自变量对因变量有影响关系的结论。与相关分析对比，简单线性回归分析除了多出 R^2 这个有意义的指标，并无其他区别，而且简单线性回归分析的使用频率也比较低。

（3）结构方程模型（SEM）。随着统计技术的成熟，以及研究人员分析能力的逐步提升，结构方程模型（SEM）已经得到较为广泛的应用。结构方程模型（SEM）对样本量的要求较高，通常需要在 200 个以上。此外，结构方程模型（SEM）对样本质量、研究变量的概念结构也有很高的要求。

在进行结构效度分析时，如果较多题的因子载荷系数绝对值小于 0.5，或者题与因子对应关系不稳定，则结构方程模型（SEM）就会出现拟合指标不合格的情况，即结构方程模型（SEM）不能使用。

如果研究人员希望构建结构方程模型（SEM），那么一定要在使用探索性因子分析进行结构效度分析时降低因子载荷系数绝对值，并且删除与因子对应关系有偏差的题，每个细分变量最好有 3 个或更多题表示，并且需要量表参考经典量表，这样才可能取得良好的分析结果。如果相关分析结果显示变量之间的相关关系不显著或相关系数值较低（小于 0.3），那么结构方程模型（SEM）分析结果也不会理想。

（4）Logistic 回归分析。当因变量为分类数据时，应该使用 Logistic 回归分析进行假设验证。

5.2.9　差异分析

差异分析的目的在于挖掘出更多有价值的研究结论，如男性样本和女性样本对变量是否有差异性态度。差异分析通常有 3 种分析方法，分别是方差分析、t 检验及卡方分析，本部分的分析思路更多会使用方差分析和 t 检验。方差分析和 t 检验（除了单样本 t 检验）均是研究 X 对 Y 的差异情况的分析方法，这里的 X 必须是分类数据，Y 必须是定量数据。问卷研究通常会使用方差分析进行研究，但某些专业，如心理学、教育学等涉及实验研究的专业，通常会使用 t 检验进行研究。差异分析的分析方法如图 5-10 所示。

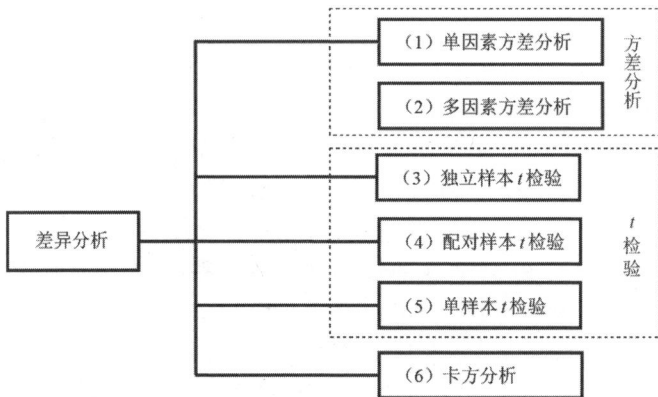

图 5-10　差异分析的分析方法

（1）方差分析。方差分析分为单因素方差分析和多因素方差分析。

单因素方差分析是指研究单一因素（如性别）对另一变量的差异情况。如果研究人员的目的是挖掘更多有意义的结论，那么应该使用单因素方差分析，通过该分析方法可以研究不同性别的样本对变量的态度差异情况。在使用单因素方差分析时，要求每个选项的样本量大于 30 个，如男性和女性的样本量分别是 100 个和 120 个，如果出现某个选项的样本量过少，则应该进行组别合并处理。例如，在研究不同年龄组的样本对变量的态度差异情况时，年龄小于 20 岁的样本量仅为 20 个，那么需要将小于 20 岁的选项与另外一个选项（如 20～25 岁）合并为一组，然后进行单因素方差分析。

如果出现选项无法合并处理的情况，可考虑筛选出样本量较大的选项进行分析。例如，研究不同专业的样本对变量的态度差异情况，研究样本的专业包括市场营销、心理学、教育学和管理学共 4 个专业，这 4 个专业彼此独立无法合并，由于市场营销专业样本量仅为 20 个，并没有代表意义，因此可以考虑筛选出市场营销专业，仅比较心理学、教育学和管理学这 3 个专业的样本对变量的态度差异情况。当对比的组别超过 3 个，并且呈现出显著性差异时，可以考虑使用事后检验对比两两组别样本之间的态度差异情况，本书将在第 8 章进一步阐述事后检验。

多因素方差分析是指研究多个因素（如性别和年龄）对另一个变量的差异情况，多因素方差分析通常用于"类实验"类问卷研究。多因素方差分析将在第 8 章详细说明。

（2）t 检验。t 检验共分为 3 种，分别是独立样本 t 检验、配对样本 t 检验和单样本 t 检验。t 检验分类如图 5-11 所示。

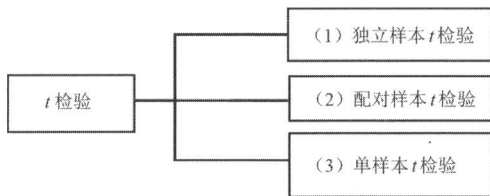

图 5-11　t 检验分类

独立样本 t 检验和单因素方差分析在功能上基本一致，但是独立样本 t 检验只能比较两个选项（如男性和女性）的差异情况。如果想比较不同专业（如市场营销、心理学、教育学和管理学共 4 个专业）的差异情况，则只能使用单因素方差分析。相较而言，独立样本 t 检验在比较实验中使用频率更高，尤其是在生物、医学等相关领域。针对问卷研究，如果比较的类别为两组，则独立样本 t 检验和单因素方差分析均可实现，研究人员自行选择即可，二者在结论上没有差异。总的来看，心理学、教育学等专业偏好使用独立样本 t 检验，而市场营销、管理学等专业更倾向于使用单因素方差分析。

独立样本 t 检验和配对样本 t 检验的功能都是比较差异情况，而且均是比较两个组别的差异，但二者有着实质性的区别。如果是比较不同性别、婚姻状况（已婚、未婚）的样本对某变量的态度差异情况，那么应该使用独立样本 t 检验；如果是比较组别之间的配对关系，那么只能使用配对样本 t 检验，配对关系是指类似实验组和对照组的这类关系。另外，独立样本 t 检验的两组样本的样本量可以不相等，而配对样本 t 检验的两组样本的样本量需要完全相等,并且独立样本 *t* 检验与配对样本 *t* 检验在 SPSS 软件中的数据放置格式不同。配对样本 *t* 检验配对关系分为 2 种, 如图 5-12 所示。

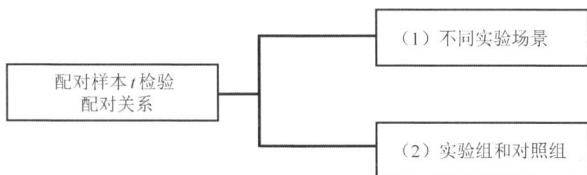

图 5-12 配对样本 *t* 检验配对关系

第 1 种为不同实验场景。例如, 测试商场背景音乐对购买行为是否有影响, 即在有背景音乐和没有背景音乐两种情况下, 样本的购买行为有无差异。那么在设计问卷时就会有两种场景, 分别是无背景音乐和有背景音乐。同样的受访者需要在两种场景中回答对应的题, 通俗上讲即同样的题要被回答两次, 但是两次回答时的假设场景不同 (分别是有背景音乐和无背景音乐两种场景)。这样的问卷需要使用配对样本 *t* 检验对比差异。

第 2 种为实验组和对照组。例如, 测试一种新型教学方式是否有效, 研究人员需要将两个成绩情况基本一致的班级分成两组, 一组为对照组, 另一组为实验组, 实验组采用新型教学方式上课。此类配对关系的特点是将两组特征基本一致的样本分为实验组和对照组 (使用独立样本 *t* 检验论证两组成绩一致, 即特征一致), 对照组没有任何变化, 而实验组则需要进行实验刺激。在实验完成后, 即新型教学方式完成后, 使用配对 *t* 检验对比两组样本成绩的差别, 以检测新型教学方式是否有意义。

配对样本 *t* 检验还有其他类型, 但一般应用在生物、医疗实验上, 在问卷研究中只涉及以上两种情况。

t 检验的第 3 种分析方法为单样本 *t* 检验。例如, 在问卷中某题的选项为 1 分代表 "非常不满意", 2 分代表 "比较不满意", 3 分代表 "一般", 4 分代表 "比较满意", 5 分代表 "非常满意"。当样本对此题的态度有明显倾向时, 如明显高于 3 分或明显低于 3 分, 可以使用单样本 *t* 检验。单样本 *t* 检验是比较某题的平均值是否与某个得分 (在本例中是与 3 分进行对比)有明显的差异, 如果呈现出显著性差异, 则说明该题平均值明显不等于 3 分。此分析方法在问卷研究中较少使用, 一般平均值是否明显不为 3 分可以很直观地看出, 不需要使用单样本 *t* 检验进行分析。

(3) 卡方分析。卡方分析用于比较分类数据与分类数据之间的差异情况。

5.3 案例解读: 在线英语学习网站各种因素对课程购买意愿的影响

本节以案例的形式对量表类问卷影响关系研究的分析思路进行解读,将对各部分涉及的表格进行展示, 并且对涉及的分析方法进行详细解读。本案例主要研究某在线英语学习网站各种因素对用户课程购买意愿的影响情况，初步拟订为研究产品、促销、渠道推广、价格、个性化服务和隐私保护共 6 个因素对用户课程购买意愿的影响情况。问卷核心题也是针对这 6 个因素设计的，此外还包括购买意愿相关题、样本背景信息题、样本基本态度题，量表题都使用五级量表。各种因素对课程购买意愿的影响问卷框架如表 5-2 所示。

表 5-2　量表类问卷影响关系研究案例：各种因素对课程购买意愿的影响问卷框架

框架内容	题　号	题　内　容
核心变量题	Q1	网站提供多元化的针对性课程
	Q2	每一门课程都详细介绍该课程的特点及学习目的
	Q3	网站提供的课程具有顶尖的教学质量
	Q4	网站向注册用户免费发送电子报，并定期发送学习资料
	Q5	我经常在其他网络平台上看到该网站的广告
	Q6	我觉得该网站上的一些课程信息或视频内容非常吸引人，我愿意分享给其他人
	Q7	该在线语言学习网站能在搜索引擎（如百度）中很容易地被找到，如搜索结果的第一页
	Q8	我可以在一些主流相关行业网站（如教育网站）上找到该语言学习网站的链接
	Q9	我可以在该语言学习网站上通过输入课程价格范围搜索到相应的课程
	Q10	该语言学习网站上的课程价格会根据购买课程的数量有较大调整
	Q11	当我再次登录该网站时，它能显示我之前的课程访问浏览记录
	Q12	当我再次登录该网站时，它会根据我感兴趣的课程类型向我推荐相关的新课程
	Q13	该网站会根据我感兴趣的课程类型，向我推荐受到一致好评的相关课程或授课老师
	Q14	当我填写个人信息时，该网站会有"关于个人信息保密"的标识
	Q15	该网站有严格的客户隐私保密制度，并且容易在网站上找到该信息
	Q16	在参加该在线语言学习网站的课程后，我会继续购买该网站的课程
	Q17	我会向我的亲朋好友推荐该在线语言学习网站的课程
	Q18	当我需要再次参加培训时该在线语言学习网站是我的第一选择
	Q19	我会主动关注该在线语言学习网站开设的课程
样本背景信息题	Q20	性别
	Q21	年龄
	Q22	月收入水平
	Q23	职业
样本基本态度题	Q24	你为什么学习外语
	Q25	你有多少在线学习语言的经验
	Q26	你购买过多少门课程
	Q27	让你决定购买该课程的因素是什么（多选题）
	Q27_1	课程内容
	Q27_2	师资力量

续表

框架内容	题 号	题 内 容
样本基本态度题	Q27_3	教学质量
	Q27_4	课程价格
	Q27_5	优惠折扣
	Q27_6	其他

从问卷结构来看，Q1~Q15 是关于产品、促销、渠道推广、价格、个性化服务和隐私保护这 6 个因素的题，选项分别是"非常不同意"、"比较不同意"、"一般"、"比较同意"和"非常同意"；Q16~Q19 是针对购买意愿设计的，选项类似；Q20~Q23 是样本背景信息题；Q24~Q27 是样本基本态度题。

此案例的核心思路在于研究相关因素对购买意愿的影响情况，并且比较不同背景的样本对各因素在购买意愿上的态度差异情况。其中，影响因素共涉及 15 个题，并且从专业知识角度考虑可以分成 6 个变量。出于严谨性考虑，科学的做法是先使用 SPSS 软件进行探索性因子分析，得出较为合理的结论然后按照量表类问卷影响关系研究分析思路逐一进行分析解读。

5.3.1 各样本背景信息统计

在此案例中，Q20~Q23 为样本背景信息题，分别是性别、年龄、月收入水平和职业。使用频数分析对样本背景信息进行分析，计算各选项的选择频数和百分比，然后将统计结果汇总成表格。样本背景信息题频数分析结果如表 5-3 所示。

表 5-3 样本背景信息题频数分析结果

题	选 项	频数（个）	百分比（%）
性别	男	86	28.7
	女	213	71.0
	缺失	1	0.3
年龄	18 岁及以下	18	6.0
	19~22 岁	119	39.7
	23~26 岁	42	14.0
	27~30 岁	28	9.3
	31~34 岁	52	17.3
年龄	35~38 岁	17	5.7
	39~42 岁	10	3.3
	43 岁及以上	14	4.7
月收入水平	—	—	—
职业	—	—	—
合计		300	100

在性别选项中有一个样本缺失，为避免出现各项百分比相加不等于 100%，以及在最后一行展示样本总量不符合实际的情况，缺失样本也要列出。如果年龄为单一数字，那么应该计算平均年龄并在文字分析中进行说明。

此部分的分析应先描述样本量、样本有效率，然后分别对样本背景信息进行描述，尤其是对重要信息点进行说明。例如，在此案例中样本年龄主要集中在 19～22 岁，占样本量的百分比为 39.7%。

5.3.2　各样本基本特征情况描述分析

在对样本背景信息进行统计、描述后，要进一步对样本的基本态度和基本特征等进行分析。在此案例中，Q24～Q27 与样本的基本态度有关。其中 Q24～Q26 为单选题，使用频数分析分别统计这 3 个题的频数选择情况，可参考表 5-4 对 Q24（你为什么学习外语）的展示格式。在进行文字分析时，首先应该关注选择百分比较高的选项，突出重点。在表 5-4 中，选择"移民"和"旅游"这两个选项的百分比很低，说明样本对这两个选项的认可度相对较低；选择其余各选项的百分比没有明显区别，说明学习外语的因素有很多，而且没有显示出格外重要的因素。

表 5-4　对 Q24（你为什么学习外语）的频数分析

选　项	频数（个）	百分比（%）	有效百分比（%）	累积百分比（%）
考试	69	23.0	23.0	23.0
提升工作技能	72	24.0	24.0	47.0
职业发展	74	24.7	24.7	71.7
兴趣	61	20.3	20.3	92.0
移民	8	2.7	2.7	94.7
旅游	16	5.3	5.3	100.0
合计	300	100.0	100.0	

在此案例中，Q27 为多选题，可以使用频数分析将 Q27（让你决定购买该课程的因素是什么）各个选项的选择频数和百分比汇总成表格（见表 5-5）或条形图（见图 5-13）并展示。在展示时可以对频数和百分比进行降序排序，以便突出显示重要信息。表 5-5 是在 SPSS 软件的分析结果基础上进行数据统计，并且通过 Excel 进行制图得到的图 5-13（SPSS 软件不能对多选题制图）。在文字分析过程中，研究人员需要更多关注选择百分比较高的选项，在 Q27 这一题中，"教学质量"和"课程内容"这两个选项的选择百分比明显高于其他选项，"课程价格"和"师资力量"这两个选项的选择百分比也较高。

表 5-5　对 Q27（让你决定购买该课程的因素是什么）的频数分析

选　项	频数（个）	百分比（%）
教学质量	213	71.0
课程内容	211	70.3

续表

选　　项	频数（个）	百分比（%）
课程价格	146	48.7
师资力量	142	47.3
优惠折扣	74	24.7
其他	15	5.0

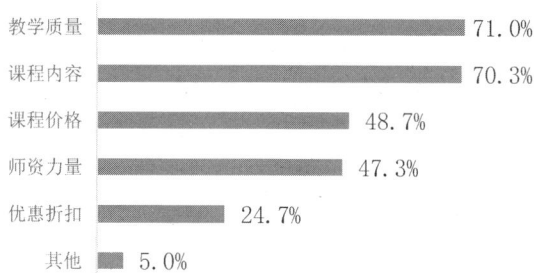

教学质量　71.0%
课程内容　70.3%
课程价格　48.7%
师资力量　47.3%
优惠折扣　24.7%
其他　5.0%

图 5-13　对 Q27（让你决定购买该课程的因素是什么）的频数分析

5.3.3　应用探索性因子分析

本案例涉及的影响因素（Q1~Q15）使用的量表并非经典量表，使用探索性因子分析是科学而必要的，而对因变量购买意愿（Q16~Q19）的分析较为简单，在此不单独进行阐述。

探索因子的方法较多，包括主成分分析法、未加权最小平方法、最大似然法、主因子分解法等，其中主成分分析法是当前使用最普遍且结果最稳定的一种方法，SPSS 软件默认使用该方法。因子旋转的目的在于将因子与题的对应关系进行空间旋转处理，以便更好地对应因子与题的关系及处理因子命名等问题。因子旋转的方法较多，包括最大方差法、最大平衡值法、最大四次方值法等，在问卷研究中使用频率最高的是最大方差法。SPSS 软件没有默认的因子旋转方法，需要研究人员自行设置。

本案例在对影响因素涉及的 15 个题进行探索性因子分析时，第一次为试探性分析，软件会根据初始特征根值大于 1 这一标准探索出 3 个因子。因为这与最初假定的 6 个影响因素不相符，所以在第二次探索性因子分析时，将因子数量主动设置为 6 个。将因子数量设置为 6 个后，题的因子载荷系数绝对值均大于 0.4，但是 Q6（我觉得该网站上的一些课程信息或视频内容非常吸引人，我愿意分享给其他人）与因子对应关系和专业知识情况不符，因此删除 Q6 后继续进行第三次探索性因子分析。第三次探索性因子分析的结果显示探索出 6 个因子且可以对每个因子进行专业知识命名，并且各题的因子载荷系数绝对值均大于 0.4，说明因子与题的对应关系符合专业知识情况。至此，探索性因子分析结束。

探索性因子分析是一个不断循环、重复探索的过程，因此仅需要对最终结果表格进行整理即可。通常探索性因子分析会涉及 3 个表格，分别是"KMO 和 Bartlett 球形检验"表格、"解释的总方差"表格和"旋转成分矩阵"表格。对于探索性因子分析的中间过程，包括因子数量设置、删除题等使用文字表述即可。

"KMO 和 Bartlett 球形检验"表格如表 5-6 所示。此表用于检测题是否适合进行探索性因子分析。在此表中需要关注两个指标，一个指标为 KMO 值，其常见标准为大于 0.6，此值越大越好；另一个指标为 Bartlett 球形检验对应的 P 值，其判断标准为小于 0.05，如果 P 值小于 0.05，则说明通过了 Bartlett 球形检验。如果 KMO 值和 Bartlett 球形检验对应的 P 值都符合标准，则说明适合进行探索性因子分析。

表 5-6　KMO 和 Bartlett 球形检验

取样足够度的 Kaiser-Meyer-Olkin 度量		0.852
Bartlett 球形检验	近似卡方	1604.439
	df	91.000
	Sig.(P 值)	0.000

此案例中的 KMO 值是 0.852，大于 0.6；Bartlett 球形检验对应的 P 值为 0.000，小于 0.05，说明通过了 Bartlett 球形检验。这些数据说明本案例适合进行探索性因子分析。

"解释的总方差"表格如表 5-7 所示。此表格为 SPSS 软件直接生成的表格，其中第 5～7 列为重复列，可以删除。此表格展示了具体探索因子的数量，并且分别列出每个因子的特征根值、方差解释率和累积方差解释率，第 2～4 列为因子旋转前的结果，最后 3 列为因子旋转后的结果。

表 5-7　解释的总方差

因子	初始特征值			提取平方和载入			旋转平方和载入		
	合计	方差解释率 (%)	累积 (%)	合计	方差解释率 (%)	累积 (%)	合计	方差解释率 (%)	累积 (%)
1	5.341	38.152	38.152	5.341	38.152	38.152	2.121	15.150	15.150
2	1.518	10.840	48.991	1.518	10.840	48.991	1.989	14.205	29.355
3	1.132	8.087	57.078	1.132	8.087	57.078	1.932	13.800	43.155
4	0.929	6.636	63.714	0.929	6.636	63.714	1.670	11.931	55.086
5	0.869	6.205	69.919	0.869	6.205	69.919	1.465	10.461	65.547
6	0.829	5.918	75.837	0.829	5.918	75.837	1.441	10.291	75.837
7	0.591	4.221	80.058	—	—	—	—	—	—
8	0.543	3.878	83.936	—	—	—	—	—	—
9	0.509	3.635	87.571	—	—	—	—	—	—
10	0.449	3.206	90.776	—	—	—	—	—	—
11	0.423	3.025	93.801	—	—	—	—	—	—
12	0.364	2.602	96.403	—	—	—	—	—	—
13	0.301	2.153	98.556	—	—	—	—	—	—
14	0.202	1.444	100.000	—	—	—	—	—	—

如果研究人员不主动设置因子数量，那么软件会自动默认以特征根值大于 1 为标准判断因子数量，但大部分时候研究人员需要主动设置因子数量，以得到更为合理的结论。本案例主动设置成 6 个因子，因此旋转前特征根值会出现小于 1 的情况，但通常情况下，旋转后的特征根值会大于 1。本案例共探索出 6 个因子，其旋转后的方差解释率分别为：15.150%、14.205%、13.800%、11.931%、10.461%和10.291%，总共累积方差解释率为 75.837%，探索性因子分析的整体结果良好。方差解释率表示某个因子解释的信息量。例如，某因子的方差解释率为 15.150%，说明该因子可以解释整个问卷 15.150%的信息。总方差解释率表示全部因子合起来可以解释整个问卷所有题的信息量情况，该值并没有固定标准，通常情况下大于 60%即说明分析结果较好，大于 50%即说明可以接受。本案例总方差解释率为 75.837%，说明这 6 个因子可以解释整个问卷所有题 75.837%的信息量。

"旋转成分矩阵"表格如表 5-8 所示。此表格是各因子与各题的因子载荷系数对应关系的汇总，表格里面的数字均为因子载荷系数。因子载荷系数代表题与因子之间的紧密程度，它的取值范围为−1～1，绝对值越大，说明其与因子之间的紧密关系程度越高。通常因子载荷系数绝对值以大于 0.4 为标准，如果大于 0.4，则说明题与因子之间的关系比较紧密。根据因子与题的对应关系对探索到的因子命名。

表5-8　旋转成分矩阵

题	因　子					
	1	2	3	4	5	6
1．网站提供多元化的针对性课程	0.239	0.775	0.110	0.240	0.103	0.013
2．每一门课程都详细介绍该课程的特点及学习目的	0.097	0.685	0.124	0.226	0.269	0.132
3．网站提供的课程具有顶尖的教学质量	0.127	0.724	0.273	0.006	−0.017	0.270
4．网站向注册用户免费发送电子报，并定期发送学习资料	0.103	0.269	0.115	−0.042	0.771	0.199
5．我经常在其他网络平台上看到该网站的广告	0.104	0.006	−0.078	0.294	0.805	−0.022
7．该在线语言学习网站能在搜索引擎（如百度）中很容易地被找到，如搜索结果的第一页	0.164	0.222	0.238	0.777	0.111	0.186
8．我可以在一些主流相关行业网站（如教育网站）上找到该语言学习网站的链接	0.269	0.170	0.052	0.799	0.149	0.116
9．我可以在该语言学习网站上通过输入课程价格范围搜索到相应的课程	0.094	0.167	−0.007	0.263	0.073	0.841
10．该语言学习网站上的课程价格会根据购买课程的数量有较大调整	0.286	0.158	0.357	0.014	0.130	0.687
11．当我再次登录该网站时，它能显示我之前的课程访问浏览记录	0.806	0.122	0.155	0.096	−0.050	0.228
12．当我再次登录该网站时，它会根据我感兴趣的课程类型向我推荐相关的新课程	0.836	0.119	0.078	0.189	0.234	0.065
13．该网站会根据我感兴趣的课程类型，向我推荐受到一致好评的相关课程或授课老师	0.645	0.297	0.244	0.289	0.129	0.075

续表

题	因 子					
	1	2	3	4	5	6
14. 当我填写个人信息时，该网站会有"关于个人信息保密"的标识	0.224	0.208	0.863	0.097	−0.050	0.098
15. 该网站有严格的客户隐私保密制度，并且容易在网站上找到该信息	0.109	0.175	0.889	0.154	0.076	0.108

对"旋转成分矩阵"表格的解读，可以分为两种思路。第一种思路以题为准，找到某个题横向对应的因子载荷系数中绝对值最大的因子（通常大于 0.4），那么该题与该因子的紧密程度最高。例如，Q1 对应着 6 个因子载荷系数，其对应的第 2 个因子载荷系数绝对值最大，为 0.775，因此将 Q1 归并于第 2 个因子较为合适。第二种思路以因子为准，找到某因子纵向对应的所有因子载荷系数中绝对值较大的题（通常大于 0.4），那么该因子与该题的紧密程度最高。例如，第 1 个因子对应 Q11、Q12 和 Q13 的因子载荷系数绝对值较大，因此将这 3 个题归并于第 1 个因子较为合适。

在探索因子与题的对应关系时，存在两种常见问题。第一种问题为因子与题对应关系出现混乱，"张冠李戴"，即完全不相关的几个题同属于一个因子，此时应该考虑调整因子的个数，并且做删除题处理。第二种问题为某个题与多个因子有较高的紧密程度，说明该题与多个因子均有着紧密关系，"纠缠不清"，通常对此类题做删除处理，或者结合具体情况进行主观判断，将其归并于更合适的因子。

本案例最终探索出 6 个因子，因此会有 6 列数字。第 1 列数字代表第 1 个因子分别与 14 个题（共 15 个，删除 1 个后余下 14 个）的对应关系。可以明显看出，第 1 个因子与 Q11、Q12 和 Q13 的关系较为紧密，因子载荷系数值分别是 0.806、0.836 和 0.645，结合这 3 个题的内容将其命名为个性化服务。

第 2 个因子与 Q1、Q2 和 Q3 的关系较为紧密，因此结合这 3 个题的内容将其命名为产品。采取类似的做法，第 3~6 个因子的命名分别是隐私保护、渠道推广、促销和价格。

5.3.4　细分变量的信度分析

信度分析需要针对各个具体细分变量进行分析。此案例分别对因变量（购买意愿）及使用探索性因子分析探索得到的 6 个因子（产品、促销、渠道推广、价格、个性化服务、隐私保护）进行信度分析，通过 SPSS 软件计算各变量的 α 系数并进行汇总，得到的信度分析汇总 1 如表 5-9 所示。

表 5-9　信度分析汇总 1

变 量 名 称	题个数（个）	α 系 数
购买意愿	4	0.861
产品	3	0.727
促销	2	0.553
渠道推广	2	0.760
价格	2	0.626
个性化服务	3	0.796
隐私保护	2	0.860

　　由于 α 系数与题个数有较大联系，所以需要将题个数列出。α 系数还与样本量有联系，因此也可以将对应的样本量列出。通常 α 系数需要大于 0.7，0.6～0.7 属于可以接受的范围。在具体研究过程中可能出现小于 0.6 的情况，如促销因子的 α 系数值为 0.553，如果出现此类状况，则需要结合具体情况进行说明，通常有两种处理方法：第一种为删除题，即直接删除促销因子里的所有题，但通常研究人员出于研究需要，可能希望保留这个变量；第二种方法是加大样本量，并且综合整体情况进行说明。由于本案例中的促销因子仅由两个题表示，而且多数研究变量的 α 系数大于 0.7，因此整体来说此次量表具有可信度。

　　为了避免出现 α 系数小于 0.6 的情况，通常会进行预测试或参考经典量表。预测试，即提前收集小量样本（通常在 100 个以内）数据，对其进行信度分析和效度分析，发现问卷设计问题并进行修正，最大可能减少后续出现问题的概率。进行预测试的目的在于提前发现问题，通常可以使用信度分析、效度分析和项目分析（参考 17.2 节内容）共 3 种方法进行预测试。经典量表出现信度不达标的概率较低，并且具有权威性，因此研究人员应避免对其进行大篇幅修正。

　　在进行信度分析时，如果需要进行更深入的分析，如了解具体哪个题导致信度不达标或删除部分题后 α 系数是否会有较大提升，那么可以将 CITC 值和项已删除的 α 系数这两个指标列出，得到的信度分析汇总 2 如表 5-10 所示。

表 5-10　信度分析汇总 2

购 买 意 愿	校正的项总计相关性（CITC）	项已删除的 α 系数	整体 α 系数
16. 在参加该在线语言学习网站的课程后，我会继续购买该网站的课程	0.724	0.817	
17. 我会向我的亲朋好友推荐该在线语言学习网站的课程	0.662	0.842	0.861
18. 当我需要再次参加培训时该在线语言学习网站是我的第一选择	0.737	0.811	
19. 我会主动关注该在线语言学习网站开设的课程	0.711	0.822	

续表

产　品	校正的项总计相关性（CITC）	项已删除的 α 系数	整体 α 系数
1. 网站提供多元化的针对性课程	0.597	0.583	
2. 每一门课程都详细介绍该课程的特点及学习目的	0.538	0.653	0.727
3. 网站提供的课程具有顶尖的教学质量	0.515	0.683	
—	—	—	—

相比表 5-9，表 5-10 多出两个指标，即 CITC 和项已删除的 α 系数。CITC 代表题之间的相关性情况，CITC 值越高，α 系数也越高，通常此值大于 0.4 即可。项已删除的 α 系数代表当某题被删除时，其对应变量的 α 系数。例如，Q16 被删除后，购买意愿变量由 3 个题（Q17～Q19）表示，并且 α 系数为 0.817。CITC 和项已删除的 α 系数属于中间过程指标，最终均会以整体 α 系数为分析标准。在进行信度分析预测试时，通常会将 CITC 和项已删除的 α 系数列出并进行分析，以便判断某题是否应该被修正或做删除处理。

针对信度分析的具体文字描述，通常只需对整体 α 系数进行说明即可。对于 CITC 和项已删除的 α 系数，只需进行简要描述即可。

5.3.5　效度分析

信度分析完成后需要对研究数据进行效度分析。效度分析分为内容效度分析和结构效度分析。

内容效度分析用文字描述详细说明题设计的参考来源，是否有经过预测试，以及基于什么理由对题进行修正处理等。本案例使用的题均有参考量表，并且这些题已经被修正处理，因此具有良好的内容效度。

结构效度分析可以使用两种分析方法，分别是探索性因子分析和验证性因子分析。本案例使用探索性因子分析进行结构效度分析，结构效度分析汇总如表 5-11 所示。

表 5-11　结构效度分析汇总

题	因　子					
	1	2	3	4	5	6
1. 网站提供多元化的针对性课程	0.239	0.775	0.110	0.240	0.103	0.013
2. 每一门课程都详细介绍该课程的特点及学习目的	0.097	0.685	0.124	0.226	0.269	0.132
3. 网站提供的课程具有顶尖的教学质量	0.127	0.724	0.273	0.006	−0.017	0.270
4. 网站向注册用户免费发送电子报，并定期发送学习资料	0.103	0.269	0.115	−0.042	0.771	0.199
5. 我经常在其他网络平台上看到该网站的广告	0.104	0.006	−0.078	0.294	0.805	−0.022
7. 该在线语言学习网站能在搜索引擎（如百度）中很容易地被找到，如搜索结果的第一页	0.164	0.222	0.238	0.777	0.111	0.186

续表

题	因　子					
	1	2	3	4	5	6
8. 我可以在一些主流相关行业网站（如教育网站）上找到该语言学习网站的链接	0.269	0.170	0.052	0.799	0.149	0.116
9. 我可以在该语言学习网站上通过输入课程价格范围搜索到相应的课程	0.094	0.167	−0.007	0.263	0.073	0.841
10. 该语言学习网站上的课程价格会根据购买课程的数量有较大调整	0.286	0.158	0.357	0.014	0.130	0.687
11. 当我再次登录该网站时，它能显示我之前的课程访问浏览记录	0.806	0.122	0.155	0.096	−0.050	0.228
12. 当我再次登录该网站时，它会根据我感兴趣的课程类型向我推荐相关的新课程	0.836	0.119	0.078	0.189	0.234	0.065
13. 该网站会根据我感兴趣的课程类型，向我推荐受到一致好评的相关课程或授课老师	0.645	0.297	0.244	0.289	0.129	0.075
14. 当我填写个人信息时，该网站会有"关于个人信息保密"的提示	0.224	0.208	0.863	0.097	−0.050	0.098
15. 该网站有严格的客户隐私保密制度并且容易在网站上找到该信息	0.109	0.175	0.889	0.154	0.076	0.108
旋转后的特征根值	2.121	1.989	1.932	1.670	1.465	1.441
旋转后的方差解释率（%）	15.150	14.205	13.800	11.931	10.461	10.291
旋转后的累积方差解释率（%）	15.150	29.355	43.155	55.086	65.547	75.837

KMO 值		0.852
Bartlett 球形检验	近似卡方	1604.439
	Sig.	0.000

在 5.3.3 节中已经使用探索性因子分析对题进行探索，并且探索得到 6 个因子，但在 5.3.3 节中是使用探索性因子分析的探索因子功能，而在本节中是使用探索性因子分析进行结构效度分析。事实上使用探索性因子分析探索因子和进行结构效度分析的具体分析过程一致，区别仅在于使用目的不同。结构效度分析用于说明题是否真实有效地测量了需要测量的信息，如果探索性因子分析结果显示题与因子的对应关系符合专业知识情况，并且各题均可以有效地表达因子概念（因子载荷系数绝对值较大），那么说明结构效度良好。使用探索性因子分析进行结构效度分析时有两个关键点，第一是题与因子的对应关系；第二是题的因子载荷系数。其他分析指标（如旋转后的特征根值、旋转后的方差解释率、旋转后的累积方差解释率等）仅需要列出，不必过多解释说明。

对于本案例，探索性因子分析结果显示 KMO 值是 0.852，并且通过了 Bartlett 球形检验，最终探索出 6 个因子；这 6 个因子与题均有着良好的对应关系，这种对应关系与专业知识完全相符，并且所有题的因子载荷系数绝对值均大于 0.6，最小为 0.645；旋转后的总共累积方差解释率为 75.837%，并且 6 个因子旋转后的方差解释率均高于 10%。以上综合说明本案例量表具有良好的结构效度。

结构效度分析是综合概括的分析，没有绝对性的判断指标，题与因子的对应关系基本上符合专业情况，因子载荷系数绝对值大于 0.4，即可说明结构效度较好。类似信度分析，结构效度分析的目的是证明数据有效。建议研究人员对问卷量表进行预测试，尽量使用高质量量表，以免出现效度不达标的尴尬局面。

5.3.6 应用变量描述性分析

完成量表信度分析和效度分析后，需要对变量进行描述性分析。描述性分析的目的在于整体上了解样本对各变量的态度情况。通过统计各变量的平均值分析样本的态度情况，有时也可以对变量的中位数进行分析。此案例使用五级量表，1 分代表"非常不同意"，2 分代表"比较不同意"，3 分代表"一般"，4 分代表"比较同意"，5 分代表"非常同意"。在分析时，将平均值或中位数与具体分值代表的意义进行对比描述即可。描述性分析结果如表 5-12 所示。

表 5-12　描述性分析结果

变 量 名 称	样本量（个）	最小值（分）	最大值（分）	平均值（分）	标　准　差
购买意愿	300	1.00	5.00	3.52	0.70
产品	300	1.00	5.00	3.50	0.86
促销	300	1.00	5.00	2.64	0.92
渠道推广	300	1.00	5.00	3.36	0.95
价格	300	1.00	5.00	3.40	0.90
个性化服务	300	1.00	5.00	3.46	0.84
隐私保护	300	1.00	5.00	4.17	0.99

根据表 5-12 可知，购买意愿变量的平均值为 3.52 分，说明样本对购买意愿的态度介于一般与比较认可之间。在描述性分析过程中，如果某个变量的平均值明显较高或较低，那么研究人员应该对该变量进一步分析说明。例如，在表 5-12 中，促销变量的平均值明显较低，说明样本对此变量表现出一定的不认可态度；而隐私保护变量的平均值为 4.17 分，说明样本对此变量表现出明显的认可态度。

通常情况下，描述性分析以变量为单位进行分析即可，如果希望进行更深入的分析，那么需要对变量对应的各个题统计平均值。如果某个变量特别重要且仅由少数题表示，如本案例中的因变量购买意愿，则可以通过计算各选项的频数和百分比进行深入分析说明。另外，对于问卷中的排序题，也可以使用描述性分析，通过计算平均值分析选项的排名情况。

5.3.7 各因素间的相关分析

本节使用相关分析研究各变量之间的相关关系。相关分析需要放在回归分析前，变量之间有相关关系，才可能会有回归关系。相关分析的目的在于分析两个变量之间的相关关系，使用相关系数表示变量之间的相关关系情况。相关系数有两类，分别是 Pearson 相关系数和 Spearman 相关系数，绝大多数情况下使用 Pearson 相关系数表示相关关系情况。Pearson 相关系数值的取值范围为-1～1，大于 0 为正相关，小于 0 为负相关，绝对值越大，说明相关关系越紧密。相关分析是对变量进行分析，通常每个变量对应多个题，因此首先需要计算多个题的平均值，以平均值代表对应的变量，最后分析以变量为准。

在相关关系的具体分析过程中，首先分析相关系数是否呈现出显著性，如果呈现出显著性，那么说明变量之间有相关关系，然后分析相关关系的紧密程度；如果没有呈现出显著性，那么说明变量之间没有相关关系，更不可能有相关关系紧密程度之说。本案例用于研究产品、促销、渠道推广、价格、个性化服务和隐私保护对样本购买意愿的影响，因此需要先确认这 6 个因素与样本购买意愿之间是否有相关关系，如果有相关关系，那么再确认相关关系紧密程度。在使用 SPSS 软件进行相关分析时，SPSS 软件直接生成的结果会包括具体样本量和具体 P 值，但样本量已经在上述分析中说明，而 P 值可以使用*号表示，因此需要将 SPSS 软件生成的相关分析结果进行整理。相关分析结果如表 5-13 所示。

表 5-13 相关分析结果

变　　量	1	2	3	4	5	6	7
购买意愿	1						
产品	0.502**	1					
促销	0.363**	0.358**	1				
渠道推广	0.446**	0.490**	0.368**	1			
价格	0.372**	0.468**	0.282**	0.418**	1		
个性化服务	0.498**	0.487**	0.316**	0.526**	0.458**	1	
隐私保护	0.382**	0.468**	0.122*	0.356**	0.396**	0.428**	1

* $P<0.05$，** $P<0.01$。

就本案例而言，产品、促销、渠道推广、价格、个性化服务和隐私保护这 6 个因素分别与购买意愿之间呈现 0.01 水平上的显著性，并且相关系数值均大于 0.3，说明这 6 个因素均与购买意愿之间有显著的正相关关系，即这 6 个因素与购买意愿有较为紧密的相关关系。研究人员还可以继续分析 6 个因素彼此之间的相关关系，显而易见，这 6 个因素之间有着显著的正相关关系，但它们之间的相关关系并非研究重点，因此不需要过多阐述。

5.3.8　应用多元线性回归分析

上文提到，产品、促销、渠道推广、价格、个性化服务和隐私保护这 6 个因素均与购买意愿之间有着较为紧密的正相关关系，因此本节使用多元线性回归分析探讨其对样本购买意愿的影响情况。为了防止样本背景信息对模型造成干扰，应当将性别、年龄、月收入水平和职业这 4 项也作为控制变量纳入模型。回归分析的目的在于研究影响关系，通常用于假设验证。回归分析分为很多类型，如线性回归分析、Logistic 回归分析等；如果因变量为定量数据，那么应该使用线性回归分析进行研究；如果因变量为分类数据，那么应该使用 Logistic 回归分析进行研究。本案例研究 6 个因素对购买意愿的影响，并且购买意愿为五级量表，属于定量数据，因此使用多元线性回归分析进行研究。

多元线性回归分析通常需要对以下指标进行解读，分别是 F 检验（ANOVA 检验）、R^2、自变量的显著性检验（t 检验），以及 D-W 值和 VIF 值。F 检验（ANOVA 检验）是判定多个自变量中是否有某一个或某几个自变量会对因变量（购买意愿）产生影响关系，通俗地讲，即判定模型是否适用及模型是否有意义；R^2 是判定自变量对因变量的解释力度；t 检验研究自变量对因变量的影响关系（是否有影响关系），如果确认有影响关系，那么还需要分析是正向影响关系还是负向影响关系；有时还需要对 D-W 值和 VIF 值进行分析。在进行多元线性回归分析时，SPSS 软件会输出多个表格，其中重要的表格有 3 个，分别是"模型汇总"表格、"ANOVA"表格及"系数"表格。

"模型汇总"表格如表 5-14 所示。根据表 5-14 可知，本案例的调整 R^2 为 0.380，说明产品、促销、渠道推广、价格、个性化服务和隐私保护这 6 个因素可以解释样本购买意愿 38% 的变化原因，即样本的购买意愿有 38% 的原因是这 6 个因素，模型拟合情况较好。另外 D-W 值为 2.191，接近 2，说明无自相关性。

表 5-14　模型汇总[a]

模　　型	R	R^2	调整 R^2	标准估计的误差	D-W 值
1	0.638[b]	0.407	0.380	0.553	2.191

a. 因变量：购买意愿。
b. 预测变量：（常量）、隐私保护、中层管理者、企业家、高层管理者、促销、性别、公司职员、价格、渠道推广、个性化服务、产品、年龄、月收入水平。

"ANOVA"表格如表 5-15 所示。根据表 5-15 可知，模型的 P 值为 0.000，小于 0.01，说明模型通过了 F 检验（ANOVA 检验），并且在产品、促销、渠道推广、价格、个性化服务和隐私保护这 6 个因素中，至少有 1 个会对购买意愿产生影响关系。"ANOVA"表格仅说明模型是否通过 F 检验（ANOVA 检验），模型通过 F 检验（ANOVA 检验）是进行线性回归分析基本前提，如果没有通过 F 检验（ANOVA 检验），则说明这 6 个因素均不会对购买意愿产生影响关系，这与基本情况不符，因此有时显得多余，可以不必列出。

表 5-15 ANOVA^a

模　型		平方和	df	均　　方	F	Sig.
1	回归	59.737	13	4.595	15.025	0.000^b
	残差	87.162	285	0.306		
	总计	146.899	298			

a. 因变量：购买意愿。
b. 预测变量：（常量）、隐私保护、中层管理者、企业家、高层管理者、促销、性别、公司职员、价格、渠道推广、个性化服务、产品、年龄、月收入水平。

　　"系数"表格如表 5-16 所示。根据表 5-16 可知，产品、促销、个性化服务、隐私保护这 4 个变量的 P 值均小于 0.05，呈现出显著性，说明这 4 个变量均会对购买意愿产生影响关系；渠道推广和价格这 2 个变量的 P 值均大于 0.05，没有呈现出显著性，因此说明这 2 个变量并不会对购买意愿产生影响关系。产品、促销、个性化服务、隐私保护这 4 个变量的回归系数 B 值分别是 0.160、0.113、0.180 和 0.099，均大于 0，说明这 4 个因素均会对购买意愿产生正向影响关系。因此本研究中会有 4 个假设成立，另外 2 个假设不成立。

表 5-16　系数^a

模　型	非标准化系数		标准系数	t	Sig.	共线性统计量	
	B	标准误	试用版			容差	VIF
常量	1.042	0.216	—	4.830	0.000	—	—
性别（女）	0.007	0.075	0.004	0.089	0.929	0.886	1.129
年龄	0.048	0.027	0.126	1.794	0.074	0.422	2.371
月收入水平	0.031	0.036	0.070	0.854	0.394	0.308	3.248
公司职员	−0.069	0.119	−0.045	−0.576	0.565	0.337	2.966
中层管理者	−0.083	0.150	−0.043	−0.557	0.578	0.350	2.861
高层管理者	0.161	0.206	0.047	0.782	0.435	0.579	1.728
企业家	−0.092	0.232	−0.021	−0.396	0.692	0.732	1.366
产品	0.160	0.050	0.195	3.213	0.001	0.566	1.766
促销	0.113	0.040	0.148	2.818	0.005	0.759	1.318
渠道推广	0.074	0.043	0.101	1.710	0.088	0.598	1.671
价格	0.031	0.044	0.040	0.708	0.479	0.656	1.525
个性化服务	0.180	0.051	0.214	3.563	0.000	0.575	1.740
隐私保护	0.099	0.041	0.140	2.414	0.016	0.623	1.606

a. 因变量：购买意愿。

　　在进行回归分析时，可能会产生遮掩效应（Suppression Effect），即相关分析结论与回归分析结论相矛盾。例如，相关分析显示变量之间为正向相关关系，但进行回归分析时却出现负向影响关系；或者相关分析显示无显著相关关系，但进行回归分析时却出现回归影响关系。当产生遮掩效应时，研究人员应该谨慎处理，如果某自变量与因变量之间为显著正向相关关系，却呈现出负向影响关系，那么可以考虑将该自变量单独对因变量进行回归分析；如果某自变量与因变量之间显示无相关关系，却有回归影响关系，那么应该以无影响关系为最终结论，因为无相关关系时，一定不会有回归影响关系。

6 个因素对应的 VIF 值均小于 5，说明没有多重共线性产生，在问卷研究中一般不存在多重共线性问题，因此可以列出数字而不用过多分析。另外，在进行线性回归分析时可以列出模型公式，本案例的模型公式为：购买意愿=1.042+0.007×性别+0.048×年龄+0.031×月收入水平-0.069×公司职员-0.083×中层管理者+0.161×高层管理者-0.092×企业家+0.160×产品+0.113×促销+0.074×渠道推广+0.031×价格+0.180×个性化服务+0.099×隐私保护。对于性别、年龄、月收入水平和职业这 4 个控制变量来讲，性别和职业为虚拟变量，性别以"男"为参照项（性别共有 2 个选项，分别为"男"和"女"），职业以"学生"为参照项（职业共有 5 个选项，分别是"学生"、"公司职员"、"中层管理者"、"高层管理者"和"企业家"）；月收入水平和年龄被视为定量数据，因此不需要将这两项设置为虚拟变量。

上述 3 个表格（"模型汇总"表格、"ANOVA"表格、"系数"表格）均为 SPSS 软件直接输出的表格，通常情况下不需要进行如此详细的解释，可以对以上 3 个表格中有意义的数据信息进行整理，得到"多元线性回归分析汇总"表格，如表 5-17 所示。

表 5-17　多元线性回归分析汇总

因变量	自变量	非标准化系数		标准化系数	t	P	R^2	调整 R^2	F
		B	标准误	Beta					
购买意愿	常量	1.042	0.216	—	4.830	0.000	0.407	0.380	15.025[**]
	性别（女）	0.007	0.075	0.004	0.089	0.929			
	年龄	0.048	0.027	0.126	1.794	0.074			
	月收入水平	0.031	0.036	0.070	0.854	0.394	0.407	0.380	15.025[**]
	公司职员	−0.069	0.119	−0.045	−0.576	0.565			
	中层管理者	−0.083	0.150	−0.043	−0.557	0.578			
	高层管理者	0.161	0.206	0.047	0.782	0.435			
	企业家	−0.092	0.232	−0.021	−0.396	0.692			
	产品	0.160[**]	0.050	0.195[**]	3.213	0.001			
	促销	0.113[**]	0.040	0.148[**]	2.818	0.005			
	渠道推广	0.074	0.043	0.101	1.710	0.088			
	价格	0.031	0.044	0.040	0.708	0.479			
	个性化服务	0.180[**]	0.051	0.214[**]	3.563	0.000			
	隐私保护	0.099[*]	0.041	0.140[*]	2.414	0.016			

* $P<0.05$，** $P<0.01$。

5.3.9 应用方差分析

方差分析和 t 检验有差异对比的功能,但如果比较的题有多组,则只能使用方差分析。例如,在本案例中,对比不同月收入水平的样本对变量的态度差异情况,月收入可分为 "2 000 元及以下"、"2 001～4 000 元"、"4 001～8 000 元"和"8 000 元以上"共 4 组,只能使用方差分析来对比差异。如果某个组别的样本较少(小于 30 个),则需要将组别进行合并处理。研究人员可以结合具体情况将组别进行合并处理,如将"2 001～4 000 元"和"4 001～8 000 元"合并处理为"2 001～8 000 元"。

对于方差分析或 t 检验,首先需要分析数据是否呈现出显著性,当 P 值小于 0.05 时,数据呈现出显著性,说明不同组别的样本对某变量有差异性态度,具体差异需要对比平均值进一步分析;如果没有呈现出显著性,那么说明样本态度一致,通常不需要进一步分析。

本案例的方差分析汇总如表 5-18 所示。根据表 5-18 可知,不同月收入水平的样本在购买意愿上呈现出显著性差异,说明不同月收入水平的样本对购买意愿有着差异性态度。月收入为 "8 000 元以上"的样本的购买意愿平均值为 3.70 分,明显高于其余 3 个组别的样本,说明差异表现为月收入为"8 000 元以上"的样本对购买意愿有明显更高的认可态度。不同月收入水平的样本对另外 6 个因素(产品、促销、渠道推广、价格、个性化服务、隐私保护)的 P 值均大于 0.05,说明没有差异性态度。

表 5-18 方差分析汇总

变　　量	月收入水平(平均值±标准差)				F	P
	2 000 元及以下 (n=110)	2 001～4 000 元 (n=54)	4 001～8 000 元 (n=67)	8 000 元以上 (n=69)		
购买意愿	3.40±0.64	3.47±0.79	3.56±0.65	3.70±0.75	2.72	0.04[*]
产品	3.51±0.84	3.33±0.92	3.54±0.85	3.61±0.84	1.15	0.33
促销	2.61±0.86	2.65±0.99	2.60±0.92	2.72±0.96	0.24	0.87
渠道推广	3.25±0.97	3.20±0.92	3.51±0.80	3.51±1.07	2.09	0.10
价格	3.45±0.83	3.22±0.99	3.46±0.79	3.38±1.04	0.90	0.44
个性化服务	3.40±0.77	3.38±0.91	3.43±0.79	3.63±0.91	1.36	0.26
隐私保护	4.30±0.92	4.08±1.06	4.14±0.91	4.04±1.09	1.26	0.29

[*] P<0.05。

在本案例中,不同月收入水平的样本对购买意愿有着差异性态度,如果研究人员希望更深入地对比 4 个组别样本中具体哪两个组别之间呈现出显著性差异,则需要使用事后检验进行分析(事后检验将在第 8 章进一步阐述),通常情况下可以根据平均值得出较为直观的判断。方差分析是对研究变量进行差异对比,以便提出相关建议、措施。在本案例中,不同月收入水平的样本对购买意愿有着差异性态度,并且可以明显地看出月收入为"8 000 元以上"的样本购买意愿更强,说明购买意愿与月收入水平有联系,企业不仅需要关注有影响关系的 4 个因素（产品、促销、个性化服务、隐私保护），还需要考虑用户的月收入水平，结合具体情况提供更恰当的费用标准，以争取更多用户购买课程。

本案例针对在线英语学习网站各种因素对课程购买意愿的影响进行了分析，通过探索性因子分析探索出 6 个影响因素，分别是产品、促销、渠道推广、价格、个性化服务和隐私保护；完成量表信度分析和效度分析后，使用相关分析研究 6 个因素与购买意愿之间的相关关系，并且使用回归分析研究 6 个因素对购买意愿的影响情况，发现共有 4 个因素(产品、促销、个性化服务和隐私保护）会对购买意愿产生正向影响关系，而渠道推广和价格这 2 个因素并不会对购买意愿产生影响关系；本案例还研究了不同背景的样本对购买意愿及 6 个因素的态度差异情况，通过分析发现，高收入（月收入为"8 000 元以上"）样本的购买意愿更强。

第 **6** 章

量表类问卷中介效应和调节效应研究

在量表类问卷研究中，中介效应和调节效应研究也较为常见。中介效应研究是指在研究 X 影响 Y 的过程中，中介变量（用符号 M 表示）是否起桥梁作用。调节效应研究是指在研究 X 影响 Y 的过程中，不同的调节变量（用符号 Z 表示）是否会导致 X 对 Y 的影响程度不同。

中介效应和调节效应研究是影响关系研究的延伸，这两种研究多用于学术研究，在企业研究中较少使用。这两种研究依然会遵循影响关系研究的步骤，即首先进行相关分析研究变量之间的相关关系，然后进行影响关系分析，最后进行中介效应和调节效应分析。中介效应和调节效应有实质性区别，但也有很多共同点。本章将中介效应和调节效应合并在一起进行说明，便于读者深入理解这两类研究。

6.1 分析思路

量表类问卷中介效应和调节效应研究分析思路分为 9 部分，分别是样本背景分析，样本特征、行为分析，信度分析，效度分析，变量描述分析，变量相关关系分析，变量影响关系分析，中介效应和调节效应分析，差异分析，如图 6-1 所示。

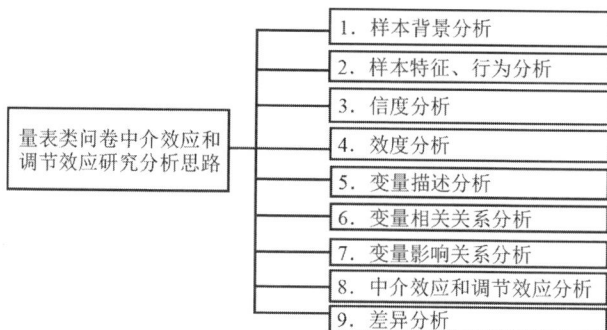

图 6-1　量表类问卷中介效应和调节效应研究分析思路

（1）样本背景分析和样本特征、行为分析。这两部分的具体分析方法及分析内容与第 5 章保持一致，均是使用频数分析或描述性分析对样本背景信息进行统计，对样本基本特征、行为现状和基本态度进行分析，以便深入了解样本的基本情况。

（2）信度分析和效度分析。通常情况下，研究中介效应和调节效应需要有较强的理论依据，并且量表题均有参考量表，在具体研究时，很可能需要对不合适的题进行删除处理。如果在进行信度分析或效率分析时发现题不适合，如某题会使信度降低或某题与变量的对应关系与专业知识不符，那么需要删除该题，以得到良好的信度水平或效度水平。

（3）变量描述分析。中介效应和调节效应研究通常是针对变量进行分析的。通常情况下，一个变量由多个题表示，因此需要计算多个题的平均值，用多个题的平均值代表对应变量的整体情况，并且对各变量进行描述性分析，即计算变量的平均值、标准差等，通过分析平均值，深入分析样本对各个变量的整体态度情况，在具体研究中，也可以对题进行描述性分析。

（4）变量相关关系分析和变量影响关系分析。中介效应和调节效应是影响关系的延伸，在进行中介效应和调节效应分析前，首先需要分析自变量 X 对因变量 Y 的影响关系，确认存在影响关系后才可能有中介效应和调节效应。变量相关关系分析是变量影响关系分析的基础，因此分析思路为先进行变量相关关系分析，再进行变量影响关系分析，然后进行中介效应和调节效应分析。

（5）中介效应和调节效应分析。中介效应是指在研究 X 对 Y 的影响过程中，中介变量 M 起着中介作用，即自变量 X 通过中介变量 M 影响因变量 Y；调节效应是指在研究 X 对 Y 的影响过程中，自变量 X 与因变量 Y 的关系受到调节变量 Z 的影响。中介效应分析和调节效应分析均用于假设验证，二者有共同点，也有实质性区别。中介效应分析和调节效应分析需要单独进行，为了便于读者理解，本章将中介效应分析和调节效应分析合并在一起进行说明。

（6）差异分析。差异分析的目的在于进一步分析不同背景或不同特征的样本对变量的态度差异情况，通常使用方差分析或 t 检验进行分析，此部分的详细说明可以参考第 5 章内容。

6.2 分析方法

本节会详细介绍量表类问卷中介效应和调节效应研究分析思路涉及的分析方法，在第 5 章中已经对频数分析、描述性分析、信度分析、探索性因子分析、相关分析和回归分析进行了详细说明，本节将重点放在中介效应分析和调节效应分析上。中介效应分析和调节效应分析需要结合数据类型选择相应的分析方法，然后在回归分析的基础上进行分析。量表类问卷中介效应和调节效应研究分析思路与分析方法的对应关系如图 6-2 所示。

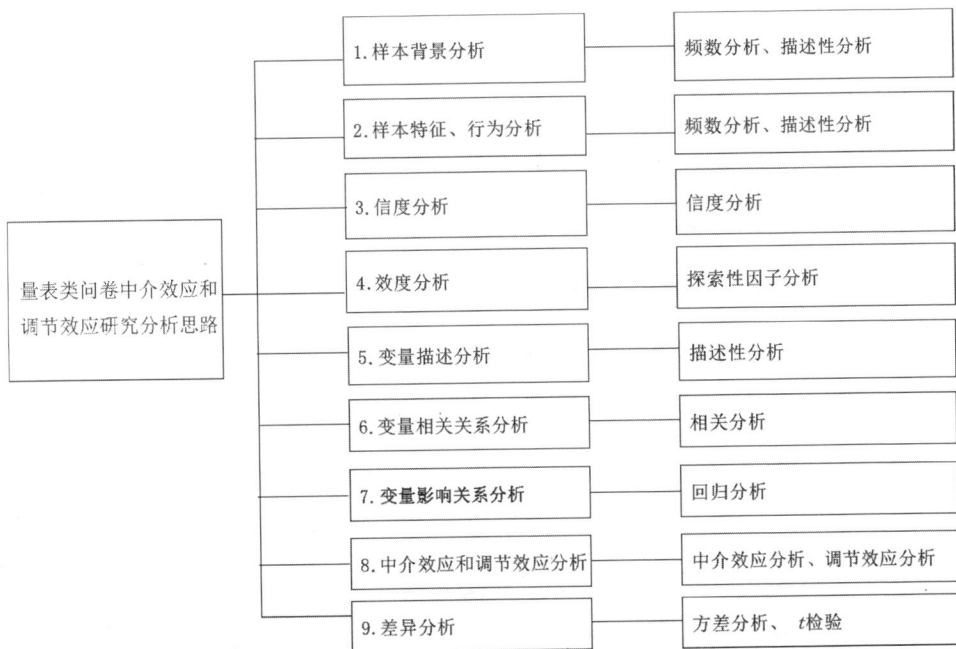

图 6-2　量表类问卷中介效应和调节效应研究分析思路与分析方法的对应关系

6.2.1　变量相关关系分析和变量回归影响关系分析

相关分析研究变量之间的相关关系，回归分析研究变量之间的回归影响关系。变量之间有了相关关系，才可能会有回归影响关系。

中介效应和调节效应分析是在有回归影响关系（自变量 X 对因变量 Y 的影响关系）的基础上进行的，因此首先需要对变量进行相关关系分析和回归影响关系分析。

针对中介效应分析，中介变量 M 通常具有这样的特征：它与自变量 X 或因变量 Y 均有较为紧密的相关关系，在进行相关关系分析时，如果发现中介变量 M 与自变量 X 或因变量 Y 之间的相关关系很弱（相关系数小于 0.2），或者没有呈现出显著相关关系，那么很可能不会有中介效应。

针对调节效应分析，调节变量 Z 与自变量 X 和因变量 Y 之间不会有很强的相关关系，因此在进行相关关系分析时出现调节变量 Z 与自变量 X 和因变量 Y 之间的相关关系很弱，或者没有相关关系，均属于正常现象。

对于变量相关关系分析和变量回归影响关系分析，读者可以参考第 5 章相关内容。接下来将分别对中介效应分析和调节效应分析进行深入剖析。

6.2.2　中介效应分析

中介效应分析可以使用 SPSS 软件或结构方程模型（SEM）软件 AMOS 进行，当前绝大部分研究使用 SPSS 软件进行。本节分别对中介效应基本原理、中介效应分析方法、中介效应模型和中介效应分析步骤共 4 部分进行阐述，其中中介效应基本原理和中介效应分析步骤参考了国内中介效应研究权威学者温忠麟的相关研究，并且进行了总结和归纳，有兴趣的读者可以阅读相关文献资料。

中介效应是研究在自变量 X 对因变量 Y 的影响过程中，自变量 X 是否会通过中介变量 M 对因变量 Y 产生影响关系。如果在自变量 X 对因变量 Y 的影响过程中，中介变量 M 起着中介作用，即自变量 X 能够通过中介变量 M 对因变量 Y 产生影响关系，那么说明存在中介效应，反之则说明不存在中介效应。在实际研究中，中介效应涉及的自变量 X 可能有多个，中介变量 M 也可能有多个，甚至因变量 Y 也可能有多个，研究人员在进行研究时应该结合实际情况进行重复操作，将复杂的模型拆分为多个简单模型，最终完成中介效应分析。中介效应基本原理示意图如图 6-3 所示。

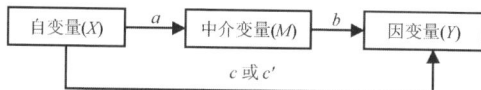

图 6-3　中介效应基本原理示意图

从中介效应基本原理示意图可以看出，中介效应分析涉及自变量对中介变量的回归影响关系，中介变量对因变量的回归影响关系，以及自变量对因变量的回归影响关系。中介效应基本原理示意图涉及多个回归系数，分别是自变量 X 对中介变量 M 的回归系数（用符号 a 表示），中介变量 M 对因变量 Y 的回归系数（用符号 b 表示），以及自变量 X 对因变量 Y 的 2 个回归系数（用符号 c 和 c' 表示）。其中自变量 X 对因变量 Y 的回归影响关系共涉及 2 个模型，分别是自变量 X 对因变量 Y 的回归模型，以及自变量 X 与中介变量 M

同时作为自变量对因变量 Y 的回归模型，自变量 X 会在 2 个模型中出现，因此自变量 X 有 2 个回归系数，具体会在接下来的内容中进行说明。接下来对中介效应分析方法进行详细说明，如表 6-1 所示。

表 6-1　中介效应分析方法

中介变量（M）＼自变量（X）	分　　类	定　　量
分类	—	—
定量	—	分层回归分析

只有当自变量 X 和中介变量 M 均为定量数据时，才可以进行中介效应分析。在分析方法上，中介效应分析使用分层回归分析。分层回归分析是普通回归分析的延伸。普通回归分析涉及 1 个模型，而分层回归分析涉及 2 个（或多个）模型，模型 1 是普通回归模型（模型中的自变量是 X），在模型 1 的基础上，再加入相关变量（此处为中介变量 M），形成模型 2（模型 2 中的自变量是 X 和 M）。从模型 1 向模型 2 转变时，SPSS 软件会记录下相关指标值（如 R^2 变化值、F 变化值等）。下面对中介效应分析模型进行详细说明，如图 6-4 所示。

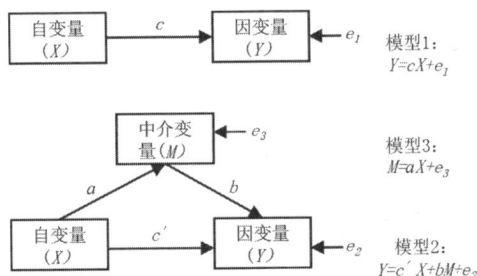

图 6-4　中介效应分析模型

根据图 6-4 可知，中介效应分析涉及 3 个模型，共有 4 个回归系数。其中，模型 1 为自变量 X 对因变量 Y 的回归模型，模型 2 为自变量 X 和中介变量 M 对因变量 Y 的回归模型，从模型 1 和模型 2 来看，模型 2 是在模型 1 的基础上多出一个自变量（中介变量 M），模型 1 和模型 2 使用分层回归分析进行构建。模型 3 为自变量 X 对中介变量 M 的回归模型。从图 6-4 中可以明显看出：中介变量 M 在模型 2 中是自变量，但是在模型 3 中是因变量，这也正是中介效应分析的精髓所在。

对中介效应涉及的 4 个回归系数，分别使用符号 a、b、c、c' 表示。在模型 1 中，X 对 Y 的回归系数用符号 c 表示；模型 2 中涉及两个回归系数，分别是 X 对 Y 的回归系数（用符号 c' 表示）和 M 对 Y 的回归系数（用符号 b 表示）；模型 3 涉及一个回归系数（用符号 a 表示），是 X 对 M 的回归系数。模型中另外 3 个符号 e_1、e_2、e_3 分别代表对应模型的残差值。常见的回归模型表达式为 $Y = \text{Constant} + b_1 \times X_1 + b_2 \times X_2 + e$，表达式中涉及常数项

（Constant），但在这 3 个模型中没有出现，原因在于自变量 X、中介变量 M 和因变量 Y 均进行过标准化处理。中介效应分析步骤如图 6-5 所示。

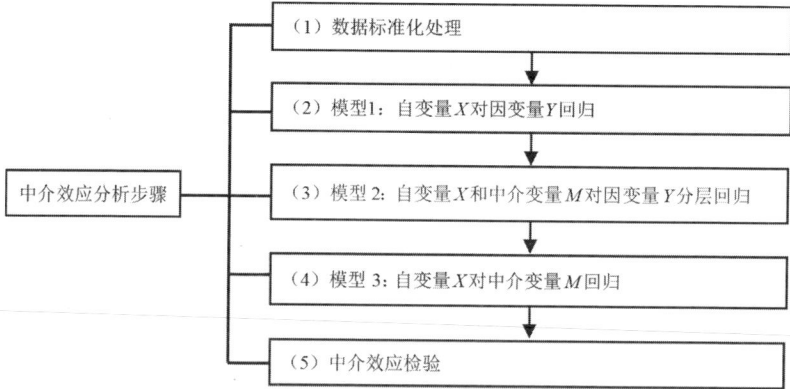

图 6-5　中介效应分析步骤

　　第一步，数据标准化处理。对于自变量 X、中介变量 M 和因变量 Y，通常情况下它们均由多个题组成，而中介效应分析是针对变量而非具体题的，因此首先需要计算对应题的平均值，并且以平均值代表对应的变量。例如，满意度变量由 4 个题组成，则应该计算这4 个题的平均值以代表满意度变量。然后需要对自变量 X、中介变量 M 和因变量 Y 全部进行标准化处理，标准化处理可以由 SPSS 软件直接完成，完成标准化处理后，模型中使用的变量全部为标准化处理后的新数据。除了可以对数据进行标准化处理，还可以对数据进行中心化处理，中心化处理和标准化处理的目的均是减少多重共线性问题，但中心化处理无法直接通过 SPSS 软件操作完成。

　　第二步和第三步分别是构建模型 1 和模型 2。这两个步骤涉及多层回归模型，可直接使用 SPSS 软件操作完成。

　　第四步，建立模型 3。此步骤类似多元线性回归模型的构建，可直接使用 SPSS 软件操作完成。

　　第五步，中介效应检验。完成 3 个模型的构建后，得到 4 个回归系数，结合这 4 个回归系数的显著性情况进行中介效应检验，具体中介效应检验步骤如图 6-6 所示。

　　对于中介效应检验，首先要判断回归系数 c 是否呈现出显著性（显著性通常以 0.05和 0.01 为标准，P 值小于 0.01 则说明在 0.01 水平上显著，P 值小于 0.05（且大于或等于0.01）则说明在 0.05 水平上显著）。如果回归系数 c 不显著，那么说明自变量 X 对因变量 Y 不会有影响关系，没有影响关系也就不应该有中介效应，中介效应检验结束。如果回归系数 c 显著，则继续进行中介效应检验。

　　中介效应分为两类，分别是部分中介效应和完全中介效应。部分中介效应是指在自变量 X 对因变量 Y 的影响过程中，一部分是自变量 X 通过中介变量 M 对因变量 Y 产生的影响关系，另一部分是自变量 X 直接对因变量 Y 产生的影响关系。完全中介效应是指在自变量 X 对因变量 Y 的影响过程中，自变量 X 完全通过中介变量 M 影响因变量 Y。

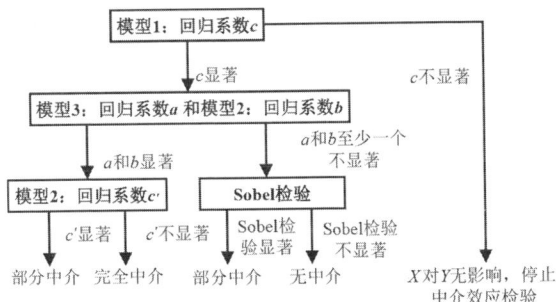

图 6-6　中介效应检验步骤

当确认回归系数 c 显著后，继续对回归系数 a 和回归系数 b 进行判断。如果回归系数 a 和回归系数 b 均显著，则说明中介效应一定存在，此时需要对回归系数 c' 进行判断。如果回归系数 c' 显著，则说明为部分中介效应；如果回归系数 c' 不显著，则说明为完全中介效应。如果回归系数 a 和回归系数 b 中至少有一个不显著（其中一个不显著或两个均不显著），那么需要进行 Sobel 检验。SPSS 软件无法直接进行 Sobel 检验，需要自行计算 Sobel 检验统计值（Sobel 检验公式为：$(a \times b) \big/ \sqrt{a^2 s_b^2 + b^2 s_a^2}$，其中，$s_a$ 为回归系数 a 对应的标准误，s_b 为回归系数 b 对应的标准误），或者使用相关网站直接计算 Sobel 检验统计值。如果 Sobel 检验统计值的绝对值大于 1.96（1.96 是在 0.05 水平上显著的临界值），那么说明为部分中介效应，反之则说明无中介效应。

上述中介效应检验步骤针对自变量 X、中介变量 M 和因变量 Y 均为一个的情况，如果自变量 X 有多个，则会涉及多个 c 和 c'；如果中介变量 M 有多个，那么研究人员可以将模型拆分成多个以简化分析，如果将多个中介变量 M 合并处理，那么会出现多个 b 值；如果因变量 Y 有多个，那么研究人员需要将模型进行拆分后再进行处理。

6.2.3　调节效应分析

本节介绍调节效应分析。调节效应分析用于检验在自变量 X 对因变量 Y 的影响过程中，当调节变量 Z 取不同值时，X 对 Y 的影响程度是否会有明显差异。如果有明显差异，那么说明调节效应存在，反之则不存在。本节对调节效应基本原理、调节效应分析方法、调节效应模型和调节效应分析步骤共 4 部分进行阐述。类似中介效应分析，在实际分析过程中，调节效应可能涉及多个自变量 X 和调节变量 Z，甚至多个因变量 Y，研究人员在进行调节效应分析时应该将复杂的模型拆分为多个简单模型，最终完成调节效应分析。调节效应基本原理示意图如图 6-7 所示。

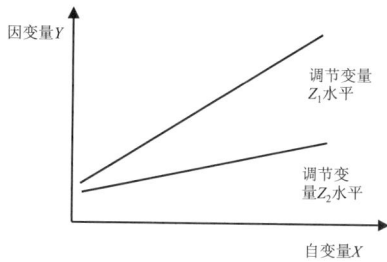

图 6-7　调节效应基本原理示意图

从图 6-7 中可以直观地看出，自变量 X 与因变量 Y 之间有着正向相关关系，当 X 增大时，Y 也会随之增大，而当调节变量 Z 在不同水平时，X 与 Y 之间的关系紧密程度不同：相对于调节变量 Z 在 Z_2 水平，调节变量 Z 在 Z_1 水平时，X 与 Y 之间的同向增加幅度会更强。当有类似此类关系现象出现时，称变量 Z 为调节变量，此类分析被称为调节效应分析。上述特征为调节效应的基本特征，具体的调节效应分析会更为复杂。接下来会对调节效应分析方法进行详细说明，如表 6-2 所示。

表 6-2　调节效应分析方法

调节变量 Z ＼ 自变量 X	分　类	定　量
分类	多因素方差分析	分层回归分析或分组回归分析
定量	分层回归分析	分层回归分析

结合自变量 X 和调节变量 Z 的数据类型情况，调节效应分析可分为 4 种类型，这 4 种调节效应分析的因变量 Y 均为定量数据，因变量 Y 为分类数据的情况不在本书的讨论范畴内。

第 1 种调节效应分析的自变量 X 和调节变量 Z 均为分类数据，使用多因素方差分析进行，此类分析方法将在第 8 章中进行详细说明。第 2 种调节效应分析的自变量 X 为定量数据，调节变量 Z 为分类数据，使用分层回归分析或分组回归分析进行，分组回归分析是将数据拆分成几部分进行建模的，这种分析方法不能充分有效地利用样本数据，笔者建议使用分层回归分析进行。第 3 种调节效应分析的自变量 X 为分类数据，调节变量 Z 为定量数据，使用分层回归分析进行，在实际研究中这种情况非常少见。第 4 种调节效应分析的自变量 X 和调节变量 Z 均为定量数据，使用分层回归分析进行，在实际研究中这种情况最为常见。

除了第 1 种调节效应分析外，后 3 种调节效应分析均使用分层回归分析进行分析，类似于中介效应分析中提及的分层回归分析。调节效应分析使用的分层回归分析涉及 2 个模型，模型 1 包括部分自变量，模型 2 是在模型 1 的基础上加入新的自变量，SPSS 软件会记录下 2 个模型的相关变化值（如 R^2 变化值、F 变化值等）。接下来对调节效应分层回归模型进行详细说明，如图 6-8 所示。

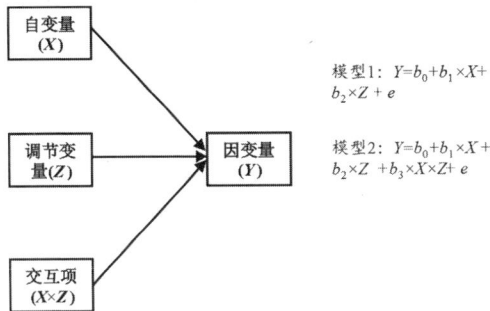

图 6-8　调节效应分层回归模型

根据图 6-8 可知，在模型 1 中自变量为 X 和 Z（调节变量），而在模型 2 中自变量多出一个，即在模型 1 的基础上加入交互项（X 与 Z 的乘积项）。因为自变量 X 或调节变量 Z可能为分类数据，即自变量 X 或调节变量 Z 的数量可能为多个，所以交互项通常不止一个。针对第 1 种调节效应分析，使用多因素方差分析进行分析。针对第 2 种调节效应分析，调节变量 Z 为分类数据，因此需要对调节变量 Z 进行虚拟变量处理，使用处理后的虚拟变量数据进行分析。针对第 3 种调节效应分析，自变量 X 为分类数据，因此需要对自变量 X 进行虚拟变量处理，使用处理后的虚拟变量数据进行分析。针对第 4 种调节效应分析，自变量 X 和调节变量 Z 均为定量数据，不需要进行虚拟变量处理。接下来对调节效应分析步骤进行详细说明，如图 6-9 所示。

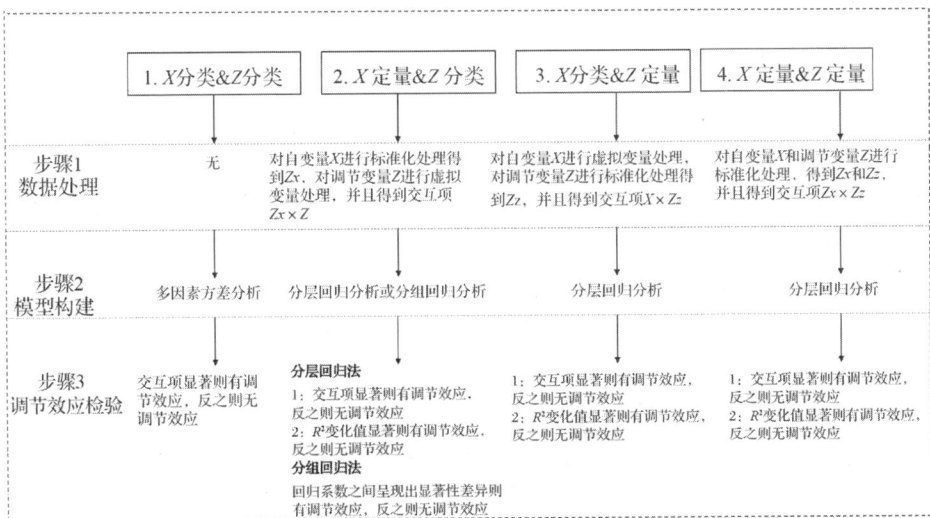

图 6-9　调节效应分析步骤

针对第 1 种调节效应分析，不需要进行数据处理，直接使用多因素方差分析进行分析，将交互项是否显著作为调节效应的检验标准，如果交互项显著，则说明有调节效应，反之则说明无调节效应。在使用多因素方差分析进行调节效应分析时，通常会结合交互图进行调节效应说明。第 4 种调节效应分析可以转换为第 1 种调节效应分析，将自变量 X 和调节变量 Z 进行编码（分组）处理，使之变成分类数据，然后进行第 1 种调节效应分析。关于多因素方差分析的详细说明，读者可以参考第 8 章内容。

针对第 2 种调节效应分析，自变量 X 为定量数据，需要对其进行标准化处理；调节变量 Z 为分类数据，需要对其进行虚拟变量处理。例如，调节变量 Z 为国籍，并且国籍有 3 个，分别是"中国"、"美国"和"英国"，应该对国籍进行虚拟变量处理，最终将国籍变成 2 列数据，名称分别是"美国"和"英国"。对于"美国"，若样本国籍为美国，则数值为 1，否则为 0；对于"英国"，若样本国籍为英国，则数值为 1，否则为 0；将"中国"作为参照项（如果将"美国"或"英国"作为参照项，则做类似处理）。对自变量 X 进行标准化处理（Z_X）和对调节变量 Z 进行虚拟变量处理后，还需要将处理后的数据相乘得到交互项。交互项生成（X 为定量数据，Z 为分类数据）如表 6-3 所示。

表6-3　交互项生成（X 为定量数据，Z 为分类数据）

编　　号	自变量为定量数据，标准化处理	调节变量为分类数据，虚拟变量处理	交互项
1	Z_X	美国	$Z_X×$美国
2	Z_X	英国	$Z_X×$英国

在表 6-3 中，自变量 X 仅有 1 个，将调节变量进行虚拟变量处理为 2 列数据（分别是"美国"和"英国"，以"中国"为参照项），则会生成 2 个交互项。

完成数据处理后，使用处理后的数据进行分层回归建模（建议使用分层回归分析）。通过分层回归建模，共得到 2 个模型，模型 2 是在模型 1 的基础上加入交互项，结合模型进行调节效应检验。调节效应检验可以分为 2 种，第 1 种直接看交互项的显著性，如果交互项显著，则说明有调节效应，反之则说明无调节效应，建议使用这种检验方法；第 2 种判断 R^2 变化值的显著性，如果 R^2 变化值呈现出显著性，则说明有调节效应，反之则说明无调节效应。在实际研究中，交互项通常有多个，但 R^2 变化值仅有 1 个，如果使用 R^2 变化值判断调节效应，那么需要多次使用分层回归分析进行检验。多次使用分层回归分析进行检验使得输出结果较多且不便于文字分析，因此不建议使用这种检验方法。

第 2 种调节效应分析也可以使用分组回归分析进行分析。分组回归分析将样本拆分为多组，如果调节变量同上述例子中的国籍（"中国"、"美国"和"英国"），那么将样本拆分为 3 组进行分析。使用分组回归分析进行调节效应检验的具体方法是通过验证两两分组回归模型（"中国"、"美国"和"英国"共 3 个国籍，有 3 种组合对比），观察每个自变量对应的回归系数之间是否呈现出显著性差异（F 检验），如果呈现出显著性差异，那么说明有调节效应，反之则说明无调节效应。分组回归分析没有充分利用样本数据信息，因此在实际研究中使用相对较少，建议使用分层回归分析。

针对第 3 种调节效应分析，自变量 X 为分类数据，需要对其进行虚拟变量处理；调节变量 Z 为定量数据，需要对其进行标准化处理。在对自变量 X 进行虚拟变量处理和对调节

变量 Z 进行标准化处理后，类似第 2 种调节效应分析，还需要生成交互项（交互项不能再进行标准化处理），即虚拟变量处理后的自变量与标准化处理后的调节变量相乘。例如，自变量为国籍（"中国"、"美国"和"英国"），调节变量为定量数据，则交互项生成（X 为分类数据，Z 为定量数据）如表 6-4 所示。

表 6-4 交互项生成（X 为分类数据，Z 为定量数据）

编　　号	自变量为分类数据，虚拟变量处理	调节变量为定量数据，标准化处理	交　互　项
1	美国	Z_z	美国×Z_z
2	英国	Z_z	英国×Z_z

完成数据处理后，使用处理后的数据进行分层回归建模。类似第 2 种调节效应分析，完成分层回归建模后，通过交互项的显著性情况判断是否具有调节效应，如果交互项显著，则说明有调节效应，反之则说明无调节效应。与第 2 种调节效应分析类似，研究人员也可以通过 R^2 变化值的显著性情况判断是否具有调节效应。第 3 种调节效应分析和第 2 种调节效应分析的思路基本一致，均需要提前对数据进行虚拟变量处理或标准化处理，并且通过交互项或 R^2 变化值的显著性情况判断是否具有调节效应。

针对第 4 种调节效应分析，自变量 X 和调节变量 Z 均为定量数据，首先需要对 X 和 Z 进行标准化处理，然后使用标准化处理后的 X 与 Z 相乘，得到 X 与 Z 的交互项（交互项不能再进行标准化处理）。针对第 4 种调节效应分析，自变量 X 和调节变量 Z 均为定量数据，进行分析时可以将自变量 X 和调节变量 Z 进行分组处理（通常情况下以平均值或中位数为分组标准），即将自变量 X 和调节变量 Z 由定量数据转换为分类数据，也就是将第 4 种调节效应分析转换成第 1 种调节效应分析。

除了第 1 种调节效应分析外，另外 3 种调节效应分析基本类似，需要对数据进行虚拟变量处理或标准化处理，生成交互项，并且利用处理后的数据进行分层回归建模，最终通过交互项的显著性情况或 R^2 变化值的显著性情况进行调节效应检验。数据处理包括虚拟变量处理和标准化处理，并且进行虚拟变量处理和标准化处理后才能生成交互项，在模型中均使用处理后的数据。另外，在这 4 种调节效应分析中，均不需要对因变量 Y 进行处理。

6.3 案例解读：员工工作满意度对创新绩效的影响关系

本案例研究员工工作满意度对创新绩效的影响关系，并且以创新氛围为中介变量，问卷框架如表 6-5 所示。

表6-5　量表类问卷中介效应和调节效应研究案例：员工工作满意度对创新绩效的
影响关系问卷框架（以创新氛围为中介变量）

框 架 内 容		题　号	题　内　容
样本背景信息题		P1	性别
		P2	年龄
		P3	婚姻
		P4	教育程度
样本特征信息题		P5	职位
		P6	工作年限
		P7	企业性质
		P8	所在部门
核心变量题	个人发展	AA1	当前工作有利于我发挥个人才能
		AA2	我在工作中有自由运用个人判断力的机会
		AA3	我在工作中有可以按照个人方式处理事情的机会
		AA4	我能从当前工作中获得成就感
	工作特性	AB1	我目前的工作量适中
		AB2	我目前工作的稳定性良好
		AB3	我目前所处的工作环境及条件良好
		AB4	我与同事之间的人际关系和谐
	领导管理	AC1	上司对待下属的方式恰当
		AC2	上司的决策能力良好
		AC3	公司的管理方式合理
	工作回报	AD1	我的劳动付出与工作收入匹配
		AD2	我的工作能带给我晋升的机会
		AD3	我因工作出色而获得奖励或赞赏
	工作自由	BA1	我的工作内容有我可以自由发挥的空间
		BA2	我的工作十分具有挑战性
		BA3	我可以自由设定我的工作目标与进度
		BA4	我可以不受干扰独立地工作
		BA5	我的工作环境和谐良好、工作空间舒适自由，令人满意
		BA6	我可以自由安排与布置我的工作环境
		BA7	我的工作环境可以使我更有创意灵感
		BA8	在我的工作中，经常可以获得他人的肯定与支持
	团队合作	BB1	我的工作伙伴与团队成员能够相互支持与协助
		BB2	我的工作伙伴与团队成员能够多方讨论、交换心得
		BB3	我的工作伙伴与团队成员具有良好的共识与一致的目标
		BB4	我的工作伙伴与团队成员能够通过沟通协调解决问题与冲突

续表

框 架 内 容		题	题 内 容
核心变量题	创新绩效	C1	我因为提供创新建议而获得奖励
		C2	我能把创新性想法转换成实际应用
		C3	通过学习，我能提出一些独创性的解决问题的方案
		C4	我能用系统的方法介绍创新性的思想
		C5	我能使企业重要的组织成员关注创新性思维

　　根据员工工作满意度对创新绩效的影响关系问卷框架来看，P1～P4 是样本背景信息题，P5～P8 是样本特征信息题。AA1～C5 为核心变量题，这 31 个题全部为五级量表题（1 代表"非常不同意"，2 代表"比较不同意"，3 代表"一般"，4 代表"比较同意"，5 代表"非常同意"），均有参考量表。从问卷设计思路来看，自变量为员工工作满意度，并且员工工作满意度由 4 个变量表示，分别是个人发展、工作特性、领导管理、工作回报；中介变量为创新氛围，由 2 个变量表示，分别是工作自由和团队合作；因变量为创新绩效，不再细分变量。

　　此案例的核心研究思路是研究员工工作满意度对创新绩效的影响关系，以及在研究员工工作满意度 4 个变量对创新绩效的影响关系时，创新氛围的 2 个变量是否会起中介效应。另外，本案例还研究员工工作满意度 4 个变量在影响创新绩效时，性别是否具有调节效应，即对于不同性别的样本，员工工作满意度对创新绩效的影响幅度是否有着明显差异。

　　在本案例中，首先需要对样本背景信息题及样本特征信息题进行描述分析；然后需要进行信度分析和效度分析，虽然本案例的量表题均有参考量表，但结合具体样本情况，可能某些题并不适合，因此在使用探索性因子分析进行结构效度分析时，可能会对题进行删除处理，以达到更好的效度水平；完成信度分析和效度分析后，需要对变量进行描述性分析，计算各个变量（包括自变量、中介变量和因变量）的平均值，从而从整体上描述样本对各变量的态度情况；本案例最核心的分析内容为变量关系研究，首先使用相关分析研究变量之间的相关关系，然后使用多元线性回归分析研究自变量对因变量或自变量对中介变量的影响关系，最后进行中介效应分析和调节效应分析。

　　因为在第 5 章有相关内容说明，所以本案例省略样本背景分析、基本特征、行为分析及变量描述分析等内容。

6.3.1　使用探索性因子分析进行结构效度分析

　　在绝大多数情况下，在研究中介效应和调节效应时，量表均为经典量表。在实际研究中，量表可能没有良好的信度或效度，尤其是效度，在使用探索性因子分析进行结构效度分析时，需要将不合理的题删除后再进一步分析。

　　本节以员工工作满意度量表为例，使用探索性因子分析进行结构效度分析。在结构效度分析过程中涉及题的删除处理，因此信度分析应该在删除题后进行。通常情况下会先进行信度分析再进行效度分析，因为数据可信是基础，在数据可信的基础上才会讨论数据是否有效；但从分析报告顺序上看，信度分析也可以放在效度分析之后。结构效度分析通常使用探索性因子分析进行分析，通过探索性因子分析，得出因子（变量）与题的对应关系。研究人员也会有对因子（变量）与题对应关系的预期，如果软件生成的结果与预期基本一致，则说明具有良好的结构效度。使用探索性因子分析对员工工作满意度量表进行结构效度分析时，因子（变量）与题的对应关系最为重要，该对应关系可通过旋转成分矩阵体现。

从量表参考来源可知，员工工作满意度共分为 4 个变量（个人发展、工作特性、领导管理和工作回报），因此在使用探索性因子分析时，首先设置为生成 4 个因子，而不是由软件自动识别生成因子数量。第一次探索性因子分析旋转成分矩阵结果如表 6-6 所示。

表 6-6　员工工作满意度量表：第一次探索性因子分析旋转成分矩阵结果

题	因子			
	1	2	3	4
AA1 当前工作有利于我发挥个人才能	0.359	0.705	0.156	0.146
AA2 我在工作中有自由运用个人判断力的机会	0.118	0.792	0.236	−0.134
AA3 我在工作中有可以按照个人方式处理事情的机会	0.121	0.747	0.258	0.208
AA4 我能从当前工作中获得成就感	0.283	0.720	0.107	0.303
AB1 我目前的工作量适中	0.210	0.220	0.240	0.845
AB2 我目前工作的稳定性良好	0.096	0.181	0.809	0.105
AB3 我目前所处的工作环境及条件良好	0.321	0.092	0.726	0.255
AB4 我与同事之间的人际关系和谐	0.29	0.315	0.575	0.068
AC1 上司对待下属的方式恰当	0.458	0.366	0.615	0.057
AC2 上司的决策能力良好	0.602	0.318	0.439	−0.075
AC3 公司的管理方式合理	0.737	0.257	0.359	0.014
AD1 我的劳动付出与工作收入匹配	0.771	0.063	0.094	0.391
AD2 我的工作能带给我晋升的机会	0.798	0.177	0.193	0.152
AD3 我因工作出色而获得奖励或赞赏	0.734	0.315	0.240	0.088

在表 6-6 中，AA1～AA4 表示个人发展变量，并且这 4 个题合并在一起后，因子载荷系数值均大于 0.7，因此认为这 4 个题没有问题。AB1～AB4 表示工作特性变量，但 AB1 明显存在问题，其与 AB2～AB4 并没有对应同一个因子，而是单独对应一个因子，说明此题应该删除。AC1～AC3 表示领导管理变量，这 3 个题也有可能出现问题，AC1 同时对应着两个因子（对应两个因子时的因子载荷系数值均大于 0.4），对应因子 1 的载荷系数为 0.458，对应因子 3 的载荷系数值是 0.615；AC2 也同时对应着两个因子，对应因子 1 的载荷系数为 0.602，对应因子 3 的载荷系数是 0.439，因此 AC1 和 AC2 也应该值得关注。AD1～AD3 对应着同一个因子，没有问题。此外，AC1～AD3 均对应着同一个因子，这种情况也不应该被接受，但这是第一次探索性因子分析，上述分析已经发现 AB1 应该被删除，因此可以在将 AB1 删除后进行第二次探索性因子分析。第二次探索性因子分析旋转成分矩阵结果如表 6-7 所示。

表6-7 员工工作满意度量表：第二次探索性因子分析旋转成分矩阵结果

题	因 子			
	1	2	3	4
AA1 当前工作有利于我发挥个人才能	0.721	0.351	0.183	0.132
AA2 我在工作中有自由运用个人判断力的机会	0.787	0.049	0.143	0.210
AA3 我在工作中有可以按照个人方式处理事情的机会	0.739	0.072	0.320	0.132
AA4 我能从当前工作中获得成就感	0.736	0.296	0.202	0.057
AB2 我目前工作的稳定性良好	0.225	0.116	0.197	0.854
AB3 我目前所处的工作环境及条件良好	0.131	0.337	0.320	0.711
AB4 我与同事之间的人际关系和谐	0.264	0.112	0.648	0.303
AC1 上司对待下属的方式恰当	0.311	0.255	0.729	0.321
AC2 上司的决策能力良好	0.243	0.355	0.732	0.124
AC3 公司的管理方式合理	0.210	0.554	0.622	0.124
AD1 我的劳动付出与工作收入匹配	0.115	0.855	0.140	0.147
AD2 我的工作能带给我晋升的机会	0.201	0.788	0.246	0.190
AD3 我因工作出色而获得奖励或赞赏	0.312	0.663	0.371	0.153

在表 6-7 中，AB4 本应该与 AB2、AB3 对应同一个因子，但实际上却对应着另外一个因子，因此可以考虑将 AB4 删除后，再次进行探索性因子分析。AC3 对应着两个因子，但问题不大，原因在于 AC1～AC3 依然同属于一个因子。AD1～AD3 同属于一个因子，没有问题。在删除 AB4 后进行第三次探索性因子分析。第三次探索性因子分析旋转成分矩阵结果如表 6-8 所示。

表6-8 员工工作满意度量表：第三次探索性因子分析旋转成分矩阵结果

题	因 子			
	1	2	3	4
AA1 当前工作有利于我发挥个人才能	0.720	0.341	0.186	0.130
AA2 我在工作中有自由运用个人判断力的机会	0.792	0.057	0.098	0.212
AA3 我在工作中有可以按照个人方式处理事情的机会	0.752	0.069	0.281	0.156
AA4 我能从当前工作中获得成就感	0.739	0.292	0.193	0.063
AB2 我目前工作的稳定性良好	0.233	0.111	0.150	0.863
AB3 我目前所处的工作环境及条件良好	0.141	0.325	0.293	0.732
AC1 上司对待下属的方式恰当	0.342	0.233	0.688	0.380
AC2 上司的决策能力良好	0.257	0.266	0.819	0.181
AC3 公司的管理方式合理	0.222	0.496	0.680	0.167
AD1 我的劳动付出与工作收入匹配	0.111	0.857	0.161	0.139
AD2 我的工作能带给我晋升的机会	0.201	0.782	0.264	0.193
AD3 我因工作出色而获得奖励或赞赏	0.328	0.685	0.321	0.173

在表 6-8 中，除了 AC3 对应着两个因子（"双载荷"现象），其余题与因子对应关系均正常。虽然 AC3 出现"双载荷"现象，但是它依然与 AC1、AC2 对应着同一个因子，因此结果可以接受。最终验证员工工作满意度量表具有良好的结构效度。题与因子对应关系是结构效度分析最关键的部分，在进行结构效度分析时，还可以对探索性因子分析的其余指标进行综合说明，如 KMO 值、Bartlett 球形检验对应的 P 值、方差解释率、特征根值等（具体可以参考第 5 章内容）。

在实际研究过程中，研究人员需要进行多次分析，将对应关系出现问题的题删除。并且在其他的研究（如信度分析）中，也应该对删除后的题进行分析。

使用探索性因子分析进行结构效度分析时，处理方法并不固定，同样一份数据，可能会有多种删除结果，研究人员需要根据具体情况进行处理，并且对处理过程进行描述。通常情况下，删除题后每个变量应该至少还有 2 个题表示，最好有 3 个题或更多题。

6.3.2 分析自变量 X 员工工作满意度对因变量 Y 创新绩效的回归影响关系

完成信度分析和效度分析后，还应该对变量的回归影响关系进行分析，然后再进行中介效应分析和调节效应分析。在进行中介效应分析前，应该先进行回归影响关系分析。回归影响关系分析共包括 3 项，分别是自变量 X 对因变量 Y 的回归影响关系，中介变量 M 对因变量 Y 的回归影响关系，以及自变量 X 对中介变量 M 的回归影响关系。在进行调节效应分析前，应该先分析自变量 X 对因变量 Y 的回归影响关系，不需要分析自变量 X 对调节变量 Z、调节变量 Z 对因变量 Y 的回归影响关系，然后分析交互项对因变量 Y 的回归影响关系。

针对本案例的中介效应分析，首先分析自变量 X 员工工作满意度对应的 4 个变量分别对因变量 Y 创新绩效的回归影响关系，然后分析中介变量 M（2 个变量）创新氛围对因变量 Y 创新绩效的回归影响关系，最后分析自变量 X 员工工作满意度对应的 4 个变量对中介变量 M 创新氛围（2 个变量）的回归影响关系。

针对本案例的调节效应分析，首先分析自变量 X 员工工作满意度对因变量 Y 创新绩效的回归影响关系，不需要分析自变量 X 员工工作满意度对调节变量 Z 性别的回归影响关系，也不需要分析调节变量 Z 性别对因变量 Y 创新绩效的回归影响关系，然后分析交互项（即自变量 X 员工工作满意度与调节变量 Z 性别的交互项）对因变量 Y 的回归影响关系。

对于本案例中 3 个量表的回归影响关系表格及文字说明，本节不单独进行展示，读者可参考第 5 章相关内容。

6.3.3 分析团队合作是否起着中介效应

本节主要进行中介效应分析。本案例涉及 3 个量表，分别为员工工作满意度量表、创新氛围量表和创新绩效量表。其中员工工作满意度量表分为 4 个变量，分别为个人发展、工作特性、领导管理和工作回报；创新氛围量表分为 2 个变量，分别为工作自由和团队合作;创新绩效不再继续细分二级维度。在研究时,自变量 X 为员工工作满意度(4 个变量),中介变量 M 为创新氛围(2 个变量),因变量 Y 为创新绩效。中介变量有 2 个变量,本案例仅以团队合作变量为例进行中介效应分析。

在进行中介效应分析前,首先应该对自变量 X(4 个变量)、中介变量 M(2 个变量)和因变量 Y 分别进行数据标准化处理。处理完成后使用分层回归分析进行中介效应分析。如果在进行分层回归分析时显示某个自变量 X 对因变量 Y 无影响关系,那么也不可能有对应的中介效应,可以直接放弃对该自变量的中介效应分析,即不纳入模型中(纳入也没有问题)。将 SPSS 软件输出的结果进行整理汇总并进行中介效应分析。中介效应分析结果如表 6-9 所示。

表 6-9　中介效应分析结果

模　　型	模型 1		模型 2		模型 3	
	创新绩效		创新绩效		团队合作	
	B	标准误	B	标准误	B	标准误
常数	0.000	0.041	0.000	0.040	0.000	0.036
个人发展	0.316**	0.054	0.223**	0.055	0.308**	0.047
工作特性	0.219**	0.053	0.165**	0.052	0.177**	0.046
领导管理	−0.075	0.067	−0.137*	0.066	0.202**	0.058
工作回报	0.244**	0.059	0.191**	0.058	0.174**	0.051
团队合作	—	—	0.304**	0.057	—	—
R^2	0.341		0.386		0.506	
调整 R^2	0.334		0.378		0.501	
F 值	49.572**		48.186**		98.287**	
ΔR^2	0.341		0.046		—	
ΔF 值	49.572**		28.463**		—	

* $P<0.05$,** $P<0.01$。

下面分析个人发展、工作特性、领导管理、工作回报在影响创新绩效的过程中,团队合作是否起着中介效应。中介效应分析共涉及 3 个模型,模型 1 的因变量为创新绩效,自变量为个人发展、工作特性、领导管理、工作回报;模型 2 是在模型 1 的基础上在自变量中加入中介变量团队合作;模型 3 的因变量是团队合作,自变量为个人发展、工作特性、领导管理、工作回报。

模型 1 和模型 2 是使用分层回归分析构建的,从模型 1 向模型 2 变化时,主要变化在于模型 2 在模型 1 的基础上,将中介变量团队合作放入模型中,因此会涉及 ΔR^2 和 ΔF 这两个指标。从模型 1 向模型 2 变化时,ΔR^2(R^2 变化值,即模型 2 的 R^2 减去模型 1 的 R^2)为 0.046,ΔF(F 变化值,该值并非模型 2 的 F 值减去模型 1 的 F 值)为 28.463,并且呈现出显著性。模型 3 使用普通回归分析构建。由于所有变量均经过标准化处理,因此从表 6-9 中可以看出常数的回归系数 B 值为 0.000,在实际研究中通常不会列出常数这一行数据。另外，在表 6-9 中列出了标准误值，原因在于在具体研究中可能会涉及 Sobel 检验（本案例并不涉及此检验）。具体中介效应检验应该严格按照中介效应检验步骤进行。

下面分析在个人发展对创新绩效的影响过程中，团队合作是否起着中介效应。在模型 1 中，个人发展呈现出 0.01 水平的显著性，说明其会对创新绩效产生显著的影响关系。在模型 3 中，个人发展也呈现出 0.01 水平的显著性，并且在模型 2 中团队合作也呈现出 0.01 水平的显著性，说明中介效应存在。最后检验是部分中介效应还是完全中介效应。在模型 2 中，个人发展也呈现出 0.01 水平的显著性，说明为部分中介效应，即在个人发展对创新绩效的影响过程中，一部分是自身影响的，还有一部分是通过团队合作影响的。

下面分析在工作特性对创新绩效的影响过程中，团队合作是否起着中介效应。在模型 1 中，工作特性呈现出 0.01 水平的显著性，说明其会对创新绩效产生显著的影响关系。在模型 3 中，工作特性呈现出 0.01 水平的显著性，并且在模型 2 中团队合作也呈现出 0.01 水平的显著性，说明中介效应存在。最后检验是部分中介效应还是完全中介效应。在模型 2 中，工作特性也呈现出 0.01 水平的显著性，说明为部分中介效应，即在工作特性对创新绩效的影响过程中，一部分是自身影响的，还有一部分是通过团队合作影响的。

下面分析在领导管理对创新绩效的影响过程中，团队合作是否起着中介效应。在模型 1 中，领导管理并没有呈现出显著性，说明其并不会对创新绩效产生显著的影响关系，更不会有中介效应，因此中介效应分析结束。（前面的回归分析也显示领导管理不会对创新绩效产生影响关系，因此领导管理可以直接不纳入模型中，这里将该变量纳入中介效应模型是出于完整性考虑。）

下面分析在工作回报对创新绩效的影响过程中，团队合作是否起着中介效应。在模型 1 中，工作回报呈现出 0.01 水平的显著性，说明其会对创新绩效产生显著的影响关系。在模型 3 中，工作回报呈现出 0.01 水平的显著性，并且在模型 2 中，团队合作也呈现出 0.01 水平的显著性，说明中介效应存在，最后检验是部分中介效应还是完全中介效应。在模型 2 中，工作回报也呈现出 0.01 水平的显著性，说明为部分中介效应，即在工作回报对创新绩效的影响过程中，一部分是自身影响的，还有一部分是通过团队合作影响的。

如果研究中涉及 Sobel 检验，那么应该使用 Sobel 检验公式 $(a \times b) / \sqrt{a^2 s_b^2 + b^2 s_a^2}$，其中，$s_a$ 为回归系数 a 对应的标准误，s_b 为回归系数 b 对应的标准误。计算得到一个数值，并且将其与 1.96 这一临界值进行对比，如果绝对值大于 1.96，则说明显著，为部分中介效应；反之则说明不存在中介效应。例如，如果在表 6-9 中个人发展变量涉及 Sobel 检验（提示：仅举例），那么具体计算应为 $(0.308 \times 0.304) / \sqrt{0.308^2 \times 0.057^2 + 0.304^2 \times 0.047^2}$（此处 a 值为 0.308，s_a 值为 0.047，b 值为 0.304，s_b 值为 0.057，具体 a 值和 b 值分别代表的意义请参考图 6-4；s_a 为回归系数 a 对应的标准误，s_b 为回归系数 b 对应的标准误）。

6.3.4 分析性别变量的调节效应

完成对本案例的中介效应分析后，下面进行调节效应分析。本节研究员工工作满意度

（个人发展、工作特性、领导管理和工作回报）对创新绩效的影响关系，并且分析性别变量的调节效应，这里设置以"女性"为参照项。将 SPSS 软件生成的表格结果进行整理汇总并进行调节效应分析。调节效应分析结果如表 6-10 所示。

表 6-10　调节效应分析结果

模　　型	模型 1		模型 2	
	B	标准误	*B*	标准误
常数	3.933**	0.043	3.965**	0.043
个人发展	0.211**	0.036	0.127**	0.064
工作特性	0.152**	0.036	0.128**	0.057
领导管理	−0.058	0.045	−0.012	0.072
工作回报	0.158**	0.04	0.011	0.07
性别	−0.250**	0.057	−0.273**	0.056
个人发展*性别	—		0.12	0.077
工作特性*性别	—		0.031	0.073
领导管理*性别	—	—	−0.055	0.092
工作回报*性别	—	—	0.198**	0.085
R^2	0.372		0.400	
调整 R^2	0.364		0.386	
F 值	45.369**		28.105**	
ΔR^2	—		0.028	
ΔF 值	—		4.470**	

** $P<0.01$。

在本案例中，自变量 X 为定量数据，调节变量 Z（性别）为分类数据，因此应该使用 6.2.3 节中提到的第 2 种调节效应分析方法。在进行调节效应分析前，应该对自变量（个人发展、工作特性、领导管理、工作回报）进行标准化处理，对调节变量（性别）进行虚拟变量处理，并且生成相应的交互项。因变量创新绩效不需要进行标准化处理。

调节效应分析使用分层回归分析进行分析，分层回归分析共涉及 2 个模型。根据表 6-10 可知，模型 1 将个人发展、工作特性、领导管理、工作回报作为自变量，将调节变量性别纳入模型，并且将创新绩效作为因变量；模型 2 在模型 1 的基础上将个人发展、工作特性、领导管理、工作回报与性别的交互项作为自变量纳入模型。由模型 1 可以看出，个人发展、工作特性和工作回报均会对创新绩效产生显著的正向影响关系。领导管理并不会对创新绩效产生影响关系，在研究时，领导管理变量可以不放入模型中。

调节效应检验有 2 种方法，第 1 种是判断交互项的显著性；第 2 种是判断ΔF 值的显著性。表 6-10 中的ΔF 值为 4.470，并且呈现出 0.01 水平的显著性，说明具有调节效应，但是性别对 4 个变量中具体哪一个变量有着调节效应，依然需要看交互项的显著性。建议直接通过判断交互项的显著性进行调节效应检验，如果交互项呈现出显著性，那么说明具有调节效应，然后根据交互项的正负号判断调节效应的方向。

通过具体分析发现，个人发展、工作特性、领导管理与性别的交互项均没有呈现出显著性，说明在个人发展、工作特性、领导管理对创新绩效的影响过程中，性别均不具有调节效应；工作回报与性别的交互项呈现出 0.01 水平的显著性，并且交互项的回归系数值为 0.198，大于 0，说明在工作回报对创新绩效的影响过程中，性别具有正向调节效应；由于性别以"女性"为参照项，因此说明在工作回报对创新绩效的影响过程中，男性比女性的影响程度更大。

本案例研究在员工工作满意度对创新绩效的影响过程中，创新氛围是否起着中介效应，性别是否具有调节效应。研究发现，个人发展、工作特性和工作回报均会对创新绩效产生显著的正向影响关系，领导管理不会对创新绩效产生影响关系；在个人发展、工作特性和工作回报对创新绩效的影响过程中，团队合作均起着部分中介效应；在工作回报对创新绩效的影响过程中，性别具有调节效应，男性比女性在工作回报对创新绩效的影响上幅度更高；而在个人发展和工作特性对创新绩效的影响过程中，性别不具有调节效应。

第**7**章

量表类问卷权重研究

对于量表类问卷，指标权重计算在学术研究和企业研究中较为常见。量表类问卷权重研究的重心在于各个指标的权重得分，而非影响关系，通过计算各个指标或题的权重得分，构建完善的权重体系，并且结合各指标权重情况提出科学的建议。权重研究的分析方法非常多，但均是针对量表类问卷的，基本无法对非量表类问卷进行权重体系构建。量表类问卷的权重体系常见的有企业财务竞争力体系、绩效权重体系或管理者领导力权重体系等。

量表类问卷权重研究的分析方法通常情况下可以分为两类，即主观评价法和客观评价法。主观评价法包括专家咨询法、AHP 层次分析法等，专家咨询法是由多位专家共同讨论决定各指标的权重值情况；AHP 层次分析法也是利用专家打分，并且通过数据计算最终生成各指标的权重值。客观评价法包括因子分析法、熵值法等，因子分析法和熵值法直接使用收集的数据进行计算，最终生成各指标的权重值。

主观评价法和客观评价法各有利弊。主观评价法使用专家意见，相对来讲具有权威性，但同时也带有主观判断因素。客观评价法完全使用收集的数据进行分析，更加客观，但其权威性会受到较多质疑。研究人员可以综合主观评价法和客观评价法的利弊，使用组合赋值法，将主观评价法（通常为 AHP 层次分析法）和客观评价法（通常为因子分析法或熵值法）的权重进行综合，生成最终的权重体系。

权重体系的构建有很多种方法，从实际问卷研究来看，AHP 层次分析法、因子分析法和熵值法的使用较为广泛，综合主观评价法和客观评价法后的组合赋值法的应用也较多。因子分析法可以使用 SPSS 软件计算权重。在使用因子分析法生成结果后，结合少量数据计算生成权重体系。AHP 层次分析法、熵值法、组合赋值法均无法直接使用 SPSS 软件进行计算。AHP 层次分析法通常可以使用 Excel 进行矩阵计算，但操作较为复杂，用户可以使用 SPSSAU 软件进行计算。熵值法的计算相对简单，直接使用 Excel 软件即可，也可使用 SPSSAU 软件进行计算。组合赋值法是在主观评价法（通常是 AHP 层次分析法）和客观评价法（通常是因子分析法或熵值法）的权重结果基础上，综合计算出最终权重体系的方法，其计算方法相对简单，可以直接使用 Excel 软件完成。

AHP 层次分析法、熵值法和组合赋值法均无法通过 SPSS 软件完成，AHP 层次分析法和熵值法可通过 SPSSAU 软件进行分析，请参考 17.3 节和 17.4 节内容。本章主要对因子分析法进行说明，分别从分析思路、分析方法、案例解读共 3 个模块进行阐述。

7.1 分析思路

量表类问卷权重研究分析思路通常分为 8 部分，分别是样本背景分析，样本特征、行为分析，指标归类分析，信度分析，效度分析，权重体系研究，变量描述分析和差异分析，如图 7-1 所示。

（1）样本背景分析和样本特征、行为分析。这两部分与第 5 章类似，使用频数分析和描述性分析了解样本的背景信息情况及样本的基本特征、行为现状和基本态度情况。

（2）指标归类分析。指标归类分析就是使用探索性因子分析研究量表题，即对需要计算权重值的题进行分析，探索得到几个因子，并且在后续权重体系研究中，使用探索性因子分析进行权重体系构建。在本研究分析思路中，探索性因子分析承载着两种功能，一是探索因子，二是权重体系构建。可以将指标归类分析和权重体系研究合并为一个整体进行解读，如果合并为一个整体，那么信度分析和效度分析应该放置在其前面。

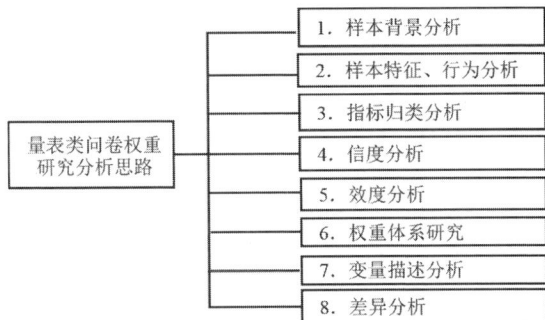

图 7-1 量表类问卷权重研究分析思路

（3）信度分析和效度分析。在完成指标归类分析后，进行信度分析和效度分析，证明研究数据的可靠性和有效性。

（4）权重体系研究。此部分内容为核心研究内容，研究人员应该重视此部分。本章讨论的权重体系构建是使用探索性因子分析进行的。

针对探索性因子分析的详细说明，读者可以参考第 5 章内容。需要特别注意的是，在使用探索性因子分析进行权重体系构建时，需要使用成分得分系数矩阵（因子得分系数矩阵）结果，因此此部分在进行探索性因子分析时应该对 SPSS 软件的输出选项进行手动设置（SPSS 软件默认不输出成分得分系数矩阵），即在进行探索性因子分析时，单击"因子分析"对话框右侧的"得分"按钮，在弹出的"因子分析：因子得分"对话框中勾选"显示因子得分系数矩阵"复选框。如果研究人员希望得到综合得分数据，那么应该在"因子分析：因子得分"对话框中勾选"保存为变量"复选框，并且设置默认方法为"回归"（SPSS 软件默认不输出综合评价得分），然后进行相应计算，生成最终综合得分数据。综合得分数据在问卷研究中的使用频率极低。

（5）变量描述分析。在完成最为核心的权重体系构建后，需要继续深入研究样本对各指标变量的基本态度情况。通过计算平均值了解样本对各指标变量的基本态度情况。此部分具体可参考第 5 章内容。

（6）差异分析。如果需要对比不同背景的样本对各指标变量的态度差异，那么可以使用方差分析或独立样本 t 检验。此部分具体可参考第 5 章内容。

7.2 分析方法

本节详细介绍量表类问卷权重研究分析思路涉及的分析方法。在第 5 章和第 6 章已经对频数分析、描述性分析、信度分析、差异分析等进行了详细说明，本节进一步说明探索性因子分析并使用探索性因子分析进行权重体系构建。量表类问卷权重研究分析思路与分析方法的对应关系如图 7-2 所示。

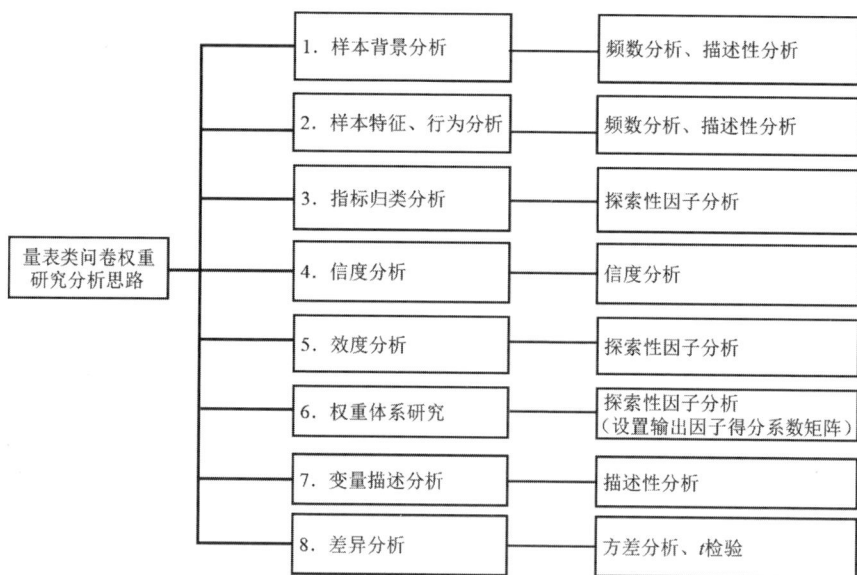

图 7-2 量表类问卷权重研究分析思路与分析方法的对应关系

7.2.1 指标归类分析

探索性因子分析共有 3 种功能，分别是探索因子、结构效度分析和指标权重计算，量表类问卷权重研究会同时使用这 3 种功能。

使用探索性因子分析的第 1 种功能，即探索因子功能，进行指标归类分析。探索因子的作用在于将多个题浓缩为少数几个因子，将题用几个因子进行概括。在进行探索性因子分析的过程中，切记要将"张冠李戴"的题和"纠缠不清"的题删除。此部分的详细说明可参考第 5 章。最终此部分得到的结论应该涵盖探索得到的所有因子情况，包括每个因子的命名及因子与题之间的对应关系等，从而为权重体系研究做好准备。权重体系研究使用探索性因子分析的理论知识构建公式，并且进行指标权重计算。

7.2.2 效度分析

在进行指标归类分析后，继续进行效度分析。效度分析的目的在于说明量表的有效性，即题是否可以有效地表达变量的概念信息。事实上，如果完成指标归类分析，则说明每个变量与题之间均有着良好的对应关系，也说明量表有效，因此此部分仅是重复工作，将表格整理规范。有时也可以放弃此部分。

7.2.3 使用因子分析法进行权重体系构建

使用因子分析法进行权重体系构建分为四步，第一步为探索性因子分析，第二步为因子权重计算，第三步为因子表达式计算，第四步为综合得分计算。使用因子分析法进行权重体系构建的分析步骤如图 7-3 所示。

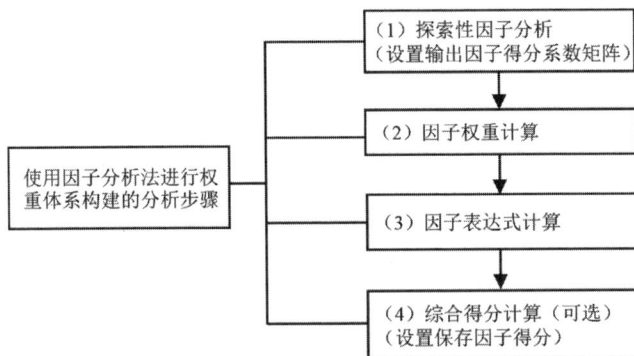

图 7-3 使用因子分析法进行权重体系构建的分析步骤

（1）探索性因子分析。使用探索性因子分析的探索因子功能时，应该设置输出因子得分系数矩阵，此表格能帮助我们构建因子与题的关系表达式。在 SPSS 软件中的操作为：单击"因子分析"对话框右侧的"得分"按钮，在弹出的"因子分析：因子得分"对话框中勾选"显示因子得分系数矩阵"复选框。

如果需要计算综合得分，那么应该设置保存因子得分。在 SPSS 软件中的操作为：在进行探索性因子分析时，单击"因子分析"对话框右侧的"得分"按钮，在弹出的"因子分析：因子得分"对话框中勾选"保存为变量"复选框，并且设置默认方法为"回归"（SPSS软件默认不输出）。设置保存因子得分的目的在于生成各因子得分数据，并且为后续计算综合得分做好准备，SPSS 软件默认不生成因子得分，手动设置后，会在 SPSS 软件生成的数据中多生成几列数据。SPSS 软件默认生成的各因子得分数据的名称通常以"FAC"开头。

（2）因子权重计算。完成上一步探索性因子分析后，会生成"解释的总方差"表格，如表 7-1 所示。

表 7-1 解释的总方差

成分	初始特征值			提取平方和载入			旋转平方和载入		
	合计	方差解释率（%）	累积（%）	合计	方差解释率（%）	累积（%）	合计	方差解释率（%）	累积（%）
1	5.130	42.749	42.749	5.130	42.749	42.749	2.808	23.397	23.397
2	1.803	15.028	57.777	1.803	15.028	57.777	2.295	19.126	42.523
3	1.250	10.413	68.190	1.250	10.413	68.190	2.051	17.090	59.613
4	0.982	8.180	76.370	0.982	8.180	76.370	2.011	16.756	76.370
5	0.526	4.382	80.752	—	—	—	—	—	—
6	0.477	3.972	84.724	—	—	—	—	—	—
7	0.448	3.729	88.453	—	—	—	—	—	—
8	0.353	2.942	91.396	—	—	—	—	—	—

成分	初始特征值			提取平方和载入			旋转平方和载入		
	合计	方差解释率（%）	累积（%）	合计	方差解释率（%）	累积（%）	合计	方差解释率（%）	累积（%）
9	0.316	2.630	94.026	—	—	—	—	—	—
10	0.294	2.453	96.479	—	—	—	—	—	—
11	0.231	1.928	98.407	—	—	—	—	—	—
12	0.191	1.593	100.000	—	—	—	—	—	—

提取方法：主成分分析。

根据表 7-1 可知，本次分析共探索出 4 个因子，经过因子旋转后这 4 个因子的方差解释率分别是 23.397%、19.126%、17.090% 和 16.756%，这 4 个因子的总共累积方差解释率为 76.370%。方差解释率代表因子对题信息的解释程度，如方差解释率为 23.397% 说明因子 1 解释所有题 23.397% 的信息量，此案例中的 4 个因子共解释所有题 76.370% 的信息量。

然后进行因子权重表达式研究。这 4 个因子共解释所有题 76.370% 的信息量，但在实际研究中会认为因子代表所有题（总方差解释率应该为 100%，而非 76.370%），因此，此处需要进行加权换算操作，即 4 个因子的方差解释率分别为：23.397%/76.370%=30.636%，19.126%/76.370%=25.044%，17.090%/76.370%=22.378%，16.756%/76.370%=21.941%。此步骤的目的在于将 4 个因子的方差解释率进行加权处理，即最终 4 个因子的方差解释率相加为 1，相当于用 4 个因子表达所有题的信息。本案例中的 4 个因子在进行加权处理后的方差解释率分别是：30.636%、25.044%、22.378% 和 21.941%。

经过上一步加权换算操作后，事实上已经清楚地得出 4 个因子的权重系数，即加权处理后的方差解释率，分别是 30.636%、25.044%、22.378% 和 21.941%。这 4 个因子的权重系数的和为 1，可以直接对比大小，因子 1 的权重最高，为 30.636%；因子 4 的权重最低，为 21.941%。在此之后，即可写出综合得分表达式：F（综合得分）=30.636%×因子 1+25.044%×因子 2+22.378%×因子 3+21.941%×因子 4，其中，因子 1、因子 2、因子 3 和因子 4 是 SPSS 软件直接生成的因子得分值。综合得分计算表达式在第四步还会继续使用。对因子权重计算而言，此步骤为核心步骤。

（3）因子表达式计算。此步骤的目的在于生成因子与题之间的关系表达式，并且可以直观地分析出题对因子的重要程度。因子表达式的生成需要结合成分得分系数矩阵进行。成分得分系数矩阵需要研究人员主动设置才会输出（SPSS 软件默认不输出）。输出的成分得分系数矩阵如表 7-2 所示。

表 7-2　成分得分系数矩阵

题　编　号	成　分			
	1	2	3	4
A1	0.466	0.027	-0.341	-0.021
A2	0.313	-0.080	-0.039	0.037
A3	0.270	-0.154	0.038	0.111
A4	0.265	0.065	0.037	-0.173
B1	-0.021	0.506	-0.174	-0.075
B2	-0.048	0.483	-0.084	-0.118
B3	-0.051	0.247	0.068	0.039
C1	-0.001	-0.066	0.500	-0.253
C2	-0.085	0.021	0.382	-0.006
C3	-0.218	-0.137	0.457	0.212
D1	-0.008	-0.063	-0.163	0.527
D2	-0.013	-0.054	-0.025	0.435

提取方法：主成分分析；旋转法：具有 Kaiser 标准化的正交旋转法；构成得分。

表 7-2 为成分得分系数矩阵，又被称为因子得分系数矩阵。生成此表格的目的是建立因子与题的关系表达式。4 个因子与题的线性关系表达式分别为：

因子 1=0.466×A1+0.313×A2+0.270×A3+0.265×A4-0.021×B1-0.048×B2-0.051×B3-0.001×C1-0.085×C2-0.218×C3-0.008×D1-0.013×D2

因子 2=0.027×A1-0.080×A2-0.154×A3+0.065×A4+0.506×B1+0.483×B2+0.247×B3-0.066×C1+0.021×C2-0.137×C3-0.063×D1-0.054×D2

因子 3=-0.341×A1-0.039×A2+0.038×A3+0.037×A4-0.174×B1-0.084×B2+0.068×B3+0.500×C1+0.382×C2+0.457×C3-0.163×D1-0.025×D2

因子 4=-0.021×A1+0.037×A2+0.111×A3-0.173×A4-0.075×B1-0.118×B2+0.039×B3-0.253×C1-0.006×C2+0.212×C3+0.527×D1+0.435×D2

上述为 4 个因子分别与所有题的线性关系表达式。根据笔者的研究经验，上述 4 个表达式意义有限，研究人员仅可以从中看出题与因子的关系程度，如 A1 与因子 1 关系最为紧密（系数为 0.466），除此之外没有其他意义。

（4）综合得分计算。此步骤为可选项，在问卷研究中使用相对较少，如果研究人员没有相关需要，那么可以省略此步骤。如果需要研究企业的财务数据，那么可能涉及企业综合竞争力排名问题。综合竞争力情况由综合得分表示，综合得分越高，说明企业综合竞争力越高，反之说明企业综合竞争力越低。但对问卷而言，填写问卷的样本为个体，这种比较通常没有实际意义。但在其他研究中（如研究对象为企业），综合得分具有对比意义，因此可以将综合得分作为因变量 Y，研究自变量 X 对综合得分的影响关系。

关于综合得分的计算公式，在本例中应该为 F（综合得分）=30.636%×因子 1+25.044%×因子 2+22.378%×因子 3+21.941%×因子 4，其中，因子 1、因子 2、因子 3 和因子 4 是 SPSS 软件直接生成的因子得分值，并且通常名称以"FAC"开头，此数据需要研究人员自行设定，SPSS 软件中的操作步骤为：单击"因子分析"对话框右侧的"得分"按钮，在弹出的"因子分析：因子得分"对话框中勾选"保存为变量"复选框，并且设置默认方法为"回归"（SPSS 软件默认不输出）。具体综合得分需要研究人员自行计算，以得到最终综合得分数据。

虽然因子权重计算能得到因子的权重系数，但是无法得到每个题的权重系数。在实际研究中，可以使用熵值法进行题的权重系数计算，并且结合探索性因子分析得到的各因子权重系数，最终构建更完善的权重体系。另外，AHP 层次分析法的使用也较为广泛，首先使用探索性因子分析探索得到因子，然后利用专家打分建立打分矩阵，最后计算因子的权重系数。对这种分析方法的详细操作步骤有兴趣的读者可以阅读相关资料。因子与题的线性关系表达式可以用于展示分析过程，并且对题与因子的关系情况做进一步剖析。如果希望进行更深入的权重计算，那么可以结合组合赋值法进行分析。

综合得分是对所有题的概括表示，可以将其看作因变量 Y（研究人员可以结合具体研究对其命名，如综合竞争力、综合满意度、综合影响力等），并且使用回归分析研究其他相关项对它的影响情况。

7.3 案例解读：构建员工满意度权重体系

本案例用于构建员工满意度权重体系，共涉及 12 个核心变量题，并且核心变量题全部使用五级量表，此外还包括 3 个样本背景信息题。构建员工满意度权重体系问卷框架如表 7-3 所示。

表 7-3　量表类问卷权重研究案例：构建员工满意度权重体系问卷框架

框 架 内 容	题　　号	题　内　容
样本背景信息题	P1	性别
	P2	年龄
	P3	工作年限
核心变量题	A1	休假制度
	A2	资金制度
	A3	工资水平
	A4	晋升制度
	B1	上司个人领导风格
	B2	上司管理水平
	B3	管理制度

框 架 内 容	题　号	题　内　容
核心变量题	C1	员工建议采纳情况
	C2	员工参与管理情况
	C3	工作才能充分发挥情况
	D1	工作挑战性
	D2	工作趣味性

由于篇幅限制，此问卷较为简单。笔者已经对此问卷进行过编辑，这 12 个核心变量题不再需要进行删除题处理。本案例首先对样本背景信息题进行分析，其次使用探索性因子分析进行因子探索，然后进行信度分析和效度分析，最后构建员工满意度权重体系，并且具体分析样本对这 12 个核心变量题的整体态度情况，此处使用描述性分析即可。也可以分别分析不同背景（性别、年龄、工作年限）的样本对这 12 个核心变量题的态度差异情况。

样本背景分析、信度分析、变量描述分析和差异分析已经在第 5 章中进行了详细说明，此处不再赘述。

7.3.1　使用探索性因子分析进行因子探索

量表类问卷权重研究需要进行探索性因子分析（使用探索性因子分析的探索因子功能），从而删除不合理的题（包括因子载荷系数较低、"张冠李戴"和"纠缠不清"的题），最终得到因子与题的对应关系。本节对探索性因子分析涉及的旋转成分矩阵进行详细说明，并且归纳出因子与题的对应关系。本案例的旋转成分矩阵如表 7-4 所示。

表 7-4　旋转成分矩阵 [1]

题	成　分			
	1	2	3	4
A1 休假制度	0.875	0.115	−0.085	0.075
A2 资金制度	0.784	0.087	0.272	0.203
A3 工资水平	0.753	0.024	0.356	0.311
A4 晋升制度	0.721	0.262	0.355	−0.066
B1 上司个人领导风格	0.108	0.903	0.064	0.166
B2 上司管理水平	0.096	0.875	0.159	0.105
B3 管理制度	0.190	0.624	0.347	0.315
C1 员工建议采纳情况	0.399	0.114	0.772	−0.201
C2 员工参与管理情况	0.269	0.346	0.689	0.224
C3 工作才能充分发挥情况	0.014	0.140	0.675	0.477

续表

题	成分			
	1	2	3	4
D1 工作挑战性	0.100	0.167	−0.018	0.877
D2 工作趣味性	0.204	0.235	0.198	0.798

提取方法：主成分分析；旋转法：具有 Kaiser 标准化的正交旋转法。

1. 旋转在 6 次迭代后收敛。

根据表 7-4 可知，员工满意度量表共探索出 4 个因子，这 4 个因子对应的题数量分别为 4 个、3 个、3 个和 2 个。因子与题的对应关系如表 7-5 所示。

表 7-5　因子与题的对应关系

因子 1（福利待遇）	因子 2（管理及制度）	因子 3（员工自主性）	因子 4（工作性质）
A1 休假制度	B1 上司个人领导风格	C1 员工建议采纳情况	D1 工作挑战性
A2 资金制度	B2 上司管理水平	C2 员工参与管理情况	D2 工作趣味性
A3 工资水平	B3 管理制度	C3 工作才能充分发挥情况	—
A4 晋升制度	—	—	—

表 7-5 归纳出因子与题的对应关系，并且分别对 4 个因子命名，分别是福利待遇、管理及制度、员工自主性和工作性质。

使用探索性因子分析进行因子探索，得出因子与题的对应关系，并且对因子命名，为后续权重计算做好了准备工作。通常探索性因子分析的探索因子功能应该在信度分析和效度分析之前进行，在 7.3.2 节会对本案例进行结构效度分析。

7.3.2　使用探索性因子分析进行结构效度分析

本节使用探索性因子分析进行结构效度分析，本案例将探索性因子分析生成的表格结果进行整理归纳，得到"结构效度分析汇总"表格，如表 7-6 所示。

表 7-6　结构效度分析汇总

因子（变量）	题	因子载荷系数			
		1	2	3	4
福利待遇	A1 休假制度	0.875	0.115	−0.085	0.075
	A2 资金制度	0.784	0.087	0.272	0.203
	A3 工资水平	0.753	0.024	0.356	0.311
	A4 晋升制度	0.721	0.262	0.355	−0.066
管理及制度	B1 上司个人领导风格	0.108	0.903	0.064	0.166
	B2 上司管理水平	0.096	0.875	0.159	0.105
	B3 管理制度	0.190	0.624	0.347	0.315

续表

因子（变量）	题	因子载荷系数			
		1	2	3	4
员工自主性	C1 员工建议采纳情况	0.399	0.114	0.772	−0.201
	C2 员工参与管理情况	0.269	0.346	0.689	0.224
	C3 工作才能充分发挥情况	0.014	0.140	0.675	0.477
工作性质	D1 工作挑战性	0.100	0.167	−0.018	0.877
	D2 工作趣味性	0.204	0.235	0.198	0.798
特征根值		2.808	2.295	2.051	2.011
方差解释率（%）		23.397	19.126	17.090	16.756
累积方差解释率（%）		23.397	42.523	59.613	76.370
KMO 值		0.833			
Bartlett 球形检验	近似卡方	913.723			
	Sig.	0.000			

根据表 7-6 可知，对员工满意度量表来讲，在使用探索性因子分析进行结构效度分析时，KMO 值是 0.833，大于 0.7，并且通过了 Bartlett 球形检验，说明量表题具有良好的结构效度。探索性因子分析探索出的 4 个因子旋转后的方差解释率分别为：23.397%、19.126%、17.090% 和 16.756%，总共累积方差解释率为 76.370%，说明因子可以有效地解释量表题信息。另外，各题对应的因子载荷系数值均大于 0.6，最小值为 0.624，题与因子之间均有着良好的对应关系，题与因子的对应关系符合专业知识情况，综合说明员工满意度量表具有良好的结构效度，研究数据可用于后续研究。

7.3.3 因子权重计算和因子表达式计算

在完成探索性因子分析，并且对量表进行信度分析和效度分析后，本节会进行员工满意度量表权重体系构建。权重体系构建通常包括探索性因子分析、因子权重计算、因子表达式计算和综合得分计算共 4 个步骤。其中探索性因子分析在 7.3.1 节已经完成，最终对员工满意度量表探索出 4 个因子，分别是福利待遇、管理及制度、员工自主性和工作性质。本节仅进行因子权重计算和因子表达式计算。因子权重计算需要结合"解释的总方差"表格进行，如表 7-7 所示。因子表达式计算需要结合成分得分系数矩阵进行，如果需要输出此表格，则需要在 SPSS 软件中进行设置（在 SPSS 软件中的操作步骤为：单击"因子分析"对话框右侧的"得分"按钮，在弹出的"因子分析：因子得分"对话框中勾选"显示因子得分系数矩阵"复选框）。

表 7-7　解释的总方差

成分	初始特征值			提取平方和载入			旋转平方和载入		
	合计	方差解释率（%）	累积（%）	合计	方差解释率（%）	累积（%）	合计	方差解释率（%）	累积（%）
1	5.130	42.749	42.749	5.130	42.749	42.749	2.808	23.397	23.397
2	1.803	15.028	57.777	1.803	15.028	57.777	2.295	19.126	42.523
3	1.250	10.413	68.190	1.250	10.413	68.190	2.051	17.090	59.613
4	0.982	8.180	76.370	0.982	8.180	76.370	2.011	16.756	76.370
5	0.526	4.382	80.752	—	—	—	—	—	—
6	0.477	3.972	84.724	—	—	—	—	—	—
7	0.448	3.729	88.453	—	—	—	—	—	—
8	0.353	2.942	91.396	—	—	—	—	—	—
9	0.316	2.630	94.026	—	—	—	—	—	—
10	0.294	2.453	96.479	—	—	—	—	—	—
11	0.231	1.928	98.407	—	—	—	—	—	—
12	0.191	1.593	100.000	—	—	—	—	—	—

提取方法：主成分分析。

在本案例中，首先进行因子权重计算，本案例共探索出 4 个因子，分别是福利待遇、管理及制度、员工自主性和工作性质。根据表 7-7 可知，4 个因子旋转后的方差解释率分别是 23.397%、19.126%、17.090% 和 16.756%。这 4 个因子的累积方差解释率为 76.370%，表示 4 个因子共解释所有题 76.370% 的信息量。因为在实际研究中认为因子代表所有题（总方差解释率应该为 100%，而非 76.370%），所以研究人员需要对这 4 个因子进行加权换算操作，即 4 个因子的方差解释率分别应该为：23.397%/76.370%=30.636%，19.126%/76.370%=25.044%，17.090%/76.370%=22.378%，16.756%/76.370%=21.941%。

这 4 个因子进行加权处理后的方差解释率分别是：30.636%、25.044%、22.378% 和 21.941%，说明因子 1 福利待遇代表 30.636% 的员工满意度，因子 2 管理及制度代表 25.044% 的员工满意度，因子 3 员工自主性代表 22.378% 的员工满意度，因子 4 工作性质代表 21.941% 的员工满意度。结合 4 个因子加权处理后的权重系数（加权处理后的方差解释率），可以得到综合得分表达式：

F（综合得分）=30.636%×因子 1+25.044%×因子 2+22.378%×因子 3+21.941%×因子 4。

如果需要 SPSS 软件生成综合得分数据，那么需要利用此表达式，结合 SPSS 软件直接生成的 4 个因子得分数据（在 SPSS 软件中的操作步骤为：单击"探索性因子分析"对话框右侧的"得分"按钮，在弹出的"因子分析：因子得分"对话框中勾选"保存为变量"复选框，并且设置默认方法为"回归"），然后使用 SPSS 软件的计算变量功能，最终生成综合得分数据。

利用成分得分系数矩阵可以得到 4 个因子分别与 12 个题的关系表达式，本案例成分得分系数矩阵如表 7-8 所示。

表 7-8 成分得分系数矩阵

题	成 分			
	1	2	3	4
A1 休假制度	0.466	0.027	−0.341	−0.021
A2 资金制度	0.313	−0.080	−0.039	0.037
A3 工资水平	0.270	0.154	0.038	0.111
A4 晋升制度	0.265	0.065	0.037	−0.173
B1 上司个人领导风格	−0.021	0.506	−0.174	−0.075
B2 上司管理水平	−0.048	0.483	−0.084	−0.118
B3 管理制度	−0.051	0.247	0.068	0.039
C1 员工建议采纳情况	−0.001	−0.066	0.500	−0.253
C2 员工参与管理情况	−0.085	0.021	0.382	−0.006
C3 工作才能充分发挥情况	−0.218	−0.137	0.457	0.212
D1 工作挑战性	−0.008	−0.063	−0.163	0.527
D2 工作趣味性	−0.013	−0.054	−0.025	0.435

提取方法：主成分分析；旋转法：具有 Kaiser 标准化的正交旋转法；构成得分。

根据表 7-8 中的数据，得出 4 个因子与题的线性关系表达式分别为：

因子 1 福利待遇=0.466×A1+0.313×A2+0.270×A3+0.265×A4−0.021×B1−0.048×B2−0.051×B3−0.001×C1−0.085×C2−0.218×C3−0.008×D1−0.013×D2

因子 2 管理及制度=0.027×A1−0.080×A2+0.154×A3+0.065×A4+0.506×B1+0.483×B2+0.247×B3−0.066×C1+0.021×C2−0.137×C3−0.063×D1−0.054×D2

因子 3 员工自主性=−0.341×A1−0.039×A2+0.038×A3+0.037×A4−0.174×B1−0.084×B2+0.068×B3+0.500×C1+0.382×C2+0.457×C3−0.163×D1−0.025×D2

因子 4 工作性质=−0.021×A1+0.037×A2+0.111×A3−0.173×A4−0.075×B1−0.118×B2+0.039×B3−0.253×C1−0.006×C2+0.212×C3+0.527×D1+0.435×D2

在因子 1 福利待遇的线性关系表达式中，A1、A2、A3 和 A4 的表达式系数值分别是 0.466、0.313、0.270 和 0.265，因此 A1、A2、A3 和 A4 与因子 1 福利待遇的关系程度排序为 A1>A2>A3>A4。类似地，B1、B2、B3 与因子 2 管理及制度的关系程度排序为 B1>B2>B3。C1、C2、C2 与因子 3 员工自主性的关系程度排序为 C1>C3>C2。D1 和 D2 与因子 4 工作性质的关系程度排序为 D1>D2。

第 **8** 章

"类实验"类问卷研究

本书约定"类实验"类问卷是指带有实验式背景的问卷。通常实验式问卷分为两类，第一类为实验组和对照组实验式问卷，例如，研究新型教学方式是否有效，将学生分为两组，一组为实验组，另一组为对照组，实验组使用新型教学方式，对照组不做任何处理；第二类为实验前与实验后实验式问卷，例如，测验新型教学方式是否有效，分别测量学生接受新型教学方式（实验）前后的成绩并进行对比。"类实验"类问卷分类如图 8-1 所示。

图 8-1 "类实验"类问卷分类

在通常情况下，"类实验"类问卷使用实验形式研究影响关系，但此处的影响关系并不使用回归分析进行研究，而是使用差异分析进行研究，如果具有差异性，则说明变量之间有影响关系，反之则说明没有影响关系。"类实验"类问卷研究常见于教育学、心理学、市场营销学和管理学专业，并且在商业研究中得到广泛应用。

研究"类实验"类问卷通常用于对比实验组和对照组的差异，或者对比实验前和实验后的差异。在分析方法上，研究"类实验"类问卷通常使用方差分析（包括单因素方差分析、多因素方差分析）、t检验。本章分别从分析思路、分析方法和案例解读共 3 个模块对"类实验"类问卷研究进行阐述。

8.1 分析思路

"类实验"类问卷研究分析思路分为 7 部分，分别是样本背景分析，样本特征、行为分析，信度分析，效度分析，交互作用分析，变量描述分析和差异分析，如图 8-2 所示。

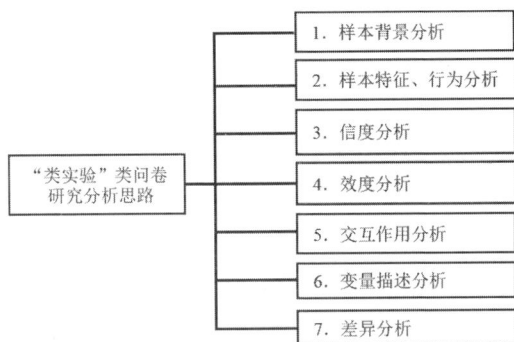

图 8-2 "类实验"类问卷研究分析思路

（1）样本背景分析和样本特征、行为分析。这两部分与第 5 章类似，使用频数分析和描述性分析了解样本的背景信息情况及样本的基本特征、行为现状和基本态度情况。

（2）信度分析和效度分析。这两部分与第 5 章中对量表信度分析和效度分析的分析过程类似。针对信度分析，有时会将实验组和对照组的样本分别进行研究，或者对实验前和实验后的样本分别进行研究。

（3）交互作用分析。此部分是"类实验"类问卷研究的核心研究部分，在通常情况下，"类实验"类问卷研究会分析实验组和对照组或实验前和实验后的样本差异情况。对比差异是基础分析，在实际研究中，也会涉及此类研究。例如，分析在不同实验水平下（实验组和对照组或实验前和实验后）X 对 Y 的影响幅度是否一致时，X 对 Y 的影响关系就是通过差异对比进行研究的。

研究人员也可以研究实验（实验组和对照组或实验前和实验后）对 Y 的影响差异情况，或者 X 在不同水平时，Y 的差异幅度是否一致。诸如上述描述的研究，均为交互作用分析。交互作用基本原理与第 6 章介绍的调节效应基本原理类似，读者可以阅读相关内容以便理解。

（4）变量描述分析。在进行变量描述分析时，如果问卷使用量表，那么可以分别对实验组和对照组或实验前和实验后的量表平均值情况进行分析。

（5）差异分析。差异分析是在交互作用分析发现差异性的基础上进行的。

8.2 分析方法

本节详细介绍"类实验"类问卷研究涉及的分析方法。在第 5 章中已经对样本背景分析，样本特征、行为分析，信度分析和效度分析等进行了详细说明，本章不再进行阐述。本章会详细介绍交互作用分析。"类实验"类问卷研究分析思路与分析方法的对应关系如图 8-3 所示。

图 8-3　"类实验"类问卷研究分析思路与分析方法的对应关系

8.2.1 交互作用分析

交互作用分析是指研究两个分类自变量 X 对因变量 Y（Y 为定量数据）的影响，即研究两个分类自变量 X 分别在不同水平时，对 Y 的影响幅度。例如，研究吸烟和饮酒对心脏病发病率的影响，要研究在饮酒和不饮酒两种情况下吸烟对心脏病发病率的影响是否有区别，以及在吸烟和不吸烟两种情况下喝酒对心脏病发病率的影响是否有区别。类似上述说明的研究即为交互作用分析。交互作用分析使用多因素方差分析进行（若自变量 X 有两个，则为两因素方差分析）。交互作用分析思路如图 8-4 所示。

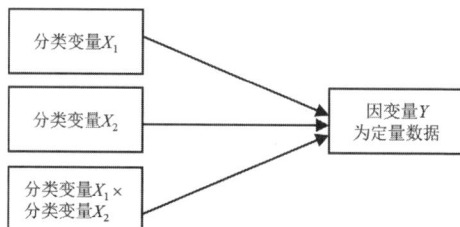

图 8-4　交互作用分析思路

在研究交互作用时，通常自变量 X 为两个，如上面提到的吸烟和饮酒这两项。自变量 X 均为分类变量，分类变量可能涉及多个水平，如分成 3 个水平（饮酒少、饮酒适量和饮酒多），而因变量 Y 为定量数据。在研究交互作用时，模型中会涉及两个分类自变量的交互项（分类变量 X_1×分类变量 X_2），具体在 SPSS 软件中操作时并不需要生成两个分类变量之间的交互项，因此可以直接使用软件生成的结果。

在通常情况下，交互作用分析仅涉及两个或多个分类自变量。当自变量的个数多于两个时，研究会变得复杂，所以一般为两个分类自变量。当研究涉及多个分类自变量时，具体分析方法与两个分类自变量的情况基本一致，但过程更为复杂。在通常情况下，交互作用分析使用多因素方差分析进行分析，多因素方差分析步骤如图 8-5 所示。

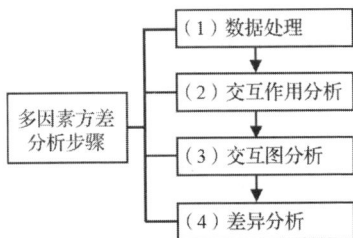

图 8-5 多因素方差分析步骤

（1）数据处理。通常涉及两种数据处理，分别为将问卷文字转换成数据进行处理和处理定量数据。第一种，将问卷文字转换成数据进行处理。在进行"类实验"类问卷研究时，通常会使用文字描述背景情境，即假定在特定情境中样本回答相关问题。如果在问卷中有使用文字描述背景情境的情况，那么需要将文字式情境编码并录入 SPSS 软件中。例如，背景情境为吸烟状态，可以编码为 1；背景情境为无烟状态，可以编码为 2。第二种，处理定量数据。如果研究的自变量 X 为定量数据，那么需要将定量数据转换为分类数据，因为多因素方差分析的自变量均为分类数据。在将定量数据转换为分类数据时，通常将定量数据处理为两组，具体分组的判定标准为平均值或中位数。如果研究人员希望将定量数据处理为三组或更多组，那么可以使用百分位数进行转换。将定量数据转换为分类数据后，分类数据的组别数量即为水平个数。

（2）交互作用分析。在利用 SPSS 软件进行分析时，首先检验分类自变量 X 是否呈现出显著性，如果呈现出显著性，那么说明其会对因变量 Y 产生影响。例如，上述例子中吸烟和饮酒这两个变量是否呈现出显著性，如果分类自变量吸烟呈现出显著性，那么说明其会对心脏病发病率产生影响；如果分类自变量饮酒呈现出显著性，那么说明其会对心脏病发病率产生影响。

如果某个分类自变量没有呈现出显著性，那么说明其不会对因变量 Y 产生影响。例如，吸烟并没有呈现出显著性，那么说明其并不会对心脏病发病率产生影响，因此不能继续分析当吸烟对心脏病发病率产生影响时，饮酒对其的影响幅度问题。如果两个分类自变量均没有呈现出显著性，则交互作用分析结束，因为两个分类自变量均不会对因变量 Y 产生影响，更不可能存在交互作用。

当两个分类自变量中有一个或两个均呈现出显著性时，继续分析交互项的显著性，如果交互项呈现出显著性，那么说明存在交互作用，之后才可以继续使用交互图进行直观分析。

（3）交互图分析。如果在第二步发现交互项呈现出显著性，那么说明存在交互作用。本步骤深入分析交互作用，使用交互图直观展示交互作用情况。例如，研究当分类自变量 X_2 处于不同水平时，分类自变量 X_1 对 Y 的影响幅度有何不同，或者研究当分类自变量 X_1 处于不同水平时，分类自变量 X_2 对 Y 的影响幅度有何不同。如果分类自变量 X_1 对因变量 Y 不产生影响作用，那么即便交互项呈现出显著性，也不应该研究当分类自变量 X_2 处于不同水平时，X_1 对 Y 的影响情况。

（4）差异分析。差异分析可以使用单因素方差分析或 t 检验进行。单因素方差分析是相对于多因素方差分析而言的，其仅能研究一个分类自变量 X 对因变量 Y 的影响差异。如果在上述分析中发现分类自变量呈现出显著性，那么可以使用单因素方差分析或 t 检验继续深入研究单个分类自变量在不同水平时因变量 Y 的差异情况。

交互作用分析与调节效应分析较为类似，同时也有区别。其相同点为均研究 X 对 Y 产生影响时，是否会受到第三个变量干扰导致影响幅度不同。其不同点共有三点：第一，在进行交互作用分析时，通常并不区分自变量和调节变量，自变量均有相同的"地位"；而在进行调节效应分析时，会严格区分自变量和调节变量；第二，交互作用分析的自变量 X 必须是分类数据，而调节效应分析的自变量可以是分类数据，也可以是定量数据；第二，交互作用分析使用多因素方差分析进行分析，而调节效应分析需要结合数据类型选择分析方法。在进行调节效应分析时，如果自变量为定量数据，调节变量为分类数据，那么可以将自变量转换为分类数据，然后使用多因素方差分析进行研究，值得说明的是，其研究性质依然是调节效应分析，可以人为地区分自变量和调节变量。

8.2.2　差异分析

在完成交互作用分析后，如果自变量 X 呈现出显著性，则研究人员可以继续深入对比自变量 X 在不同水平时，因变量 Y 的差异情况，进一步挖掘细节信息。差异分析可以使用单因素方差分析、事后检验、独立样本 t 检验、配对样本 t 检验等分析方法，有兴趣的读者可以阅读第 5 章的相关内容。

8.3　案例解读：背景音乐、产品涉入度对消费者品牌态度和购买意向的影响

本案例研究某商场背景音乐、产品涉入度对消费者品牌态度和购买意向的影响，将商场背景音乐作为实验分组依据，分为有背景音乐和无背景音乐两组，产品涉入度是指消费

者选择某产品或品牌时的态度,通俗地讲就是指消费者对某产品或品牌的了解、关心程度。背景音乐、产品涉入度对消费者品牌态度和购买意向的影响问卷框架如表 8-1 所示。

表 8-1　"类实验"类问卷研究案例:背景音乐、产品涉入度对消费者品牌态度和
购买意向的影响问卷框架

框 架 内 容		题　号	题　内　容
样本背景信息题		Q1	性别
		Q2	年龄
		Q3	职业
核心变量题	品牌态度（因变量）	Q4	好感
		Q5	合我心意
		Q6	喜欢产品
		Q7	积极
	产品涉入度（自变量）	Q8	产品对我重要
		Q9	产品与我有关联
		Q10	产品牵动我心
		Q11	对产品有兴趣
		Q12	关心产品
		Q13	我需要产品
	购买意向（因变量）	Q14	购买可能性

根据表 8-1 可知,问卷包括样本背景信息题（Q1~Q3）和核心变量题（Q4~Q14）,核心变量题分为自变量（产品涉入度）和两个因变量（品牌态度和购买意向）,其中,产品涉入度由 6 个量表题表示,品牌态度由 4 个量表题表示,购买意向由 1 个量表题表示。问卷采用实验形式,分别测验在有背景音乐和无背景音乐两种情境下,样本的品牌态度差异情况和购买意向差异情况。样本需要回答两次品牌态度和购买意向的题（分别在有背景音乐和无背景音乐两种情境下）,而样本背景信息题和关于产品涉入度的题仅需要回答一次。

由于问卷中涉及量表题（产品涉入度、品牌态度和购买意向）,因此需要对其进行信度分析和效度分析。在整体分析思路上,首先可以使用频数分析了解样本的背景信息,并且对产品涉入度、品牌态度和购买意向量表进行信度分析和效度分析;然后进行交互作用分析,即研究在有背景音乐和无背景音乐两种情境下,产品涉入度对样本的品牌态度和购买意向的影响幅度是否一致,或者研究当产品涉入度不同时,有无背景音乐对样本的品牌态度和购买意向的影响幅度是否一致。

完成交互作用分析后,计算量表平均值,包括具体题的平均值,使用平均值描述样本的整体态度情况;然后使用单因素方差分析或配对样本 t 检验,研究在有背景音乐和无背景音乐两种情境下,样本的品牌态度和购买意向的差异情况,或者研究当产品涉入度不同时,样本的品牌态度和购买意愿的差异情况。

样本背景分析、信度分析、效度分析和变量描述分析在前面的章节中已经有详细说明，因此本案例不再赘述。

8.3.1 本案例的多因素方差分析

在使用多因素方差分析研究多个自变量对因变量的影响时，自变量为分类数据且通常有两个，因变量为定量数据。本案例中的自变量有两个，分别是有无背景音乐和产品涉入度。有无背景音乐使用实验方式进行，本身即为分类数据；产品涉入度使用量表表示，因此需要将定量数据转换为分类数据。本案例中的因变量有两个，分别是品牌态度和购买意向。背景音乐、产品涉入度对消费者品牌态度和购买意向的影响研究思路如图 8-6 所示。

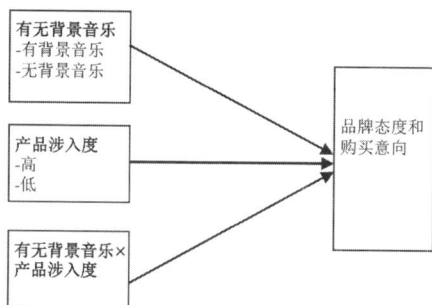

图 8-6　背景音乐、产品涉入度对消费者品牌态度和购买意向的影响研究思路

由于本案例涉及交互作用分析，因此需要加入有无背景音乐与产品涉入度的交互项，此项并不需要进行特别的数据处理，仅通过图示直观展示即可。

下面对有无背景音乐和产品涉入度对样本的品牌态度的影响情况进行详细分析。

在对本案例进行多因素方差分析时，第一步进行数据处理。有无背景音乐是使用文字形式展示的，因此需要对其进行编码处理：将有背景音乐编码为 1，无背景音乐编码为 2。产品涉入度由量表表示，因此需要将其转换为分类数据。产品涉入度由 6 个题表示，并且这 6 个题合并成一个整体变量后，平均值为 3.236 5 分，将样本按照平均值分为两组，低于平均值 3.236 5 分的样本为产品涉入度较低的组别，高于平均值 3.236 5 分的样本为产品涉入度较高的组别。

有关品牌态度、购买意向的题，样本在有背景音乐和无背景音乐两种情境下分别回答，因此需要将收集的数据罗列出来，并且生成一列数据表示有无背景音乐，此列数据的数值为 1 和 2，分别表示有背景音乐和无背景音乐，而品牌态度题和购买意向题需要与有无背景音乐的数据进行对应。完成数据处理后，进入第二步，即交互作用分析。有无背景音乐和产品涉入度对品牌态度的交互作用分析结果如表 8-2 所示。

表 8-2 有无背景音乐和产品涉入度对品牌态度的交互作用分析结果

因变量：品牌态度。

源	III型平方和	df	均方	F	Sig.
校正模型	90.250[1]	3	30.083	35.740	0.000
截距	3767.902	1	3767.902	4476.335	0.000
有无背景音乐	3.375	1	3.375	4.009	0.046
产品涉入度	68.724	1	68.724	81.646	0.000
有无背景音乐×产品涉入度	4.479	1	4.479	5.322	0.022
误差	340.062	404	0.842		
总计	4574.063	408			
校正的总计	430.312	407			

1. $R^2 = 0.210$（调整 $R^2 = 0.204$）。

从表 8-2 中可以看出，有无背景音乐呈现出 0.05 水平的显著性（$P=0.046<0.05$），说明在有背景音乐和无背景音乐两种情境下，样本有着不同的品牌态度。类似地，产品涉入度变量呈现出 0.01 水平的显著性（$P=0.000<0.01$），说明产品涉入度不同的两类样本也有着不同的品牌态度。另外，有无背景音乐和产品涉入度的交互项呈现出 0.05 水平的显著性（$P=0.022<0.05$），说明二者之间存在交互作用。

根据交互作用分析可知，有无背景音乐会对样本的品牌态度产生显著性差异影响，产品涉入度也对样品的品牌态度产生显著性差异影响，并且有无背景音乐与产品涉入度之间存在交互作用。第三步使用交互图进行分析，如图 8-7 和图 8-8 所示。

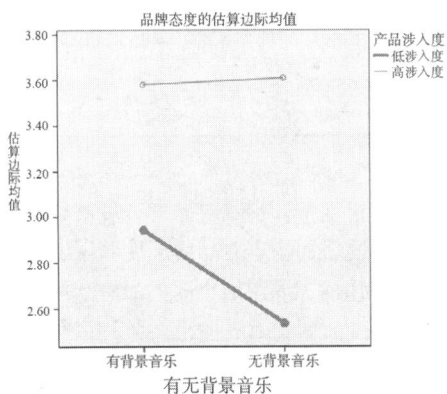

图 8-7 有无背景音乐与产品涉入度对样本品牌态度的影响交互图

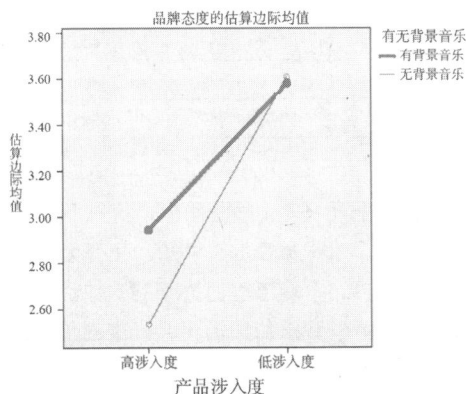

图 8-8 产品涉入度与有无背景音乐对样本品牌态度的影响交互图

交互图共有两个，分别展示了在不同产品涉入度水平下有无背景音乐对样本品牌态度的影响幅度差异，以及在有无背景音乐两种情境下产品涉入度对样本品牌态度的影响幅度差异。由图 8-7 可知，当从有背景音乐转变为无背景音乐时，产品涉入度低的样本品牌态度变化非常明显，并且变化幅度明显高于产品涉入度高的样本。由图 8-8 可知，产品涉入度越高，样本的品牌态度就越高，并且从低产品涉入度向高产品涉入度变化时，无背景音乐的样本品牌态度变化幅度要高于有背景音乐的样本品牌态度变化幅度。

在完成交互图分析之后，进入第四步，即进行差异分析。深入对比在有无背景音乐两种情境下样本品牌态度的具体差异情况，或者在不同产品涉入度水平下样本品牌态度的具体差异情况。差异分析可以放入交互作用分析部分，也可以单独列为一部分。本案例单独列为一部分进行说明。

8.3.2　本案例的差异分析

下面深入研究在有无背景音乐两种情境下或在不同产品涉入度水平下，样本对品牌态度及具体题的差异情况。同一个样本在有无背景音乐两种情境下，分别回答涉及品牌态度的 4 个题。由于这属于对实验前和实验后的品牌态度差异对比，因此使用配对样本 t 检验进行分析。在不同的产品涉入度水平下，品牌态度差异应该使用独立样本 t 检验进行分析。另外，差异对比也可以使用单因素方差分析进行分析。有无背景音乐与品牌态度配对样本 t 检验和产品涉入度与品牌态度独立样本 t 检验分别如表 8-3 和表 8-4 所示。

表 8-3　有无背景音乐与品牌态度配对样本 t 检验

	有无背景音乐（平均值±标准差）		平均值差值（有-无）	t	P
	有	无			
品牌态度	3.38±0.96	3.00±1.06	0.38	4.79	0.00**
好感	3.41±1.05	3.00±1.11	0.41	4.67	0.00**
合我心意	3.36±1.06	2.94±1.13	0.42	4.78	0.00**
喜欢产品	3.32±1.09	2.98±1.14	0.34	3.74	0.00**
积极	3.42±1.05	3.08±1.19	0.34	3.77	0.00**

** $P<0.01$。

使用配对样本 t 检验可以研究在有无背景音乐两种情境下，样本对品牌态度及具体题的差异情况。根据表 8-3 可知，在有无背景音乐两种情境下，样本对品牌态度表现出显著性差异态度，平均值差值为 0.38，并且在有背景音乐的情境下表现出更高的品牌态度。另外，在有背景音乐的情境下，样本对品牌态度的 4 个题（好感、合我心意、喜欢产品、积极）表现出更高的认可态度。

表 8-4　产品涉入度与品牌态度独立样本 t 检验

	涉入度水平（平均值±标准差）		平均值差值（高-低）	t	P
	低涉入度（$N=181$）	高涉入度（$N=227$）			
品牌态度	2.68±1.00	3.59±0.86	0.91	-9.71	0.00**
好感	2.76±1.06	3.56±1.00	0.80	-7.79	0.00**

续表

	涉入度水平（平均值±标准差）		平均值差值（高−低）	t	P
	低涉入度（N=181）	高涉入度（N=227）			
合我心意	2.64±1.08	3.55±0.96	0.91	−8.98	0.00**
喜欢产品	2.61±1.11	3.58±0.93	0.97	−9.37	0.00**
积极	2.72±1.10	3.68±0.97	0.96	−9.36	0.00**

** P<0.01。

　　使用独立样本 t 检验可以研究不同产品涉入度水平（低产品涉入度和高产品涉入度）的两组样本对品牌态度及具体题的差异情况。根据表 8-4 可知，在不同产品涉入度水平下，样本对品牌态度表现出显著性差异态度，平均值差值为 0.91，并且高产品涉入度的样本表现出更高的品牌态度。另外，高产品涉入度的样本对品牌态度的 4 个题（好感、合我心意、喜欢产品、积极）的打分平均值更高，说明相比低产品涉入度，高产品涉入度的样本表现出更高的认可态度。

第 **9** 章

聚类样本类问卷研究

对于量表类问卷，如果研究人员希望对样本进行样本细分，并且针对不同类别的样本提供对应的建议、措施，那么可以参考本章的分析思路。此分析思路涉及的问卷特点是量表题和非量表题混合，研究人员可以对量表题进行聚类分析，然后结合聚类分析结果（即将样本分为几类后），对比不同聚类类别样本的差异（如分析不同聚类类别样本在某些行为上的差异性），并且提供相应的建议、措施。此类问卷的核心思路是样本细分并提供建议、措施，经常应用于企业进行样本细分相关的研究。

9.1　分析思路

聚类样本类问卷研究通常会分成 8 部分,分别是样本背景分析,样本特征、行为分析,指标归类分析,信度分析,效度分析,聚类分析,聚类效果验证和差异分析。聚类样本类问卷研究分析思路如图 9-1 所示。

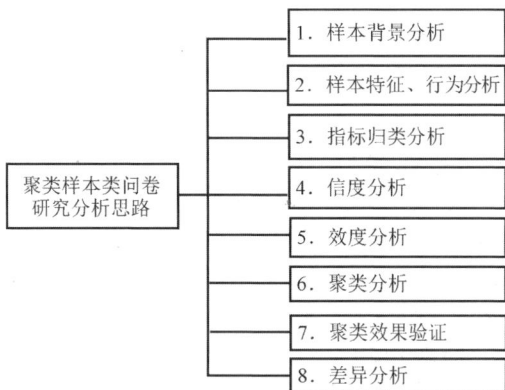

图 9-1　聚类样本类问卷研究分析思路

（1）样本背景分析和样本特征、行为分析。这两部分与第 5 章类似,使用频数分析和描述性分析了解样本的背景信息情况及样本的基本特征、行为现状和基本态度情况。

（2）指标归类分析。通常情况下,聚类样本类问卷研究均会有此部分分析内容。当研究人员不完全确定题应该分为多少个变量,或者研究人员对变量与题的对应关系并没有充分把握时,可以使用探索性因子分析的探索因子功能将各量表题浓缩为少数几个因子（变量）,利用探索得到的因子进行后续的聚类分析。

在进行探索性因子分析时,尽量探索得到与实际意义较为贴切的因子,并且结合实际意义对因子命名。这样做是因为探索得到的因子将用于后续聚类分析,并且后续聚类分析需要结合各类样本的特征情况,进一步对分类样本命名。此部分进行探索性因子分析的目的是探索因子,并且找出题与因子的对应关系,用较少的几个因子浓缩概述多个题的信息。如果研究人员有充足的理论依据证明题应该分为几个变量,并且每个变量与题的对应关系有较强的理论来源,那么可以跳过此部分内容。

（3）信度分析和效度分析。这两部分的分析内容与分析方法均与第 5 章一致,在上一步探索得到少数几个因子后,针对因子进行信度分析和效度分析。聚类样本类问卷研究通常会涉及指标归类分析,因此效度分析更多的是进行内容效度分析,研究人员也可以将指标归类分析的结果进行汇总,整体说明研究的因子具有有效性,题可以有效地解释对应因子的概念信息。

（4）聚类分析。此部分为本分析思路的核心部分。聚类分析根据功能可以分为两种,一种是对样本进行聚类，即样本聚类（Q 型聚类），另一种是对变量（题）进行聚类，即变量聚类（R 型聚类）。常见的是对样本进行聚类，即将样本细分为几种类别，较少对变量进行聚类。本分析思路主要对样本进行聚类。如果使用探索性因子分析探索出来的因子进行聚类分析，那么首先应该计算每个因子对应题的平均值，分别使用平均值代表每个因子（例如，因子 1 对应 3 个题，则用这 3 个题的平均值代表因子 1），然后利用计算平均值后得到的因子进行聚类分析。在 SPSS 软件的选项设置里，聚类分析方法共有 3 种，分别是两步聚类分析、k-均值聚类分析和系统聚类分析（分层聚类分析）。这 3 种聚类分析方法各有优缺点，建议在进行聚类分析时使用这 3 种分析方法并进行比较。聚类分析操作较为简单，其目的仅有一个——聚类，具体聚类分析的说明将在 9.2.1 节中进一步阐述。

完成聚类分析后，使用 SPSS 软件单独生成一列数据，表示聚类类别的编号，将聚类类别与对应的聚类变量进行差异对比。使用方差分析进行差异对比，如果分析显示不同聚类类别样本对聚类变量均有着显著性差异，那么研究人员需要结合实际差异情况及专业知识对各个聚类类别命名。

（5）聚类效果验证。严格意义上的聚类分析并非统计假设检验分析方法，而是一种数据描述性方法。聚类分析没有统计假设检验的理论支持，无法对其结果的正确与否进行判断。但从应用角度来看，研究人员可以结合以下几种方法进行聚类效果验证。

第一，看聚类分析后得到的每个聚类类别是否可以有效地命名，每个聚类类别的特征情况是否符合现实意义。如果研究人员可以结合方差分析结果，以及自身专业知识对每个聚类类别命名，则说明聚类效果良好；如果无法对聚类类别命名，则需要考虑重新进行聚类分析。

第二，使用判别分析进行聚类效果验证，将 SPSS 软件生成的聚类类别变量作为因变量（Y），将聚类变量作为自变量（X），判别分析聚类变量与聚类类别变量之间的投影关系。如果研究人员对聚类效果非常在乎，那么可以使用判别分析。在通常情况下，此类研究并不会通过判别分析进行聚类效果验证，原因在于即使使用判别分析也不能绝对说明聚类效果是否良好，而且聚类分析实质上为描述性方法，并没有好坏标准，本书暂且不对判别分析进行说明。

第三，说明聚类分析的详细过程，描述清楚聚类分析的科学使用过程，科学地使用聚类分析是得到良好结果的前提和保障。

第四，要看聚类分析后各个聚类类别样本量是否均匀，如果聚类分析结果显示有 3 个聚类类别，其中一个聚类类别样本量非常少，如少于 30，那么聚类效果可能较差。

（6）差异分析。完成聚类分析后，会单独生成一列变量，表示聚类类别，可能需要进一步分析，了解不同聚类类别样本的特征差异情况、态度差异情况等。结合数据特征情况，此部分可能涉及卡方分析和方差分析。卡方分析使用频率相对较高。研究不同聚类类别样本的背景信息（性别、年龄段、学历、收入区间）差异，研究不同聚类类别样本对其他分类数据的态度差异，等等，均可以使用卡方分析。

对于聚类样本类问卷研究，通常情况下不仅希望细分样本，还需要进一步了解不同聚类类别样本在某话题上的态度差异情况。例如，研究不同聚类类别样本对某个新产品的态度差异情况，以便为新产品设计提供建议。无论是对比不同聚类类别样本在个体背景上的差异，还是对比不同聚类类别样本对新产品的态度差异，均属于差异对比。研究人员可以深入分析差异，得出更多有意义的研究结论。

9.2 分析方法

本节主要介绍聚类样本类问卷研究的分析方法，第 5 章已经对本分析思路涉及的部分分析方法进行了详细说明，包括频数分析、描述性分析、探索性因子分析、信度分析和方差分析，因此本节更多的是针对聚类样本类问卷研究的核心分析方法（即聚类分析和卡方分析）进行详细阐述。聚类样本类问卷研究分析思路与分析方法的对应关系如图 9-2 所示。

图 9-2 聚类样本类问卷研究分析思路与分析方法的对应关系

样本背景分析和样本特征、行为分析这两部分均可以使用频数分析，统计样本对各个选项的选择百分比。这两部分的详细说明可以参考第 5 章内容。指标归类分析，即探索性因子分析的第 1 种功能（探索因子），具体分析步骤可以参考第 5 章内容。

信度分析和效度分析与第 5 章对应的内容一致。从逻辑上讲，信度分析应该放在探索性因子分析之后。另外，此分析思路已经使用了探索性因子分析的探索因子功能，再使用探索性因子分析进行结构效度分析会显得多余（其他研究通常会继续使用探索性因子分析进行结构效度分析），可以仅进行内容效度分析。

有时聚类样本类问卷研究还会涉及其他分析方法，如相关分析、回归分析等，研究人员结合具体情况选择合适的分析方法即可。

9.2.1 聚类分析和聚类效果验证

聚类分析常用于对样本进行聚类，即样本聚类（Q 型聚类）；有时也会对变量（题）进行聚类，即变量聚类（R 型聚类），本书侧重于阐述样本聚类。在 SPSS 软件中共有 3 种聚类分析方法，分别是两步聚类分析、k-均值聚类分析和系统聚类分析（分层聚类分析），如图 9-3 所示。两步聚类分析和 k-均值聚类分析一般用于样本聚类（Q 型聚类），系统聚类分析通常用于变量聚类（R 型聚类），这 3 种聚类分析方法各有特点，具体的特点及分析步骤如下所述。

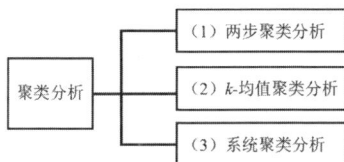

图 9-3　聚类分析方法

（1）两步聚类分析是近几年发展起来的一种智能聚类分析方法，适用于数量大且结构复杂的分析。更为重要的是，两步聚类分析可以同时处理分类数据和定量数据，并且可以通过 SPSS 软件自动判定最优聚类类别数量（也可以自主设定聚类类别数量）。它还可以输出较多指标结果协助分析，包括聚类质量判断和预测聚类变量的重要性，两步聚类分析是一种较为"先进"的聚类分析方法。

（2）k-均值聚类分析可以快速处理大量数据，所以在实际研究中使用此聚类分析方法的频率非常高。但是 k-均值聚类分析仅能处理定量数据而不能处理分类数据，同时它需要自主设定聚类类别数量，不能自动判定最优聚类类别数量。

（3）系统聚类分析（分层聚类分析）处理速度相对较慢。通常情况下系统聚类分析用于变量聚类（R 型聚类）。系统聚类分析一般用于处理定量数据，并且需要结合分析结果主观判定聚类类别数量。

在选择这 3 种聚类分析方法时，如果用于聚类的数据中有分类数据，并且要进行样本聚类（Q 型聚类），那么使用两步聚类分析（K-prototype 聚类分析也可以同时处理定量数据和分类数据，但 SPSS 软件并没有提供此类聚类分析方法，读者可使用 SPSSAU 软件进行研究）；如果样本数据量非常大，并且用于聚类的数据中没有分类数据，那么使用 k-均值聚类分析较为合适。至于聚类类别数量的判定，建议研究人员多次重复进行聚类分析，或者在比较 3 种聚类分析方法后，自主设置聚类类别数量。3 种聚类分析方法的特点对比如表 9-1 所示。

表 9-1　聚类分析方法的特点对比

聚类分析方法	数据标准化功能	分类数据分析	定量数据分析	自动聚类类别数量	聚类类别数量设置	聚类质量判断	处理速度
两步聚类分析	有	可以	可以	可以	可以	有	较快
k-均值聚类分析	无	不可以	可以	不可以	可以	无	快
系统聚类分析（分层聚类分析）	有	不可以	可以	不可以	可以	无	较慢

　　笔者根据研究经验，将聚类分析分为 5 步，分别是数据处理、k-均值聚类分析试探性分析、聚类分析方法结果对比、聚类效果验证、聚类类别命名。聚类分析步骤如图 9-4 所示。

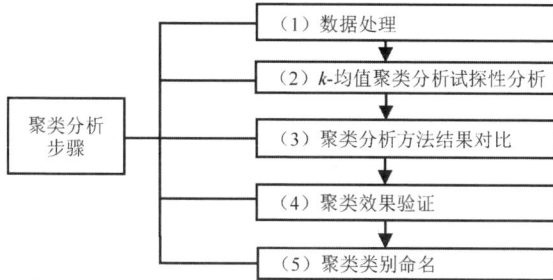

图 9-4　聚类分析步骤

　　（1）数据处理。如果样本数据度量单位不统一，如有的题为七级量表而有的题为五级量表，那么应该进行数据处理，即将数据标准化处理。在 SPSS 软件中，常见的是通过 Z 值法对数据进行标准化处理，此外，两步聚类分析和系统聚类分析均有数据标准化处理选项，研究人员也可以提前进行标准化处理。

　　（2）k-均值聚类分析试探性分析。k-均值聚类分析的优点是速度非常快，因此可以提前进行快速的试探性分析，设定不同的聚类类别，并且通过 SPSS 软件生成聚类类别编号，计算不同聚类类别样本的数量，简单判断聚类效果，从而了解聚类结果。就笔者了解的情况来看，k-均值聚类分析是当前使用频率最高的一种聚类分析方法。另外，读者也可以先使用两步聚类分析进行试探性分析，原因为两步聚类分析可以自动判定最优聚类类别数量。

　　（3）聚类分析方法结果对比。完成第 2 步 k-均值聚类分析试探性分析后，我们已经对最终聚类类别数量有了初步了解。接着使用两步聚类分析进行分析。如果 k-均值聚类分析和两步聚类分析的聚类类别数量相同，并且各个聚类类别的样本量基本一致，则说明聚类效果较好，使用这两种聚类分析方法中的任意一个的结果作为最终结果即可；如果两种聚类分析有着相同聚类类别数量，并且各个聚类类别的样本量差异很大，则说明聚类效果较差，建议使用 k-均值聚类分析的结果作为最终结果。另外，不同聚类分析方法的结果对比应该结合第 4 步聚类效果验证情况进行综合判断，以便找出最优聚类结果。具体使用哪种聚类分析方法作为最终结果呈现并不重要，关键是看聚类效果如何。

　　（4）聚类效果验证。聚类效果验证不同于其他分析方法，其他分析方法可以通过 P 值进行检验，聚类效果验证则需要一定的研究经验，并且结合专业知识进行综合判断。良好的聚类效果可以有效识别样本特征，因此聚类分析产生的不同聚类类别的样本应该有着完全差异性的特征，这样研究人员就可以结合不同聚类类别样本的特征情况，对聚类类别有效命名。

　　通常使用方差分析进行聚类样本的特征差异对比，如果聚类变量为分类数据，那么应该使用卡方分析进行聚类样本的特征差异对比。通过方差分析或卡方分析，可以找出各个聚类类别样本的具体特征差异情况，并且结合不同聚类类别样本的特征情况命名。如果可以有效命名，那么说明聚类效果较好；反之则说明聚类效果较差。此时应该返回第 3 步，重新选择聚类类别数量，找出更优的聚类结果。另外，两步聚类分析可以提供小量的聚类效果质量判断（ k -均值聚类分析和系统聚类分析没有聚类效果质量判断）。有时也可以通过判别分析判断聚类效果。判别分析并不在本书的讨论范畴，有兴趣的读者可以参考相关书籍。

（5）聚类类别命名。完成第 4 步聚类效果验证后，已经确认聚类类别数量及各个聚类类别命名情况。此步骤可以更为深入地分析各个聚类类别的特点，尤其是某聚类类别样本在某聚类变量上的突出特点。对聚类类别命名后，结束聚类分析。

在具体实践中，上述步骤可能并不完全适用。如果聚类变量中有分类数据，那么不能使用 k -均值聚类分析进行分析。另外，两步聚类分析会生成图形，并且可以进行文字解读，因此两步聚类分析的使用频率相对较高。

9.2.2　聚类类别样本差异分析

完成聚类分析后，已经确定了聚类类别数量和聚类类别名称，并且完成了样本细分，然后需要具体深入分析各个聚类类别样本的特点，以及各个聚类类别样本对题的态度差异。如果要研究不同聚类类别样本的个体背景差异，聚类类别和样本背景信息题（性别、年龄、学历等）的数据均为分类数据，那么应该使用卡方分析进行差异对比。通过卡方分析可以进一步了解不同聚类类别样本在个体背景上的差异情况，便于对不同聚类类别样本进行深入分析。

研究人员还可以对比不同聚类类别样本在问卷其余题上的差异情况，如果题的数据为定量数据，那么应该使用方差分析；如果题的数据为分类数据，那么应该使用卡方分析；如果题为多选题，那么也应该使用卡方分析。卡方分析的详细说明将在第 10 章中进行阐述。

9.3　案例解读：旅游消费者的类别特征分析

本节以案例的形式对聚类样本类问卷研究分析思路及相关分析方法等进行详细说明。本案例沿用第 3 章的量表类问卷设计案例 2。旅游消费者的类别特征分析问卷框架如表 9-2 所示。

表 9-2　聚类样本类问卷研究案例：旅游消费者的类别特征分析问卷框架

框 架 内 容	题　　号	题　内　容
样本背景信息题	Q1	性别
	Q2	年龄
	Q3	学历
	Q4	家庭年收入

续表

框 架 内 容	题	题 内 容
样本特征信息题	Q5	您的旅游消费观念是
	Q6	您每个月用在旅游消费方面的支出大约有多少
	Q7	您是通过什么途径来了解旅游信息的
样本基本态度题	Q8	您认为旅游消费是否有必要
	Q9	如果您的月收入提高 1 000 元，那么您将会增加多少旅游费用
	Q10_1	您旅游的目的是什么（娱乐休闲）
	Q10_2	您旅游的目的是什么（扩大眼界）
	Q10_3	您旅游的目的是什么（释放生活压力）
	Q10_4	您旅游的目的是什么（感受生活）
	Q10_5	您旅游的目的是什么（健身保养）
	Q10_6	您旅游的目的是什么（人际交往）
	Q10_7	您旅游的目的是什么（其他）
核心变量题	Q11	家人或朋友建议去某景点我一般都同意
	Q12	我喜欢去大家都去的景点旅游
	Q13	我觉得旅游有时候很麻烦，交通拥堵，景点人又多
	Q14	我会提前与旅行社进行一些前期沟通，了解相关事宜
	Q15	我会随时关注旅游景区的官方微博和微信
	Q16	我喜欢看旅游相关的书籍或电视节目
	Q17	我会提前留意相关旅游信息，以便做好相应准备
	Q18	去旅游后，我乐于在社交圈分享自己的感受
	Q19	我会随时与朋友、家人沟通旅游心得，交换旅游意见
	Q20	我对相关旅行社的负面报道深信不疑
	Q21	我对景点的负面评论非常在意
	Q22	旅游结束后，我会告诉同事并和他们进行讨论，有时还会送旅游纪念礼物
	Q23	旅游时，我乐于在朋友圈、QQ 空间、微博等网络社交平台分享自己在旅途中的所见所闻
	Q24	旅游时，为了拍好照片，我会不断更新自己的拍摄设备
	Q25	我更喜欢旅游后发长博客来分享自己的体验
	Q26	我更愿意去交通方便的旅游景点
	Q27	如果购买了私家车，那么我会提高外出旅游的频率
	Q28	如果交通不那么拥堵，那么我会开车自驾游
	Q29	每次在工作或学习中取得成就后，我会去旅游奖励自己
	Q30	我喜欢旅行社帮我打点好一切
其他题	Q31	请选择您偏好的旅游卡类别
	Q32	每张旅游卡的票面金额偏好情况是

从问卷结构上看，Q1～Q4 为样本背景信息题；Q5～Q7 为样本特征信息题；Q8～Q10 为样本基本态度题；Q11～Q30 为核心变量题，用于了解样本对旅游消费的态度情况；Q31～Q32 为其他题，用于了解样本对旅游卡的态度情况。

本案例的核心思路为找出市场上旅游消费者的类别，利用 Q11～Q30 共 20 个核心变量题对样本进行聚类分析，得到聚类类别后，分析各个聚类类别样本的特征情况，并且将各个聚类类别样本与 Q31 和 Q32 进行交叉分析，进一步了解不同聚类类别样本对这两个题的态度差异，最终提供关于旅游卡（类别和金额）方面的建议。本案例也可以在得到聚类类别之后，进一步分析不同聚类类别样本的特征和态度差异情况。

在具体分析步骤上，首先对样本背景信息题进行统计汇总，然后对样本特征信息题和样本基本态度题进行频数分析。Q11～Q30 是研究人员结合经验进行主观设计的，这 20 个题具体应该浓缩为多少个因子，以及因子与题的对应关系并不确定，因此需要使用探索性因子分析对这 20 个题进行因子探索，并且找出因子与题的对应关系。使用探索性因子分析探索因子后，对题分别进行信度分析和效度分析以验证样本回答的可靠性和量表的有效性。然后将探索出的因子作为聚类变量进行聚类分析（可使用的聚类方法为：k-均值聚类分析、两步聚类分析和 K-prototype 聚类分析），最终得到聚类类别。在聚类分析完成后进行聚类效果验证，之后对各个聚类类别命名并详细描述各个聚类类别样本的特征。最后进行差异分析，了解不同聚类类别样本对题（尤其是 Q31 和 Q32）的态度差异情况，结合分析结果提供科学的建议。下面按照以上分析思路逐一进行分析解读。

在通常情况下，问卷分析的第一部分为样本背景分析及样本特征、行为分析，用于对问卷回收情况及样本的基本情况进行分析说明。在本案例中，Q1～Q4 为样本背景信息题，因此可以将这 4 个题的选择频数和占比情况整理成一个表格并进行说明；Q5～Q7 为样本特征信息题，可以将这 3 个题整理成一个表格，也可以分成 3 个表格进行详细说明。Q8～Q10 为样本基本态度题，可以将这 3 个题分别使用 3 个表格进行展示并分析说明，Q10 为多选题，多选题可以使用表格或条形图两种形式进行展示，本节不单独展示表格和文字说明。

9.3.1　本案例的探索性因子分析

在本案例中，核心变量题（Q11～Q30）是研究人员自行设计的，并非参考了经典量表，因此使用探索性因子分析对这 20 个题进行分析，结合 SPSS 软件与专业知识探索出合适的因子并对因子命名，然后找出因子与题的对应关系，以便后续进行聚类分析。在进行问卷研究时，通常使用主成分分析法进行因子探索，并且使用最大方差旋转法进行因子旋转处理。SPSS 软件的默认设置是使用主成分分析法进行因子探索，但因子旋转方法，即最大方差旋转法需要研究人员自行设置。

探索性因子分析的具体分析步骤在 5.2.3 节有详细说明，本节不进行特别说明。接下来针对本案例详细阐述探索性因子分析的过程，包括题删除、因子探索及命名等。探索性因子分析是一个循环过程，尽管研究人员只需要列出最后一次探索性因子分析的结果，但也应该对中间具体过程进行说明。

首先针对 Q11～Q30 进行第一次探索性因子分析，并且结合旋转成分矩阵结果及基本专业知识判断是否有需要删除的题。第一次探索性因子分析旋转成分矩阵结果如表 9-3 所示。

表 9-3　第一次探索性因子分析旋转成分矩阵结果

题	因　子				
	1	2	3	4	5
Q25 我更喜欢旅游后发长博客来分享自己的体验	0.775	0.236	0.038	-0.113	-0.033
Q24 旅游时，为了拍好照片，我会不断更新自己的拍摄设备	0.699	0.131	0.094	0.032	0.093
Q18 去旅游后，我乐于在社交圈分享自己的感受	0.697	0.054	0.157	0.094	0.106
Q19 我会随时与朋友、家人沟通旅游心得，交换旅游意见	0.684	0.016	0.240	0.038	-0.009
Q22 旅游结束后，我会告诉同事并和他们进行讨论，有时还会送旅游纪念礼物	0.500	-0.039	0.404	0.085	-0.314
Q23 旅游时，我乐于在朋友圈、QQ 空间、微博等网络社交平台分享自己在旅途中的所见所闻	0.462	0.430	0.155	0.206	-0.044
Q13 我觉得旅游有时候很麻烦，交通拥堵，景点人又多	0.442	-0.036	0.104	0.409	0.189
Q27 如果购买了私家车，那么我会提高外出旅游的频率	0.047	0.822	0.185	0.048	0.063
Q28 如果交通不那么拥堵，那么我会开车自驾游	0.018	0.817	0.198	0.110	0.041
Q26 我更愿意去交通方便的旅游景点	0.201	0.683	0.165	0.162	0.127
Q30 我喜欢旅行社帮我打点好一切	0.184	0.531	-0.205	0.304	0.203
Q29 每次在工作或学习中取得成就后，我会去旅游奖励自己	0.135	0.384	0.312	0.079	0.360
Q15 我会随时关注旅游景区的官方微博和微信	0.307	0.135	0.824	0.003	-0.055
Q16 我喜欢看旅游相关的书籍或电视节目	0.230	0.133	0.818	0.034	0.040
Q17 我会提前留意相关旅游信息，以便做好相应准备	-0.052	0.242	0.648	0.295	0.205
Q14 我会提前与旅行社进行一些前期沟通，了解相关事宜	0.374	0.164	0.600	0.193	-0.069
Q12 我喜欢去大家都去的景点旅游	-0.012	0.272	0.196	0.794	-0.033
Q11 家人或朋友建议去某景点我一般都同意	0.086	0.187	0.085	0.790	0.225
Q21 我对景点的负面评论非常在意	0.105	0.020	-0.096	0.037	0.866
Q20 我对相关旅行社的负面报道深信不疑	-0.054	0.255	0.127	0.237	0.684

根据表 9-3 可知，Q23 对应的因子 1 和因子 2 的因子载荷系数值分别是 0.462 和 0.430，均大于 0.4，说明此题出现了"纠缠不清"现象，即"双载荷"现象，因此将此题删除。另外，Q13 也出现了这种现象，因此也将此题删除。而 Q29 对应的 5 个因子的因子载荷系数绝对值最大为 0.384，可以理解为此题与所有因子均没有良好的对应关系，因此将此题删除。

另外，针对 Q23、Q13 和 Q29 的删除处理，研究人员可以一次仅删除一个，然后循环测试，也可以同时删除，有时最终结果会有细微区别。删除这 3 个题后再次进行探索性因子分析，即第二次探索性因子分析，发现第二次探索性因子分析结果良好，因此使用第二次探索性因子分析结果作为最终结果。第二次探索性因子分析涉及 3 个表，分别为"KMO 和 Bartlett 球形检验"表格、"解释的总方差"表格和"第二次探索性因子分析旋转成分矩阵结果"表格。

"KMO 和 Bartlett 球形检验"表格如表 9-4 所示。根据表 9-4 可知，KMO 值是 0.818，大于 0.8，并且通过了 Bartlett 球形检验，Bartlett 球形检验值（近似卡方）是 2639.971（Sig.=0.000），说明题非常适合进行探索性因子分析。

表 9-4 KMO 和 Bartlett 球形检验

取样足够度的 Kaiser-Meyer-Olkin 度量。		0.818
Bartlett 球形检验	近似卡方	2639.971
	df	136.000
	Sig.	0.000

"解释的总方差"表格如表 9-5 所示。根据表 9-5 可知探索出的因子数量及每个因子的方差解释率。因子数量可以由 SPSS 软件自动生成（SPSS 软件会将特征根值大于 1 作为标准判断因子数量），也可以自行设置（如果研究人员已经对因子数量有了预期，那么可以自行设置因子数量）。本次探索性因子分析使用 SPSS 软件自动生成的因子数量，最终探索得到 5 个因子，这 5 个因子旋转后的方差解释率分别为 16.249%、15.550%、14.440%、10.181% 和 9.262%，总共累积方差解释率为 65.682%，说明这 5 个因子可以解释这 17 个题 65.682% 的信息量。从整体上看，本案例的探索性因子分析结果良好。

表 9-5 解释的总方差

成分	初始特征值			提取平方和载入			旋转平方和载入		
	合计	方差解释率（%）	累积（%）	合计	方差解释率（%）	累积（%）	合计	方差解释率（%）	累积（%）
1	4.969	29.232	29.232	4.969	29.232	29.232	2.762	16.249	16.249
2	2.448	14.400	43.632	2.448	14.400	43.632	2.644	15.550	31.799
3	1.523	8.959	52.592	1.523	8.959	52.592	2.455	14.440	46.239
4	1.219	7.171	59.762	1.219	7.171	59.762	1.731	10.181	56.420
5	1.006	5.919	65.682	1.006	5.919	65.682	1.574	9.262	65.682
6	0.767	4.509	70.190	—	—	—	—	—	—
7	0.750	4.414	74.604	—	—	—	—	—	—
8	0.662	3.891	78.496	—	—	—	—	—	—
9	0.607	3.571	82.067	—	—	—	—	—	—
10	0.560	3.292	85.359	—	—	—	—	—	—

续表

成分	初始特征值			提取平方和载入			旋转平方和载入		
	合计	方差解释率（%）	累积（%）	合计	方差解释率（%）	累积（%）	合计	方差解释率（%）	累积（%）
11	0.461	2.709	88.068	—	—	—	—	—	—
12	0.422	2.484	90.552	—	—	—	—	—	—
13	0.400	2.351	92.903	—	—	—	—	—	—
14	0.358	2.105	95.008	—	—	—	—	—	—
15	0.334	1.963	96.971	—	—	—	—	—	—
16	0.296	1.742	98.713	—	—	—	—	—	—
17	0.219	1.287	100.000	—	—	—	—	—	—

提取方法：主成分分析。

　　"第二次探索性因子分析旋转成分矩阵结果"表格如表 9-6 所示。根据表 9-6 可知，探索性因子分析共探索得到 5 个因子，因子 1 由 5 个题组成，因子 2 和因子 3 均由 4 个题组成，因子 4 和因子 5 均由 2 个题组成，而且这 17 个题均无"张冠李戴"和"纠缠不清"的现象。结合因子与题的对应关系，可以将这 5 个因子分别命名为分享、关注、便捷性、从众效应和负面评论。分享因子表示样本的分享意愿情况，包括样本在旅游后的博客分享和社交圈分享，以及与朋友、家人和同事交流旅游感受。关注因子表示样本对相关旅游信息的关注情况，包括样本关注景区官方微博、微信，关注相关旅游节目，提前留意相关旅游信息，与旅行社提前沟通了解信息，等等。便捷性因子表示样本对旅游便捷性的要求，主要涉及交通拥堵情况和私家车出游情况。从众效应因子表示样本旅游的从众情况，包括家人、朋友的旅游影响和大众性引导消费。负面评论因子表示样本对负面评论的在乎情况，包括景点负面评论和旅行社负面评价等。

表 9-6　第二次探索性因子分析旋转成分矩阵结果

题	因子				
	1	2	3	4	5
Q25 我更喜欢旅游后发长博客来分享自己的体验	0.766	0.057	0.262	-0.153	-0.016
Q18 去旅游后，我乐于在社交圈分享自己的感受	0.721	0.149	0.012	0.141	0.106
Q19 我会随时与朋友、家人沟通旅游心得，交换旅游意见	0.708	0.208	0.026	0.066	-0.066
Q24 旅游时，为了拍好照片，我会不断更新自己的拍摄设备	0.698	0.115	0.110	0.026	0.123
Q22 旅游结束后，我会告诉同事并和他们进行讨论，有时还会送旅游纪念礼物	0.533	0.362	-0.056	0.137	-0.357
Q15 我会随时关注旅游景区的官方微博和微信	0.299	0.832	0.141	-0.018	-0.075
Q16 我喜欢看旅游相关的书籍或电视节目	0.220	0.830	0.121	0.026	0.024
Q17 我会提前留意相关旅游信息，以便做好相应准备	-0.050	0.656	0.211	0.320	0.183

续表

题	因 子				
	1	2	3	4	5
Q14 我会提前与旅行社进行一些前期沟通，了解相关事宜	0.371	0.627	0.157	0.159	-0.037
Q27 如果购买了私家车，那么我会提高外出旅游的频率	0.062	0.192	0.835	0.083	0.056
Q28 如果交通不那么拥堵，那么我会开车自驾游	0.010	0.200	0.820	0.138	0.003
Q26 我更愿意去交通方便的旅游景点	0.189	0.199	0.694	0.142	0.148
Q30 我喜欢旅行社帮我打点好一切	0.206	-0.198	0.522	0.336	0.211
Q11 家人或朋友建议去某景点我一般都同意	0.117	0.083	0.139	0.830	0.221
Q12 我喜欢去大家都去的景点旅游	-0.001	0.206	0.260	0.778	-0.028
Q21 我对景点的负面评论非常在意	0.096	-0.049	0.035	0.012	0.898
Q20 我对相关旅行社的负面报道深信不疑	-0.043	0.140	0.232	0.285	0.670

　　本节的探索性因子分析对核心变量题（旅游态度题）进行因子探索，并且得到 5 个因子，每个因子有对应的题，通常可以使用 SPSS 软件生成 5 个因子的变量数据，即通过计算 5 个因子对应题的平均值，生成 5 列数据，分别代表 5 个因子的整体情况，然后完成数据处理以便后续进一步分析使用。完成探索性因子分析后，需要进行信度分析和效度分析。

9.3.2　本案例的信度分析和效度分析

　　本节进行信度分析和效度分析。信度分析在第 5 章中已经详细说明，本节不再赘述。在效度分析方面，由于本次研究的量表题并没有参考经典量表，因此可以对其进行多角度的内容效度分析，包括题设计时的部分参考，是否经过预测试，是否得到专家或相关从业人员的认可，等等。

　　如果使用探索性因子分析进行结构效度分析，那么其结果与 9.3.1 节的探索性因子分析结果完全一致，区别在于使用探索性因子分析的目的不同，9.3.1 节使用探索性因子分析的探索因子功能，而本节使用探索性因子分析的结构效度分析功能。研究人员也可以使用结构方程模型（SEM）软件 AMOS 的验证性因子分析（CFA）进行结构效度分析。使用 CFA 进行结构效度分析对数据质量及样本量有较高的要求，通常情况下经典量表才可以达标。本案例使用探索性因子分析进行结构效度分析，结构效度分析汇总如表 9-7 所示。

表 9-7　结构效度分析汇总

因子（变量）	题	因子载荷系数				
		1	2	3	4	5
分享	Q25 我更喜欢旅游后发长博客来分享自己的体验	0.766	0.057	0.262	-0.153	-0.016
	Q18 去旅游后，我乐于在社交圈分享自己的感受	0.721	0.149	0.012	0.141	0.106
	Q19 我会随时与朋友、家人沟通旅游心得，交换旅游意见	0.708	0.208	0.026	0.066	-0.066

续表

因子（变量）	题	因子载荷系数				
		1	2	3	4	5
分享	Q24 旅游时，为了拍好照片，我会不断更新自己的拍摄设备	0.698	0.115	0.110	0.026	0.123
	Q22 旅游结束后，我会告诉同事并和他们进行讨论，有时还会送旅游纪念礼物	0.533	0.362	−0.056	0.137	−0.357
关注	Q15 我会随时关注旅游景区的官方微博和微信	0.299	0.832	0.141	−0.018	−0.075
	Q16 我喜欢看旅游相关的书籍或电视节目	0.220	0.830	0.121	0.026	0.024
	Q17 我会提前留意相关旅游信息，以便做好相应准备	−0.050	0.656	0.211	0.320	0.183
	Q14 我会提前与旅行社进行一些前期沟通，了解相关事宜	0.371	0.627	0.157	0.159	−0.037
便捷性	Q27 如果购买了私家车，那么我会提高外出旅游的频率	0.062	0.192	0.835	0.083	0.056
	Q28 如果交通不那么拥堵，那么我会开车自驾游	0.010	0.200	0.820	0.138	0.003
	Q26 我更愿意去交通方便的旅游景点	0.189	0.199	0.694	0.142	0.148
	Q30 我喜欢旅行社帮我打点好一切	0.206	−0.198	0.522	0.336	0.211
从众效应	Q11 家人或朋友建议去某景点我一般都同意	0.117	0.083	0.139	0.830	0.221
	Q12 我喜欢去大家都去的景点旅游	−0.001	0.206	0.260	0.778	−0.028
负面评论	Q21 我对景点的负面评论非常在意	0.096	−0.049	0.035	0.012	0.898
	Q20 我对相关旅行社的负面报道深信不疑	−0.043	0.140	0.232	0.285	0.670
特征根值		2.762	2.644	2.455	1.731	1.574
方差解释率（%）		16.249	15.550	14.440	10.181	9.262
累积方差解释率（%）		16.249	31.799	46.239	56.420	65.682
KMO 值		0.818				
Bartlett 球形检验	近似卡方	2639.971				
	Sig.	0.000				

　　针对旅游态度量表题，探索性因子分析结果显示 KMO 值为 0.818，大于 0.7，并且通过了 Bartlett 球形检验。另外探索性因子分析共探索得到 5 个因子，这 5 个因子旋转后的方差解释率分别为 16.249%、15.550%、14.440%、10.181% 和 9.262%，总共累积方差解释率为 65.682%。各量表题对应的因子载荷系数值均高于 0.5，最小为 0.522，最大为 0.898，题与因子之间均有着良好的对应关系，并且题与因子的对应关系与专业知识相符，说明此量表（旅游态度量表）有着良好的结构效度，研究数据可用于进一步分析。

9.3.3　本案例的聚类分析

　　本节对样本进行聚类分析。聚类分析可以分为样本聚类和变量聚类两大类，在实际问卷研究中，样本聚类较为常见，即通过聚类分析将样本分为几类，本案例就是进行样本聚类。在 SPSS 软件中，聚类分析分为两步聚类分析、k-均值聚类分析和系统聚类分析，这 3 种聚类分析方法的使用区别较小，但对数据类型的要求不同，而且在功能特点上也有区别，研究人员应该结合具体情况进行选择（在 9.2.1 节有详细说明）。如果数据均为量表题，则这 3 种聚类分析方法功能基本一致，在研究过程中可以结合这 3 种聚类分析方法的结果进行对比并选择最佳聚类结果。

在进行样本聚类前，应该确保 5 个因子数据已经生成，即每个因子由不同题组成，并且分别计算出对应题的平均值，每个因子分别使用一列数据（平均值）代表因子整体。完成数据处理后，首先使用 k-均值聚类分析进行试探性分析，k-均值聚类分析的最大特点是快速，因此适合用于试探性分析。有时也可以使用两步聚类分析进行试探性分析，原因在于两步聚类分析可以自动判定最优聚类类别数量。

在进行 k-均值聚类分析时，SPSS 软件会将聚类类别数量默认设置为两类，因此研究人员可以结合具体情况设置聚类类别数量。本案例在使用 k-均值聚类分析进行聚类分析时，当将聚类类别数量设置为 2 个时，样本量分别是 245 个和 179 个；当将聚类类别数量设置为 3 个时，样本量分别是 184 个、147 个和 93 个；当将聚类类别数量设置为 4 个时，样本量分别是 132 个、69 个、83 个和 140 个。单独根据各个聚类类别样本量并不能确认最终聚类类别数量，但可以大致选定为 2 个或 3 个。聚类类别太多会使分析变得复杂，并且结合当前总样本情况和聚类数据（5 个因子）综合判断，暂定聚类类别数量为 2 个或 3 个。

在使用 k-均值聚类分析进行试探性分析后，继续使用另外两种聚类分析方法进行对比，在使用两步聚类分析时，软件默认设置聚类类别数量为 2 个；在使用系统聚类分析时，需要研究人员手动设置聚类类别数量（与 k-均值聚类分析类似）。结合上述分析，最终设定的聚类类别数量为 3 个，没有选择 2 个聚类类别作为最终结果是出于对实际情况的考虑，并且 2 个聚类类别过于简单，不便于深入挖掘不同聚类类别样本的特点。

根据笔者的经验，如果聚类类别数量已经确定，并且这 3 种聚类分析方法的结果基本一致，那么使用哪一种聚类分析方法都可以（如果数据中有分类数据，那么无法使用 k-均值聚类分析），多数情况下会使用系统聚类分析，而两步聚类分析可以自动生成聚类类别数量，其使用频率也越来越高。对这 3 种聚类分析方法而言，输出图表的实际意义并不大，关键在于让 SPSS 软件自动生成一列聚类类别编号（需要手动设定，SPSS 软件默认不输出聚类类别编号数据），便于后续进一步分析使用。

本案例主要使用两步聚类分析进行分析。在使用两步聚类分析进行分析时，将聚类类别数量设置为 3 个（SPSS 软件默认输出结果为两个，因此需要手动设置聚类类别数量为 3 个）。接下来针对两步聚类分析得出的相关结果进行详细说明。

表 9-8 为使用两步聚类分析生成的"聚类分布"表格。从表 9-8 中可以直观地看出，总共生成 3 个聚类类别，各个聚类类别的样本量（N）分别是 178 个、185 个和 61 个，相对来讲，聚类类别 3 的样本量较少，仅占总样本量的 14.4%。还有一个表格展示了 3 个聚类类别样本在 5 个因子上的平均值和标准差，后面会进一步分析平均值情况并对各个聚类类别命名，本节不进行说明。

表9-8　聚类分布

		N（个）	组合（%）	总计（%）
聚类类别	1	178	42.0	42.0
	2	185	43.6	43.6
	3	61	14.4	14.4
	组合	424	100.0	100.0
总计		424	100.0	100.0

两步聚类分析模型概要图如图9-5所示。从图9-5中可以看出模型共分为3类，并且模型概要图还展示出两步聚类分析的质量情况（此功能仅两步聚类分析才有），从整体上看，模型拟合较为理想，可以接受。

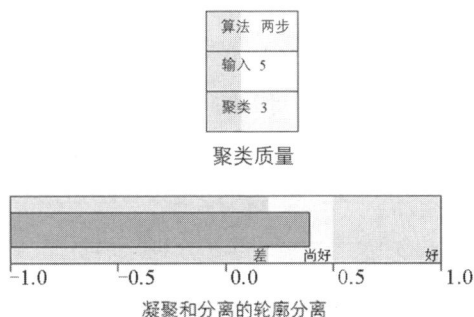

图9-5　两步聚类分析模型概要图

预测变量重要性（预测变量指本案例中的5个因子）如图9-6所示。从图9-6中可以看出，便捷性因子对聚类建模的重要性最高，从众效应、分享、关注这3个因子对聚类建模的重要性较高，相对来讲，负面评论因子对聚类建模的重要性最低。

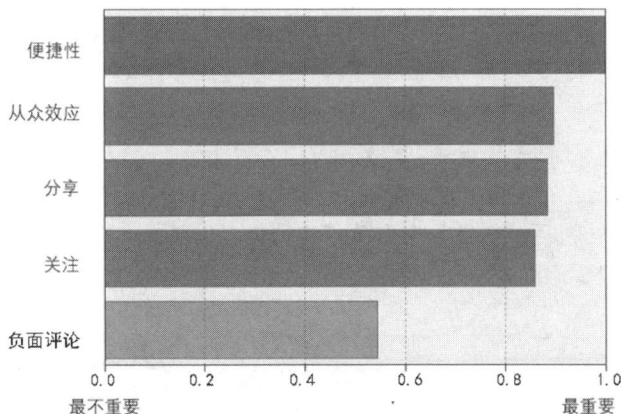

图9-6　预测变量重要性

本节详细阐述了聚类分析过程及两步聚类分析方法。本案例使用 5 个因子对样本进行聚类分析，并将样本聚类为 3 个聚类类别。接下来会详细分析这 3 个聚类类别样本的特征情况，并且对这 3 个聚类类别样本命名。

9.3.4　本案例的聚类样本命名及聚类效果验证

在聚类效果方面，前面已经使用两步聚类分析对模型质量进行了简单判断，并且对预测变量（5 个因子）进行了重要性说明。本节详细分析 3 个聚类类别样本的特征情况，并且对其命名。

可以通过方差分析对比这 3 个聚类类别样本在 5 个因子上的差异性，并且结合具体差异性对比这 3 个聚类类别样本的特征情况，然后对其命名。聚类类别与因子方差分析汇总如表 9-9 所示（方差分析的详细说明可参阅第 5 章）。

表 9-9　聚类类别与因子方差分析汇总

	聚类类别（平均值±标准差）			F	P
	类别 1（N=178）	类别 2（N=185）	类别 3（N=61）		
分享	2.93±0.51	3.56±0.48	2.51±0.42	140.42	0.00**
关注	2.96±0.59	3.88±0.50	2.92±0.74	135.24	0.00**
便捷性	3.13±0.56	4.05±0.45	3.95±0.43	164.80	0.00**
从众效应	2.87±0.67	3.91±0.60	3.97±0.63	142.87	0.00**
负面评论	2.96±0.63	3.43±0.71	4.15±0.53	77.87	0.00**

** $P<0.01$。

从表 9-9 可知，这 3 个聚类类别样本对 5 个因子（分享、关注、便捷性、从众效应、负面评论）均有着显著性差异态度。具体分析这 3 个聚类类别样本的特征情况可知：类别 1 样本的分享意愿和关注度较低，对便捷性要求不高，从众效应也较低，对负面评论不敏感，综合此类样本特征情况，将其命名为"旅游冷淡者"；类别 2 样本的分享意愿和关注度最高，对便捷性要求高，从众效应也很强，并且对负面评论较为在乎，综合此类样本特征情况，将其命名为"旅游爱好者"；类别 3 样本的分享意愿最低且不太关注相关旅游信息，但其对便捷性要求较高，有较强的从众效应，并且对负面评论最在乎，综合此类样本特征情况，将其命名为"旅游从众者"。综合上述分析，可以明显区分出这 3 个聚类类别样本的特征，并且符合当前旅游消费者的特征，结合两步聚类分析对聚类效果的判断，综合说明聚类效果较好。

9.3.5　本案例中不同类别样本的卡方分析

完成对 3 个聚类类别样本命名后，接着进一步分析不同聚类类别样本的差异情况，包括 3 个聚类类别样本对旅游题的态度差异及 3 个聚类类别样本的背景特征差异等。

本案例中有 2 个关于旅游卡的题（旅游卡类别和旅游卡票面金额），研究人员需要了解不同旅游消费者对旅游卡的偏好，便于旅游公司设计出不同种类的旅游卡供消费者选择使用。

由于篇幅限制，本节仅对 3 个聚类类别样本对旅游卡的差异情况进行分析，在分析时，还可以分析 3 个聚类类别样本对样本背景信息题（Q1～Q4）、样本特征信息题（Q5～Q7）和样本基本态度题（Q8～Q10）的差异情况。以上分析均可以使用卡方分析进行（卡方分析相关内容请参阅第 10 章）。3 个聚类类别样本与旅游卡偏好情况卡方分析如表 9-10 所示。

表 9-10　3 个聚类类别样本与旅游卡偏好情况卡方分析

| 题 | 选　项 | 聚类类别样本 | | | 合　计 | x^2 |
		旅游冷淡者	旅游爱好者	旅游从众者		
请选择您偏好的旅游卡类别	年卡（固定折扣金额）	89 个（50.0%）	47 个（25.4%）	36 个（59.0%）	172 个（40.6%）	32.82**
	积分优惠卡（积分折现消费）	89 个（50.0%）	138 个（74.6%）	25 个（41.0%）	252 个（59.4%）	
合计		178 个（100.0%）	185 个（100.0%）	61 个（100.0%）	424 个（100.0%）	
每张旅游卡的票面金额偏好情况是	1 000 元以内	28 个（15.7%）	139 个（75.1%）	11 个（18.0%）	178 个（42.0%）	183.5**
	1 000～5 000 元	119 个（66.9%）	22 个（11.9%）	22 个（36.1%）	163 个（38.4%）	
	5 000 元以上	31 个（17.4%）	24 个（13.0%）	28 个（45.9%）	83 个（19.6%）	
合计		178 个（100.0%）	185 个（100.0%）	61 个（100.0%）	424 个（100.0%）	

** $P<0.01$。

下面对比这 3 个聚类类别样本（旅游冷淡者、旅游爱好者和旅游从众者）在旅游卡类别和票面金额上的选择差异情况。根据表 9-10 可知，在旅游冷淡者中有 50.0%的样本选择年卡，在旅游从众者中有 59.0%的样本选择年卡，而在旅游爱好者中只有 25.4%的样本选择年卡。这说明旅游冷淡者和旅游从众者相对来说更加偏好年卡，旅游爱好者更加偏好积分优惠卡。因此，应该更多地向旅游爱好者宣传积分优惠卡，同时向旅游冷淡者和旅游从众者宣传年卡。在旅游卡票面金额的偏好情况上，旅游冷淡者更加偏好票面金额为 1 000～5 000 元的旅游卡，旅游爱好者更加偏好票面金额为 1 000 元以内的旅游卡，旅游从众者相对来说更加偏好金额为 5 000 元以上的旅游卡。这说明旅游冷淡者偏好票面金额适中的旅游卡，旅游爱好者偏好票面金额较低的旅游卡，旅游从众者偏好票面金额偏高的旅游卡。

综合分析可以得出建议：当前旅游市场存在 3 类旅游消费者，分别是旅游冷淡者、旅游爱好者和旅游从众者。旅游公司应该设计出 3 种旅游卡，分别是旅游冷淡者偏好的票面金额适中的年卡，旅游爱好者偏好的票面金额较低的积分优惠卡，以及旅游从众者偏好的票面金额较高的年卡。

第10章

非量表类问卷研究

　　本书约定大部分题(60%以上)或基本所有题为非量表题的问卷为非量表类问卷。在通常情况下,非量表类问卷针对某个话题进行现状分析,并且了解样本的基本态度情况,研究不同类别样本的现状或态度差异,然后结合分析结论提供有意义的建议、措施等。

10.1 分析思路

非量表类问卷研究分为 7 部分，分别是样本背景分析，样本特征、行为分析，基本现状分析，样本态度分析，差异分析，影响关系分析和其他。非量表类问卷研究分析思路如图 10-1 所示。

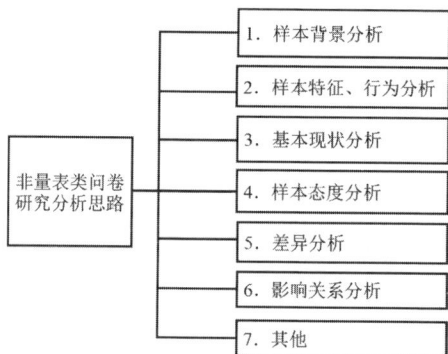

图 10-1　非量表类问卷研究分析思路

（1）样本背景分析。此部分的具体分析方法及分析内容与第 5 章类似，均是使用频数分析对样本的背景信息进行分析。

（2）样本特征、行为分析。针对非量表类问卷，需要从不同方面对样本的基本特征和基本行为情况进行详细分析和说明。如果题较多，那么研究人员可以将此部分细分为几部分并进行分析说明，分析方法均是使用频数分析。如果有多选题，则可以使用条形图直观展示样本的选择结果。

（3）基本现状分析。非量表类问卷需要对某个话题的基本现状有深入的了解，以便后续提供相关的建议和措施。将某个话题的现状情况单独作为一部分进行分析，在逻辑上更为清晰。分析方法使用频数分析即可。

（4）样本态度分析。除了分析样本的基本现状，还需要分析样本的基本态度情况，以便提供细节性建议和措施。将样本态度分析作为单独一部分，分析方法可以使用频数分析。如果题为排序题，那么可以使用描述性分析，通过计算各题平均值进行排序，并且可以使用直方图直观展示排名结果。

（5）差异分析。此部分为非量表类问卷的核心部分。由于非量表类问卷更多的是基于现状和政策的建议分析，因此在完成样本背景分析，样本特征、行为分析，基本现状分析，以及样本态度分析后，需要对比不同样本的差异，如不同背景的样本在特征信息、基本现状和基本态度上的差异，从而提供科学的数据支持。在分析方法上，由于非量表类问卷题的数据基本上为分类数据，因此通常使用卡方分析进行差异分析。

（6）影响关系分析。在非量表类问卷研究中，有时还会研究相关因素对样本态度或样本现状的影响情况,如研究相关因素对样本是否进行 P2P 理财或是否愿意进行 P2P 理财的影响情况。在分析方法上,由于因变量 Y 为分类数据,因此使用 Logistic 回归分析进行影响关系分析较为合适。

(7)其他。如果非量表类问卷中包含量表题,则可能涉及探索性因子分析、信度分析、方差分析等。针对量表题的分析方法,读者可参阅第 5 章内容。

10.2 分析方法

本节会详细介绍非量表类问卷研究分析思路涉及的分析方法,第 5 章已经对此分析思路可能涉及的部分分析方法进行了详细说明,包括频数分析、描述性分析、探索性因子分析、信度分析、方差分析等。此部分更多的是针对本分析思路涉及的核心分析方法,即卡方分析和 Logistic 回归分析进行详细阐述。非量表类问卷研究分析思路与分析方法的对应关系如图 10-2 所示。

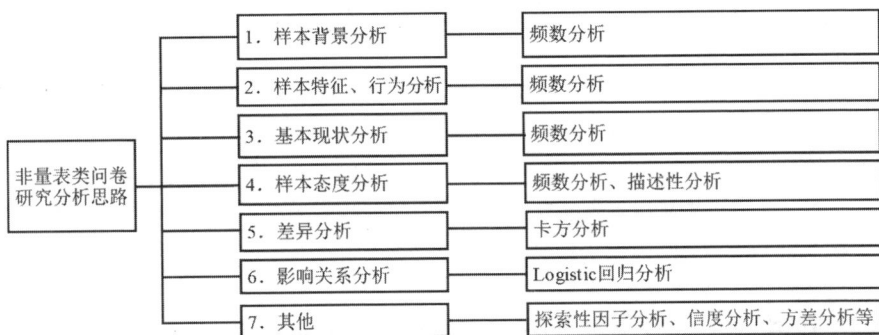

图 10-2 非量表类问卷研究分析思路与分析方法的对应关系

针对样本背景分析和样本特征、行为分析这两部分,通常是使用频数分析统计样本对各个选项的选择百分比,这两部分的详细说明可以参考第 5 章内容。

针对样本基本现状分析和样本基本态度分析,在分析方法上可以使用频数分析,通过计算选项的选择频数和百分比,直观地分析样本的基本现状情况和基本态度情况。如果问题中有定量数据,那么可以使用描述性分析,通过计算平均值了解样本的态度情况。

差异分析和影响关系分析在接下来的内容中会进行详细说明。针对其他分析,如果问卷中涉及量表题,则可能涉及探索性因子分析、信度分析、方差分析等,详细说明可以参考第 5 章内容。

10.2.1 基本现状分析和样本态度分析

非量表类问卷研究在多数情况下需要分析样本基本现状情况及样本基本态度情况,研究人员首先进行基本现状分析,然后进行样本态度分析,最后结合分析结果提出建议。为了便于厘清思路，每一部分（表达某个现状或态度的研究问题）的题最好为 3～7 个。如果某个研究问题由多个题进行测量，那么可以考虑将这个研究问题进行拆分，尽量拆分成很多个小的研究问题，然后针对每个小的研究问题设计 3～7 个题。此部分通常会使用简单易懂的频数和百分比统计，并且结合各种统计图进行展示。例如，多选题可以使用条形图展示，单选题可以使用柱形图展示。如果问题中有定量数据，则可以通过计算平均值，即使用描述性分析，了解样本的选择情况。

在对样本基本现状及样本基本态度进行深入分析后，可以继续研究不同类别样本的差异情况，如不同性别样本的态度差异情况、不同性别样本的现状差异情况，或者深入研究样本基本态度对样本基本现状的影响关系及样本基本现状对样本基本态度的影响关系。非量表类问卷中大部分数据为分类数据，因此使用卡方分析进行差异分析，使用 Logistic 回归分析进行影响关系分析，这在接下来的内容中会进一步说明。

10.2.2　卡方分析

在完成基本现状分析和样本态度分析后，需要进行差异分析，如不同性别的样本对某一问题的态度差异情况。从分析方法上看，差异分析包括方差分析、t 检验及卡方分析。方差分析和 t 检验仅针对量表题，在第 5 章中已经进行了详细说明，此部分不再赘述。针对非量表题的关系研究，即分类数据与分类数据之间的关系研究，应该使用卡方分析。例如，在研究性别与宗教信仰之间的差异性时，性别和宗教信仰均为分类数据，因此应该使用卡方分析。卡方分析又被称为交叉表分析，用于分析不同类别数据的选择频数和百分比情况，进而进行差异分析。单选题和多选题均可以使用卡方分析进行差异分析。

如果要研究 X 与 Y 的关系，并且 X 和 Y 均为分类数据，那么应该使用卡方分析。结合问卷研究实际情况，笔者将卡方分析分为两类，分别为单选题卡方分析和多选题卡方分析，如图 10-3 所示。如果 Y 为单选题，那么应该使用单选题卡方分析；如果 Y 为多选题，那么应该使用多选题卡方分析。相对而言，多选题在进行卡方分析时较为复杂。

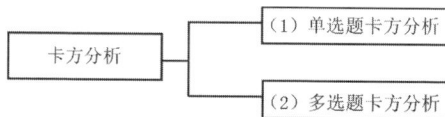

图 10-3　卡方分析分类

（1）单选题卡方分析。卡方分析在两个分类数据进行交叉的基础上，加上统计假设检验值，即卡方值和对应的 P 值，通过对 P 值进行判断，进而说明两个分类数据之间是否有联系。例如，性别与是否戴隐形眼镜之间的联系情况，学历（学历在通常情况下被视为分类数据）与宗教信仰之间的联系情况。

从具体分析来看，首先是对 P 值进行判断，如果 P 值小于 0.05（且大于或等于 0.01），那么说明呈现出 0.05 水平上的显著性，即说明至少有 95%的把握认为样本存在差异性，两个分类数据之间有着明显的联系；如果 P 值大于 0.05，那么说明两个分类数据之间的联系并没有统计上的把握性，即说明两个分类数据之间基本没有联系。

对于单选题卡方分析，首先需要对数据分布情况有一定的了解。例如，将问卷中的学历分为 5 组（中学、专科、本科、硕士、博士），其中中学样本量为 10 个，专科样本量为 30 个，本科样本量为 100 个，硕士样本量为 30 个，博士样本量为 10 个，中学样本量和博士样本量仅为 10 个，没有代表性，因此需要进行分组处理，可以将学历分为 3 组，分别是"专科及以下"、"本科"和"硕士及以上"，此时这 3 组样本量分别为 40 个、100 个和 40 个，各组样本均具有代表性。有时数据并不能进行分组处理，例如，性别有"男性"和"女性"两个选项，男性样本量为 100 个，而女性样本量仅为 10 个，女性样本量过少不具有代表性，而且无法进行分组处理，此时进行卡方分析很可能无法得到科学结论。

（2）多选题卡方分析。类似于单选题卡方分析，多选题卡方分析也是研究两个分类数据（X 和 Y）之间的关系，但区别在于这里的 X 为单选题数据，Y 为多选题数据。SPSS 软件不能直接对多选题进行卡方分析，首先需要对数据进行处理，即多重响应设置。多重响应设置相当于将多选题的多列数据（多选题的一个选项存储为一列数据）处理为一列数据，通俗地讲，即将多选题变成单选题，此过程由 SPSS 软件进行处理。完成多重响应设置后进行交叉分析，并且设定卡方值输出选项，最终完成分析。从原理上看，多选题卡方分析与单选题卡方分析完全一致，但二者在 SPSS 软件中的操作步骤则完全不同，具体在 SPSS 软件中的操作步骤会在后续章节中进行说明。

10.2.3　Logistic 回归分析

在非量表类问卷研究中，可能会涉及影响关系分析，如研究相关因素（自变量 X）对样本是否购买理财产品的影响情况。Logistic 回归分析类似于第 5 章提及的多元线性回归分析，都是用于研究 X 对 Y 的影响情况。如果 Y 为定量数据，那么使用多元线性回归分析；如果 Y 为分类数据，那么使用 Logistic 回归分析。结合实际情况，可以将 Logistic 回归分析分为 3 类，分别是二元 Logistic 回归分析、多元有序 Logistic 回归分析和多元无序 Logistic 回归分析。Logistic 回归分析分类如图 10-4 所示。

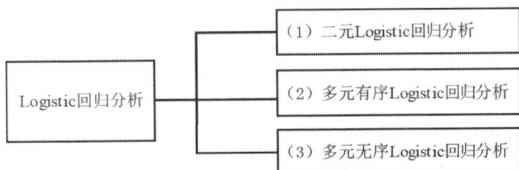

图 10-4　Logistic 回归分析分类

Logistic 回归分析用于研究 X 对 Y 的影响关系，并且对 X 的数据类型没有要求，X 可以为分类数据，也可以为定量数据，但要求 Y 必须为分类数据，并且根据 Y 的选项数，使用相应的分析方法。如果 Y 有两个选项，如"愿意"和"不愿意"、"是"和"否"，那么应该使用二元 Logistic 回归分析；如果 Y 有多个选项，并且各个选项之间可以对比大小，例如，1 代表"不愿意"，2 代表"无所谓"，3 代表"愿意"，这 3 个选项具有对比意义，数值越高，代表样本的愿意程度越高，那么应该使用多元有序 Logistic 回归分析；如果 Y 有多个选项，并且各个选项之间不具有对比意义，例如，1 代表"淘宝"，2 代表"天猫"，3 代表"京东"，4 代表"亚马逊中国"，数值仅代表不同类别，数值大小不具有对比意义，那么应该使用多元无序 Logistic 回归分析。在实际问卷研究中，二元 Logistic 回归分析的使用频率最高，其次为多元有序 Logistic 回归分析，而多元无序 Logistic 回归分析的使用频率最低。

（1）二元 Logistic 回归分析。在非量表类问卷研究中使用此分析方法的频率最高。在非量表类问卷研究中，多数情况下研究人员希望研究样本的基本现状、基本态度，并且最终要有一个落脚点，即最后样本是否愿意或是否会进行某个"操作"。例如，不同样本对理财产品有不同的态度，并且对理财产品的了解情况也不同，但研究人员最终的落脚点是具体哪些因素会影响样本将来是否购买理财产品，此时应该使用二元 Logistic 回归分析。二元 Logistic 回归分析通常分为三步，分别是数据处理、卡方分析和影响关系分析，如图 10-5 所示。

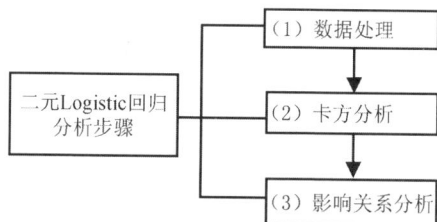

图 10-5　二元 Logistic 回归分析步骤

第一步为数据处理。除非条件允许，研究人员应该尽可能地让每个选项有较多的样本（30 个以上），否则会得出不科学的结论。如果某影响因素的有些选项样本量很少，就要对该影响因素各选项进行重新组合。例如，在研究相关因素对样本将来是否愿意购买理财产品的影响情况时，学历为其中一个影响因素，而在学历选项中"大专"仅有 10 个样本，那么应该对学历进行重新组合。

第二步为卡方分析。此步不是必需的步骤，通过此步可以试探性了解每个影响因素 X 与 Y 之间的影响关系。如果通过卡方分析发现 X 与 Y 之间完全没有关系，但是后续通过二元 Logistic 回归分析发现有影响关系，那么此时应该检查数据情况，避免得出不科学的结论。针对非量表类问卷研究，当研究人员不能确定到底哪些因素是可能的影响因素或可能的影响因素非常多时，也可以首先进行卡方分析进行初步筛选，筛选出没有直接联系的题，通过简化二元 Logistic 回归分析模型使得分析解读简洁易懂。

第三步为影响关系分析，即二元 Logistic 回归分析。在上一步确认了可能的影响因素之后，此步骤直接对题进行二元 Logistic 回归分析。二元 Logistic 回归分析的具体解读类似于多元线性回归分析，需要看某个题是否呈现出显著性（如果 P 值小于 0.05，则说明呈现出 0.05 水平的显著性；如果 P 值小于 0.01，则说明呈现出 0.01 水平的显著性），如果呈现出显著性，那么说明该题对 Y 有影响关系。具体是正向影响还是负向影响需要结合对应的回归系数值进行说明，如果回归系数值大于 0，则说明是正向影响，反之则说明是负向影响。

二元 Logistic 回归分析与多元线性回归分析也有一些区别。二元 Logistic 回归分析会涉及一个术语——对数比（SPSS 软件输出名字为 Exp(B)）。对数比是一个倍数概念指标。例如，研究相关因素对样本以后是否购买理财产品的影响，性别因素呈现出显著性，并且性别以"女性"为参照项，其对数比（Exp（B））值为 1.34，这说明男性样本购买理财产品的可能性是女性样本的 1.34 倍。

二元 Logistic 回归分析模型的拟合情况或模型效果的判断会涉及 3 个指标，分别是 Hosmer 和 Lemeshow 检验、Cox & Snell R^2 和分类表。Hosmer 和 Lemeshow 检验用于检验事实数据情况与模型拟合结果是否保持一致，如果在进行 Hosmer 和 Lemeshow 检验时 P 值大于 0.05，那么说明事实数据情况与模型拟合结果保持一致，即说明模型拟合情况良好。Cox & Snell R^2 用于表示模型拟合程度，此值与多元线性回归分析的 R^2 值意义基本一致，此值的取值范围为 0~1，值越大意味着相关因素对 Y 的解释力度越高。分类表用于检验模型的误判断情况，如将本身为愿意购买理财产品的样本误判断为不愿意购买理财产品的样本的百分比。通俗地讲，分类表用于分析事实数据情况与模型拟合结果之间的差异情况，以及判断模型的预测准确率情况，分类表是 Hosmer 和 Lemeshow 检验的具体数据呈现。

Hosmer 和 Lemeshow 检验、Cox & Snell R^2 和分类表均可以判断模型拟合情况，但是这 3 个指标有时并不能同时达标，并且没有绝对的判断标准。如果研究人员更关心相关因素是否呈现出显著性，那么无须在表格中列出这 3 个指标值。

（2）多元有序 Logistic 回归分析。与二元 Logistic 回归分析不同的是，多元有序 Logistic 回归分析的 Y 有多个选项，并且选项之间具有对比意义。根据笔者的研究经验，多元有序 Logistic 回归分析有时也可以直接使用多元线性回归分析替代，并且在结论上并无明显差异。本书不对此方法进行详细说明，有兴趣的读者可以查阅相关文献。

（3）多元无序 Logistic 回归分析。此分析方法在问卷研究中的使用频率最低，原因是在使用此分析方法进行分析时，文字解读较为困难。多元无序 Logistic 回归分析的 Y 为分类数据，需要设置一个基准对比项，如果 X 也是分类数据，那么 X 也需要设置一个基准对比项，因此具体的文字分析内容较难理解。此分析方法具体的文字分析内容与二元 Logistic 回归分析类似。由于此分析方法使用较少，本书不对其进行详细说明，有兴趣的读者可以查阅相关文献。

10.3 案例解读：大学生理财情况研究

本节以案例形式对非量表类问卷研究分析思路进行说明。案例沿用第 4 章的非量表类问卷设计案例 2。大学生理财情况研究问卷框架如表 10-1 所示。

表 10-1　非量表类问卷研究案例：大学生理财情况研究问卷框架

框架内容	题　号	题　内　容
筛选题	Q1	是否为在校大学生
样本背景信息题	Q2	性别
	Q3	年龄
	Q4	专业
	Q5	月生活费
样本特征信息题	Q6	您每月的支出有计划吗
	Q7	您对理财方面的知识了解多少
	Q8	您平时会关注一些理财方面的信息吗
样本基本现状题	Q9	您是否使用过理财产品（有、没有）（跳转题，选择否跳到 Q12）
	Q10	您选择过哪种投资理财产品（多选题）
	Q11	您使用过哪种互联网理财产品
样本基本态度题	Q12	您心目中合理的理财状态和结构是
	Q13	您认为大学生是否需要专业化的理财咨询和服务
	Q14	您认为大学生有必要制订投资理财计划吗（四级量表）
	Q15	对您进行投资理财影响最深的因素是
	Q16	您最希望通过哪种途径了解理财知识
	Q17	您对理财产品的了解程度是（四级量表）
	Q18	您认为导致自己没有购买投资理财产品的主要因素是
	Q19	您未来是否愿意或继续购买理财产品（愿意、不愿意）

从问卷结构上看，Q1 为筛选题，此研究仅针对大学生群体，因此在分析时首先需要筛选出有效样本；Q2～Q5 为样本背景信息题；Q6～Q8 为样本特征信息题；Q9～Q11 为样本基本现状题；Q12～Q19 为样本基本态度题。

本问卷分析的核心思路为对当前大学生的理财情况进行分析，并且了解样本对理财的相关态度。Q19 为核心题，不同的样本特征和态度情况最终会影响样本未来是否愿意或继续购买理财产品，因此可以研究相关因素对 Q19（您未来是否愿意或继续购买理财产品）的影响关系。从问卷结构来看，如果希望深入分析每类样本的特征或态度差异，如不同性别或不同专业样本的现状或态度差异，那么可以使用卡方分析进行分析。Q10 为多选题，如果希望对比不同性别样本对 Q10（您选择过哪种投资理财产品）的差异，那么也可以使用卡方分析进行分析。

从具体分析结构上看，第一部分对样本的背景信息进行分析说明，第二部分分析样本的特征信息情况，第三部分分析样本的理财现状，第四部分分析样本的基本态度。由于样本基本态度题由 8 个题（Q12～Q19）组成，因此可以将其分为两个小部分进行分析。可以使用卡方分析深入对比不同类别样本基本现状或基本态度的差异情况，还可以使用 Logistic 回归分析研究相关因素对样本未来是否愿意或继续购买理财产品的影响情况。本案例问卷的分析方法涉及频数分析、卡方分析和 Logistic 回归分析。

本案例问卷研究仅针对大学生群体，因此首先需要筛选出有效样本。本案例问卷的 Q2～Q5 是样本背景信息题，用于了解样本的背景信息，包括性别、年龄、专业和月生活费，此部分仅需要使用频数分析计算各样本的频数和百分比即可。另外针对样本特征信息题，即本案例问卷中的 Q6～Q8，类似样本背景分析，直接统计各个选项的选择频数和百分比即可。频数分析在第 5 章中已经有详细说明，本节不再赘述。

10.3.1　本案例的基本现状分析和样本态度分析

在通常情况下，非量表类问卷研究会包含大量的样本基本现状题和样本基本态度题，并且此类题为非量表类问卷研究的核心部分。在本案例问卷中，样本基本现状题由 3 个题组成（Q9～Q11），样本基本态度题由 8 个题组成（Q12～Q19）。样本基本态度题的数量较多，为了便于厘清思路，将 Q12～Q14 单独列为一部分，此部分用于表示样本对理财的基本态度情况；将 Q15～Q18 单独列为一部分，此部分用于表示理财相关影响因素和样本理财需求情况；Q19 为核心题，此题用于询问样本最终的理财意愿情况，Q19 也可以与 Q15～Q18 归为同一部分。

10.3.2　本案例的卡方分析

卡方分析可用于深入挖掘有价值的信息。针对本案例问卷，可以对比不同背景（包括性别、年龄、专业和月生活费）的样本在样本基本现状题（Q9～Q11）或样本基本态度题（Q12～Q19）上的差异性，也可以对比具有不同特征（Q6～Q8）的样本在样本基本现状题（Q9～Q11）或样本基本态度题（Q12～Q19）上的差异性。另外，在本案例问卷中，Q19 为核心题，因此也可以单独分析是否愿意或继续购买理财产品的两类样本的差异性，包括在样本背景、特征、基本现状和基本态度上的差异性。

具体应该如何进行挖掘分析，通常需要分析样本背景信息题（Q2～Q5）与样本基本现状题（Q9～Q11）或样本基本态度题（Q12～Q19）的交叉关系。背景不同的样本，很可能出现差异性态度。本节将通过举例分析不同性别的样本在样本基本现状题（Q9～Q11）上的差异性，以便读者理解卡方分析（包括单选题卡方分析和多选题卡方分析）的使用，如表 10-2 和表 10-3 所示。

表 10-2　性别分别与 Q9、Q11 的卡方分析

题	选　项	性　　别		合　计	X^2	P
		男	女			
Q9　您是否使用过理财产品	是	116 个（46.4%）	92 个（42.2%）	208 个（44.4%）	0.831	0.362
	否	134 个（53.6%）	126 个（57.8%）	260 个（55.6%）		
合计		250 个（100.0%）	218 个（100.0%）	468 个（100.0%）		
Q11　您使用过哪种互联网理财产品	余额宝	66 个（56.9%）	47 个（51.1%）	113 个（54.3%）	6.778	0.148
	掌柜钱包	20 个（17.2%）	9 个（9.8%）	29 个（13.9%）		
	百度钱包	7 个（6.0%）	8 个（8.7%）	15 个（7.2%）		
	理财通	2 个（1.7%）	6 个（6.5%）	8 个（3.8%）		
	其他	21 个（18.1%）	22 个（23.9%）	43 个（20.7%）		
合计		116 个（100.0%）	92 个（100.0%）	208 个（100.0%）		

括号内为百分比数字。

表 10-2 是两种性别样本分别与 Q9 和 Q11 这两个单选题进行卡方分析后整理出来的规范格式表格，其中括号外的数值为频数，括号内的数值为百分比，并且单独列出了卡方值（X^2）和 P 值。由于 Q9 为跳转题，因此 Q11 对应的样本量（208 个）为 Q9 中选择"是"的样本量。从表 10-2 中可以看出，不同性别样本在 Q9 和 Q11 上均没有呈现出显著性差异，P 值分别是 0.362 和 0.148，均高于 0.05。这说明男性和女性在是否使用过理财产品和使用过的互联网理财产品方面表现出一致性，并没有明显的区别。

如果 P 值小于 0.05，那么需要深入分析具体差异如何体现，如男性选择某个选项的百分比是否明显高于女性的选择百分比。

表 10-3　性别与 Q10 的卡方分析

题	选　项	性　　别		X^2	P
		男（N=115）	女（N=90）		
Q10 您选择过哪种投资理财产品	互联网理财产品（如余额宝）	86 个（74.8%）	65（72.2%）	12.814	0.046
	股票	32 个（27.8%）	21（23.3%）		
	基金	18 个（15.7%）	30（33.3%）		
	外汇	20 个（17.4%）	10（11.1%）		
	黄金	28 个（24.3%）	16（17.8%）		
	储蓄	69 个（60.0%）	58（64.4%）		

从表 10-3 中可以看出，男性样本和女性样本在投资理财产品上呈现出显著性差异（X^2=12.814，P=0.046<0.05），说明男性样本和女性样本对投资理财产品偏好情况有明显的差异。根据表 10-3 可知，男性样本选择股票的百分比为 27.8%，但是女性样本选择股票的百分比仅为 23.3%，说明相对于女性样本，男性样本偏好股票投资。女性样本选择基金产品的百分比是 33.3%，而男性样本选择基金产品的百分比是 15.7%，说明女性样本比男性

样本更偏好基金投资。类似地，男性样本比样本女性更偏好外汇和黄金投资。

单选题与多选题的卡方分析原理一致，但在具体表格呈现时会存在不一致的地方。单选题有合计值，但是多选题没有，因为多选题中一个样本可以选择多个选项，所以多选题各选项样本量的和并不固定，因此仅需要列出男性和女性的样本量即可（备注：Q10 有缺失数据，因此男性样本总共有 116 个，但分析时仅为 115 个；女性样本总共有 92 个，但分析时仅为 90 个）。

针对非量表类问卷研究，卡方分析还可以用于对比其他差异，如对比不同年龄、不同专业或是否有支出计划的样本对其余题的差异情况，可以结合具体情况进行分析。卡方分析是两个分类数据的交叉分析，交叉项会非常多，如果交叉项 X 有 5 个，而交叉项 Y 有 10 个，那么总共会产生 5×10 个交叉结果。因此，最终表格的规范整理，以及清晰的逻辑思路非常重要。

10.3.3　本案例的 Logistic 回归分析

非量表类问卷研究通常会使用二元 Logistic 回归分析研究相关因素 X 对 Y 的影响情况。本案例问卷将背景信息作为相关因素 X，也就是将性别、年龄、专业和月生活费作为自变量（Q2～Q5），将未来是否愿意或继续购买理财产品（Q19）作为因变量 Y 进行分析。在这 4 个相关因素 X 中，性别和专业为分类数据，因此需要设定参照项，这里将性别中的"女性"和专业中的"体育类"作为参照项；将年龄和月生活费看作定量数据，因此不需要设定参照项。

由于 Q19 由两项组成，分别是"未来愿意或继续购买理财产品"和"未来不愿意或不继续购买理财产品"，因此这里需要使用二元 Logistic 回归分析。如果 Q19 由 3 项组成，如"不愿意"、"不确定"和"愿意"，那么应该使用多元有序 Logistic 回归分析或多元无序 Logistic 回归分析。如果将"不愿意"、"不确定"和"愿意"看作定量数据，即愿意程度越来越高，那么应该使用多元有序 Logistic 回归分析；如果将"不愿意"、"不确定"和"愿意"看作分类数据，即 3 个类别，那么应该使用多元无序 Logistic 回归分析。

本案例在使用二元 Logistic 回归分析时，应该首先进行数据处理，然后进行卡方分析，最后进行二元 Logistic 回归分析，出于篇幅限制，这里直接进行二元 Logistic 回归分析，读者可参考 10.2.3 节中的详细说明。二元 Logistic 回归分析的结果包括分类表、Hosmer 和 Lemeshow 检验、Cox & Snell R^2，以及具体影响情况分析等。分类表如表 10-4 所示。

表 10-4　分类表 [a]

观 察 值		预 测 值		
		您未来是否愿意或继续购买理财产品		预测准确率（%）
		否	是	
您未来是否愿意或继续购买理财产品	否	25	97	20.5
	是	10	336	97.1
预测准确率（%）				77.1

a. 切割值为 0.500。

根据表 10-4 可知，整体预测准确率为 77.1%，此值较低，说明模型的拟合情况相对较差。出于现实的需要，在研究人员有具体的研究思路，但模型的拟合情况相对较差时，研究人员可以对数据进行进一步处理，然后综合权衡做出选择。在本案例中可以将专业进行合并组别处理，或者将专业这一影响因素移出模型，或者将年龄进行合并组别处理等，以便最终得到最优模型结果。有兴趣的读者可以结合数据进一步操作实践。

分类表中还列出了其他信息，包括本身有意愿的 10 个样本却被模型误判为没有意愿，以及本身没有意愿的 97 个样本却被模型误判为有意愿，因此最终的模型拟合情况相对较差。

分类表的分析在现实研究中并不是必需的，但其作为模型拟合情况参考信息是必要的。研究人员需要多次对比各个模型，并且对数据进行多次重复处理，以得到最优模型结果。完成分类表说明后，继续进行影响关系分析。

二元 Logistic 回归分析结果汇总如表 10-5 所示。根据表 10-5 可知，性别的编号为 Q2（1），因为性别是分类数据且以"女性"为参照项，所以 SPSS 软件生成结果会显示为 Q2（1），1 代表"男性"的编码。类似于性别，专业也是分类数据且以"体育类"为参照项，因此"体育类"这一行中无法显示 B 值、$S.E$ 值和 Exp（B）值。

表 10-5　二元 Logistic 回归分析结果汇总

变　量	B	$S.E$	Wals	df	Sig.	Exp（B）
Q2（1）：男	0.279	0.243	1.317	1	0.251	1.322
Q3：年龄	0.380	0.104	13.229	1	0.000	1.462
Q4：体育类	—	—	25.639	3	0.000	—
Q4（1）：理工类	−2.139	0.553	14.963	1	0.000	0.118
Q4（2）：文科类	−1.475	0.559	6.958	1	0.008	0.229
Q4（3）：艺术类	−2.521	0.576	19.134	1	0.000	0.080
Q5：月生活费	−0.010	0.129	0.006	1	0.940	0.990
常量	1.865	0.632	0.006	1	0.003	6.454
Cox & Snell R^2	0.097					
Nagelkerke R^2	0.142					
Hosmer 和 Lemeshow 检验（Sig.）	28.267（0.000）					

在进行二元 Logistic 回归分析时，可以首先对表格中的 R^2 进行简要说明。本案例中的 Cox & Snell R^2 为 0.097，意味着性别、年龄、专业和月生活费共 4 个因素可以解释 Q19（您未来是否愿意或继续购买理财产品）9.7% 的原因。另外，在上述分类表中显示模型拟合情况较差，在进行 Hosmer 和 Lemeshow 检验时发现 P 值为 0.000，小于 0.05，说明 Hosmer 和 Lemeshow 检验也显示真实情况与预测情况有较大的出入。针对此类情况，需要进行模型修正处理，如进行数据合并处理或数据删除处理，以便得到最佳模型结果。此处不进行深入说明。

针对具体影响关系的分析，首先需要分析 P 值（表格中为 Sig.），如果此值小于 0.05（并且大于 0.01），那么说明某因素呈现出 0.05 水平的显著性，即说明某因素产生明显的影响关系。从表 10-5 中可以看出，性别对应的 P 值为 0.251，大于 0.05，说明性别并不影响样本未来是否愿意或继续购买理财产品，也说明男性和女性未来购买理财产品的可能性保持一致。而年龄对应的 P 值为 0.000，说明年龄会影响样本将来是否会购买理财产品。年龄对应的 B 值为 0.380，大于 0，说明年龄越大，样本人群将来购买理财产品的可能性也会越高。另外 Exp（B）值，即对数比值为 1.462，说明年龄每提高一个单位时，样本群体将来购买理财产品的可能性会变成之前的 1.462 倍（对数比值即为 B 值的自然对数次方，即 e^B）。

专业以"体育类"为参照项，因此另外 3 项——"理工类"、"文科类"和"艺术类"均需要分别与"体育类"进行对比分析说明。"理工类"对应的 P 值为 0.000，说明相对于"体育类"，"理工类"样本将来理财的可能性不一样。"理工类"对应的回归系数 B 值为 -2.139，小于 0，说明相对于"体育类"样本，"理工类"样本将来购买理财产品的可能性会更低。类似地，相对于体育类样本，文科类或者艺术类样本将来购买理财产品的可能性会明显更低。月生活费对应的 P 值为 0.940，大于 0.05，说明月生活费对样本将来是否购买理财产品并没有影响关系。

类似多元线性回归分析，二元 Logistic 回归分析也可以写出模型表达式，本案例最终的模型表达式为：

$\ln[p/(1-p)]=1.865+0.279\times Q2（1）+0.380\times Q3-2.139\times Q4（1）-1.475\times Q4（2）-2.521\times Q4（3）-0.010\times Q5$。

其中 p 表示将来会购买理财产品的可能性，$1-p$ 表示将来不会购买理财产品的可能性。$\ln[p/(1-p)]$ 表示将来可能购买理财产品与将来不可能购买理财产品相除后的对数值。此模型表达式涉及二元 Logistic 回归分析的基础理论，本书并不对此进行深入剖析，有兴趣的读者可以参考相关文献。

第三部分

数据分析方法在 SPSS 软件中的操作

　　本部分对数据分析方法在 SPSS 软件中的操作进行解读。本部分操作使用 SPSS 21.0 版本，首先对 SPSS 软件基础操作功能进行说明；然后讲解多种不同分析方法在 SPSS 软件中的操作，包括频数分析和描述性分析在 SPSS 软件中的操作，信度分析和效度分析在 SPSS 软件中的操作，变量关系研究方法在 SPSS 软件中的操作，差异性研究方法在 SPSS 软件中的操作及因子分析和聚类分析在 SPSS 软件中的操作；最后讲解研究方法在 SPSSAU 软件中的操作。

第11章

SPSS 软件基础操作说明

本章主要介绍在问卷研究中常用的 SPSS 软件基础操作功能。首先对 SPSS 软件界面进行说明,然后分别对问卷研究经常使用的计算变量、编码处理、筛选处理和合并数据进行说明。

11.1　SPSS 软件界面说明

SPSS 软件界面分为"数据视图"和"变量视图"两部分。"数据视图"用于存储数据，类似 Excel 软件，数据以二维空间形式存储，每行代表一个样本，每列代表一个问卷单选题。如果问卷为多选题或排序题，那么每个题需要单独存储一列。通常情况下，数据中的数字代表问卷中的选项顺序。例如，性别共有两个选项，顺序依次为"男性"和"女性"，那么 1 代表"男性"，2 代表"女性"。"数据视图"仅用于存储数据，并且在绝大多数情况下为数字，具体数字代表的含义则由"变量视图"进行表述。

"变量视图"对问卷编号、数字代表的实际含义等进行表述，问卷编号是对题的编码，具体编码的含义由"标签"列进行表述；数字与具体含义的对应关系由"值"列进行表述，例如，1 代表"男性"，2 代表"女性"。SPSS 软件界面结构如图 11-1 所示。

图 11-1　SPSS 软件界面结构

SPSS 软件的视图切换按钮位于软件界面的左下角。在"变量视图"中，"名称"列是对题的编码，"标签"列表述了题编码的含义，"值"列说明了数字代表的含义。在"变量视图"中可能会对"类型"列进行处理，如果对应的数据应该为数值，但其存储格式为字符串格式，那么需要对其进行设置，即将数据存储类型设置为数值格式。如果研究中涉及缺失值设定，那么需要对"缺失"列进行设置，如设定–1 代表"缺失数据"。针对问卷研究，在绝大多数情况下，在"变量视图"中仅需要对"名称"、"标签"和"值"这 3 列数据进行设置。

从图 11-1 中可以看出，SPSS 软件操作界面的最上方为功能区域，其中，"分析"菜单涵盖了所有分析方法，使用频率是最高的；"转换"和"数据"菜单包括 SPSS 软件基本操作功能，即 11.2～11.5 节中的内容。SPSS 软件功能丰富，例如，"图形"菜单包括各类图形操作，"实用程序"菜单包括"脚本"设置。

11.2 计算变量

计算变量功能是指对问卷中的某个题或多个题进行处理的一种数学变换。在问卷研究中通常有两种情况会使用此功能，即变量生成和变量处理。在多数情况下，一个变量由多个题表示，而最终进行相关、回归等分析时仅能使用一个变量，因此需要计算多个题的综合平均值，用多个题的综合平均值代表此变量。另外，在需要对数据取对数，以及进行题或变量之间的加减计算时，均需要使用计算变量功能来实现。计算变量功能仅适用于定量数据，分类数据不需要进行加减、取平均值等处理。使用计算变量功能的具体操作分为两步。

第一步：选择"转换"→"计算变量"命令，如图 11-2 所示。

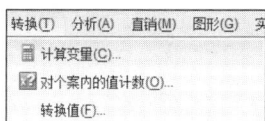

图 11-2　选择"计算变量"命令

第二步：在弹出的"计算变量"对话框中输入"目标变量"名称和"数字表达式"，单击"确定"按钮，如图 11-3 所示。

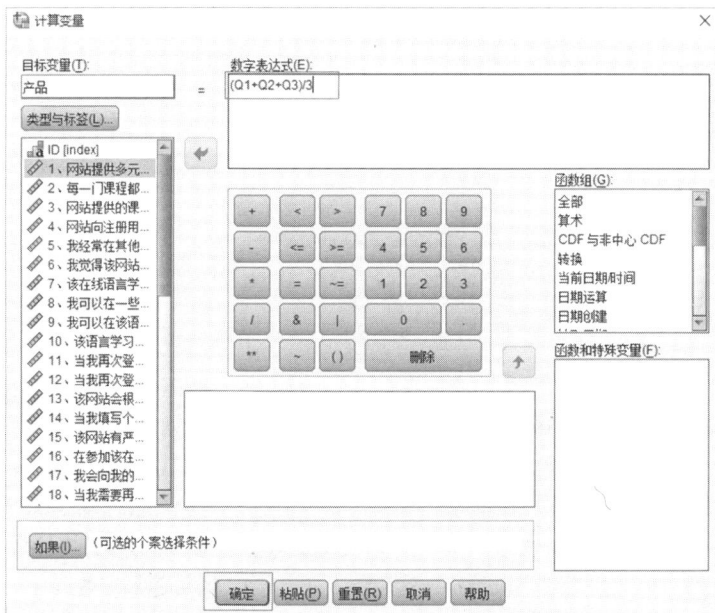

图 11-3　"计算变量"对话框

在"目标变量"文本框中输入新生成的变量名字（此名字不能有特殊符号，如&、空格等），在"数字表达式"文本框中输入对应的数学关系式。例如，在图 11-3 中，在"目标变量"文本框中输入"产品"，在"数字表达式"文本框中输入"(Q1+Q2+Q3)/3"，表示将 Q1、Q2、Q3 进行计算平均值处理，并且将新生成的变量命名为"产品"，便于之后进行相关、回归、描述性、差异等分析时使用。完成计算变量后，"变量视图"最后一行会显示新生成的变量相关信息。

如果涉及数据的加减，如计算落差 Gap 值（真实值减去期望值）、对数据取对数，那么也可以通过计算变量功能来实现。

11.3　编码处理

计算变量功能适用于定量数据，而编码处理功能适用于分类数据，也适用于定量数据（反向题处理）。通常情况下，在问卷研究中使用编码处理功能的场景共有三种，第一种是选项组合，第二种是虚拟变量设置，第三种是反向题处理。当处于第一种和第二种场景时，通常会重新编码并重新生成变量；当处于第三种场景时，通常不需要重新生成变量，而是让 SPSS 软件直接改变原始数据。

第一种场景是选项组合。例如，需要对比不同收入水平样本的差异情况，收入共分为 5 组（"2 000 元及以下""2 001～4 000 元""4 001～6 000 元""6 001～8 000 元""8 000 元以上"，并且分别用数字 1、2、3、4、5 表示），其中"2 000 元及以下"和"2 001～4 000 元"的样本量很小，分别是 10 个和 20 个，那么可以将这两组样本合并，并且重新命名为"4 000 元及以下"。选项组合通常需要重新生成变量（不覆盖原始数据），完成选项组合后，还需要在"变量视图"里对"标签"进行设置，这样 SPSS 软件才能理解数字代表的含义。

第二种场景是虚拟变量设置。虚拟变量设置也需要重新生成变量。

第三种场景是反向题处理。如果原始数据 1 代表"非常同意"，2 代表"比较同意"，3 代表"一般"，4 代表"比较不同意"，5 代表"非常不同意"，此时数字越大代表样本越不认可，那么可以对数据进行反向处理，即 1 代表"非常不同意"，2 代表"比较不同意"，3 代表"一般"，4 代表"比较同意"，5 代表"非常同意"。

编码处理操作共分为以下三步。

第一步：选择"转换"→"重新编码为不同变量"命令；或者选择"转换"→"重新编码为相同变量"命令，如图 11-4 所示。

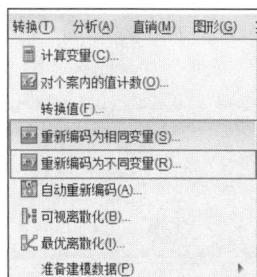

图 11-4　选择"重新编码为相同变量"命令

如果进行选项组合或虚拟变量设置，那么应该选择"重新编码为不同变量"命令；如果进行反向题处理，那么应该选择"重新编码为相同变量"命令。

第二步：设置重新生成变量的"名称"和"标签"。

如果选择了"重新编码为不同变量"命令，那么在进行选项组合或虚拟变量设置时，需要为重新生成的变量设置"名称"和"标签"；如果选择了"重新编码为相同变量"命令，则无此步骤。

选择需要处理的题后，在"重新编码为其他变量"对话框右侧的"名称"文本框和"标签"文本框中输入新生成的变量"名称"和"标签"，其中"名称"中不能有特殊符号、空格等，然后单击"更改"按钮，最后单击"旧值和新值"按钮，如图 11-5 所示。

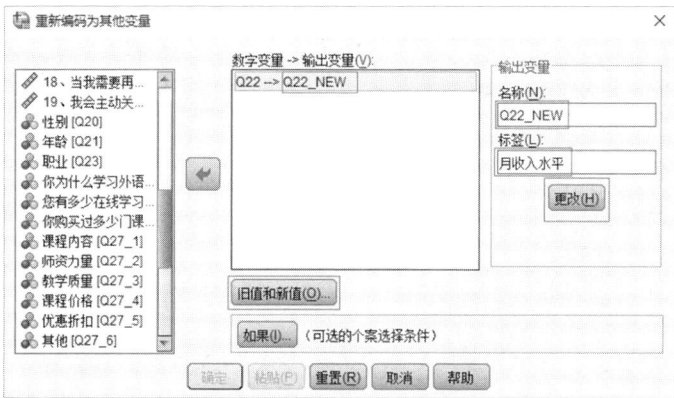

图 11-5　"重新编码为其他变量"对话框

第三步：在弹出的"重新编码到其他变量：旧值和新值"对话框中设置旧值和新值后，单击"继续"按钮，再单击"确定"按钮，如图 11-6 所示。

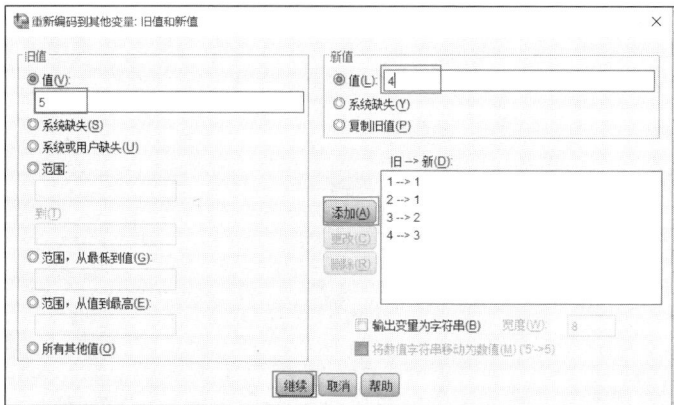

图 11-6　"重新编码到其他变量：旧值和新值"对话框

在设置旧值和新值时，分别在"旧值"的"值"文本框和"新值"的"值"文本框中输入对应的数字,然后单击"添加"按钮,完成所有设置后,单击"继续"按钮和"确定"按钮,完成编码处理。如果是进行虚拟变量设置,那么需要多次重复编码处理;如果是进行反向题处理,并且选择了"重新编码为相同变量"命令,那么可以一次性放入所有反向题进行处理。

11.4 筛选处理

在问卷研究中经常会用到筛选处理功能。如果在研究时仅需要分析女性样本,但是数据中有男性样本,那么就需要进行筛选处理;如果问卷中存在逻辑跳转题,那么很有可能也需要进行筛选处理。筛选处理需要在所有分析前进行,具体操作共分为以下两步。

第一步:选择"数据"→"个案"命令,在弹出的"选择个案"对话框中勾选"如果条件满足"单选框,单击"如果"按钮进行第二步,如图 11-7 所示。

图 11-7 "选择个案"对话框

第二步:在弹出的"选择个案:If"对话框中输入筛选表达式,单击"继续"按钮,再单击"确定"按钮,如图 11-8 所示。

Q20 表示性别,Q22 表示月收入水平,如果在研究时希望筛选出性别为男性(数字 1),并且收入不高于 6 000 元(数字小于或等于 3)的样本,那么应输入筛选表达式:Q20=1 AND Q22<=3。输入筛选表达式后,依次单击"继续"按钮及"确定"按钮,完成筛选处理。如果希望改变筛选标准,那么重复上述步骤;如果希望去除筛选,即使用所有样本进

行分析，那么操作步骤为：选择"数据"→"个案"命令，在弹出的"选择个案"对话框中勾选"全部个案"单选框，单击"确定"按钮。

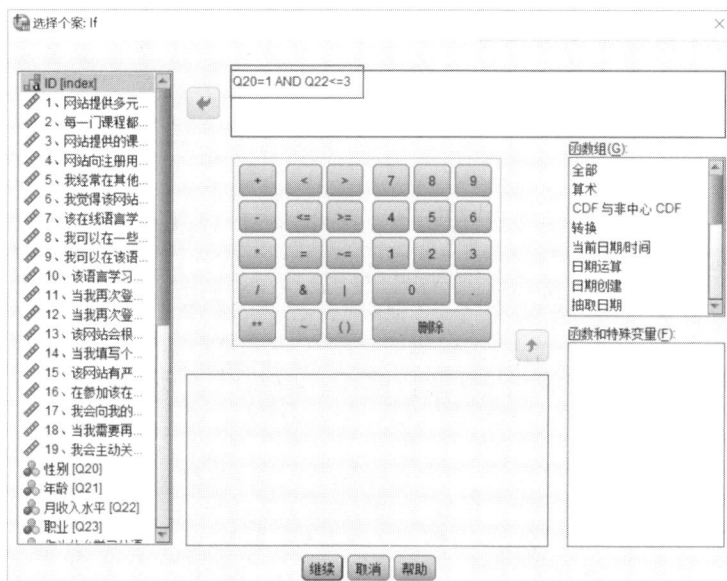

图 11-8 "选择个案：If"对话框

11.5 合并数据

合并数据分为两类，一类为合并样本（个案），另一类为合并变量。合并样本是指使用 SPSS 软件进行数据行数的合并，合并变量是指使用 SPSS 软件进行数据列数的合并。如果 SPSS 软件的数据来源不止一个，或者是进行实验式数据研究，那么很可能会使用合并数据功能，具体操作步骤为：选择"数据"→"合并文件"命令，然后选择需要的功能项并进行后续操作。合并数据也可以使用 Excel 进行处理，如果有多个数据文件需要合并样本（个案），那么使用 SPSS 软件进行操作更为合适（也可以使用 Excel 的 VLOOKUP 函数进行合并）；如果要合并变量，那么使用 Excel 进行操作更便捷。如果希望将 SPSS 数据导出为 Excel 数据，那么操作步骤为：选择"文件"→"另存为"命令，设置保存类型和路径，单击"保存"按钮。将 Excel 数据导入 SPSS 软件的操作方法有多种，可以直接复制并粘贴数据，也可以进行拖曳数据操作，或者使用 SPSS 软件的"打开数据库"功能（选择"文件"→"打开数据库"→"新建查询"命令）。

第**12**章

频数分析和描述性分析
在 **SPSS** 软件中的操作

第二部分在介绍分析思路框架时，多次提及样本背景分析、样本特征、行为分析及变量描述分析。样本背景分析是对样本背景信息，包括性别、年龄、学历等进行分析；样本特征、行为分析，在多数情况下为计算各选项的选择频数和百分比；变量描述分析会使用频数或平均值进行统计，从数据类型上看，分类数据使用频数分析，定量数据使用描述性分析。本章针对频数分析和描述性分析的操作进行说明。

12.1 频数分析

频数分析是指对题进行频数和百分比统计，直观地描述样本选择情况，也可以使用统计图直观地展示样本选择情况。频数分析主要用于样本背景信息统计、样本特征信息描述等，其在 SPSS 软件中的具体操作共分为以下两步。

第一步：选择"分析"→"描述统计"→"频率"命令，如图 12-1 所示。

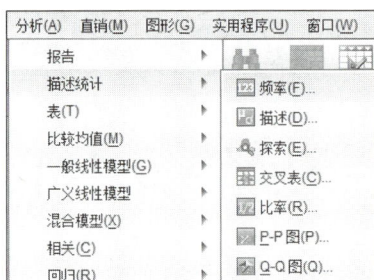

图 12-1　选择"频率"命令

第二步：在弹出的"频率"对话框中的"变量"列表框中放置需要分析的变量，单击"确定"按钮，如图 12-2 所示。

图 12-2　"频率"对话框

可以一次性放入所有需要分析的题。如果需要生成图表，那么也可以单击"图表"按钮进行设置，最后单击"确定"按钮，完成频数分析。

对于频数分析的结果，SPSS 软件会针对每个题生成一个单独表格，如果是多选题，则会针对每个选项生成一个表格。表格中的有效百分比是指有效数据的百分比，如果原始数据中有缺失数据，那么应该使用有效百分比；累积百分比是指选项的百分比累积值。

12.2 描述性分析

描述性分析对研究中涉及的变量或量表等定量数据进行统计，使用平均值表示样本的整体态度情况。描述性分析只针对定量数据，通常用于对量表题或排序题进行分析。描述性分析使用平均值表示样本对相关题或变量的整体态度，描述样本对某个问题的排序情况。描述性分析还可用于生成标准化变量，标准化变量的使用场景可参考第 6 章的相应内容。描述性分析在 SPSS 软件中的具体操作共分为以下两步。

第一步：选择"分析"→"描述统计"→"描述"命令，如图 12-3 所示。

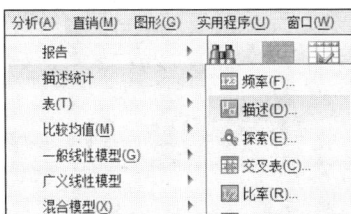

图 12-3　选择"描述"命令

第二步：在弹出的"描述性"对话框中的"变量"列表框中放置需要分析的变量，然后单击"确定"按钮。

如果需要生成标准化变量，那么勾选"将标准化得分另存为变量"复选框，单击"确定"按钮，如图 12-4 所示。如果勾选"将标准化得分另存为变量"复选框，那么会在"数据视图"最后几行出现以"Z"开头的变量名称，即生成标准化变量。另外，如果多次重复描述性分析（并且勾选"将标准化得分另存为变量"复选框），就可以重复生成标准化变量，直接删除重复多余的标准化变量。

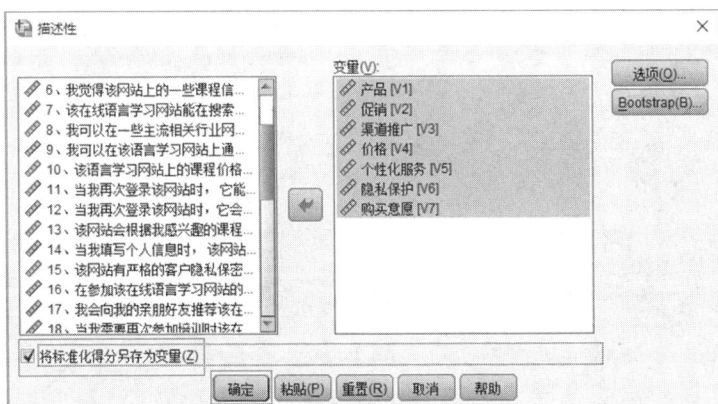

图 12-4　"描述性"对话框

针对描述性分析的结果，在 SPSS 软件生成的表格中除了平均值，还包括最大值、最小值、标准差等。

第13章

信度分析和效度分析
在SPSS软件中的操作

如果研究问卷中涉及量表，则应该进行信度分析和效度分析，在进行预测试和正式研究时均可以进行信度分析和效度分析。预测试指收集部分样本（通常为50～100个）进行信度预测试和效度预测试，提前发现量表可能存在的问题，并且进行修改。如果研究问卷为非量表类问卷，此类问卷是现状与事实情况研究，不需要进行信度分析和效度分析。本章使用第5章案例数据，分别对信度分析和效度分析在SPSS软件中的操作进行讲解。

13.1　信度分析

通常情况下，信度分析（可靠性分析）使用 α 系数表示量表的信度质量，即样本回答的可信度。信度分析预测试会更多地关注量表质量，即是否会由于量表题设计存在问题而导致信度质量不达标，如果出现问题，那么需要对题的问法进行修改，或者对题进行删除处理。正式的信度分析只需要关注 α 系数，通常情况下，此值大于 0.7 即可，有时候可以将标准放宽至 0.6。信度分析在 SPSS 软件中的具体操作共分为以下两步。

第一步：选择"分析"→"度量"→"可靠性分析"命令，如图 13-1 所示。

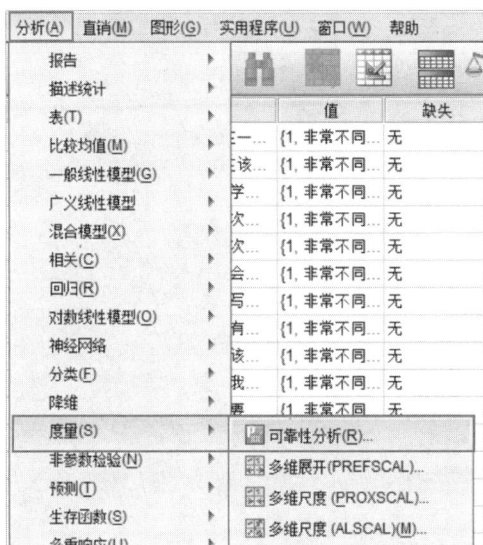

图 13-1　选择"可靠性分析"命令

第二步：在弹出的"可靠性分析"对话框中将分析变量对应的题放入"项目"列表框中，设置相关选项，单击"确定"按钮，如图 13-2 所示。

根据图 13-2 可知，Q1、Q2 和 Q3 被放入"项目"列表框中，这 3 个题是产品变量的体现。

如果是进行信度分析预测试，那么除了输出 α 系数，还需要输出校正的项总计相关性（CITC），在 SPSS 软件中的操作为：单击"可靠性分析"对话框中的"统计量"按钮，在弹出的"可靠性分析：统计量"对话框中勾选"如果项已删除则进行度量"复选框，单击"继续"按钮，如图 13-3 所示。在进行正式信度分析时也可以输出 CITC，因此也可以进行此项操作。

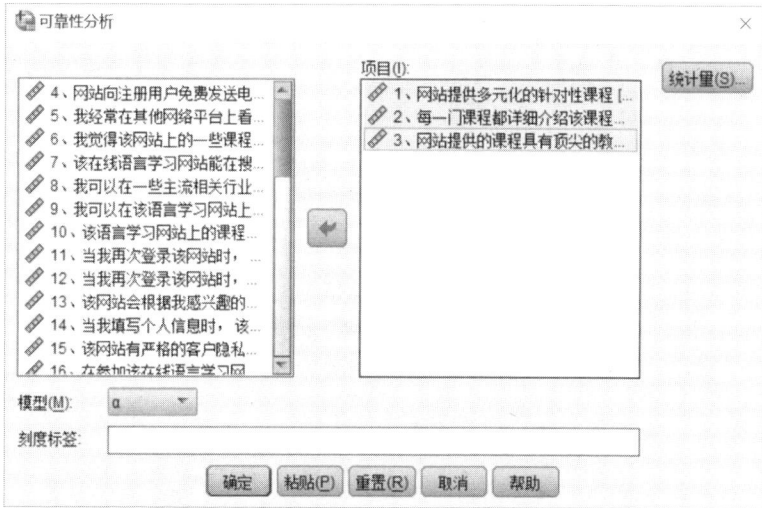

图 13-2 "可靠性分析"对话框

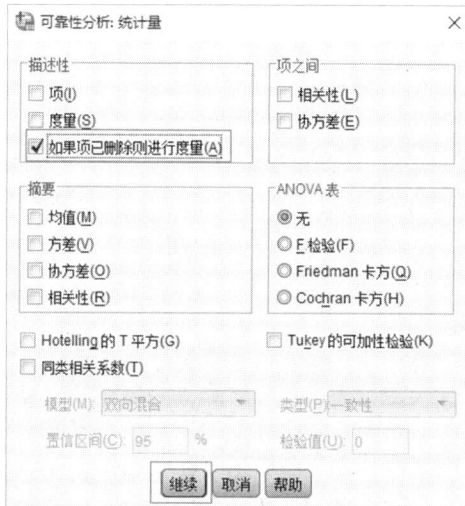

图 13-3 "可靠性分析：统计量"对话框

针对信度分析结果，SPSS 软件会默认输出"可靠性统计量"表格，此表格中包括 α 系数；如果勾选"如果项已删除则进行度量"复选框，就会输出"项总计统计量"表格，此表格中包括校正的项总计相关性（CITC）及项已删除的 α 系数，可以结合这两个指标进行预测试判断。如果某题对应的 CITC 值小于 0.4，或者项已删除的 α 系数值小于整体 α 系数值，那么应该考虑对该题进行修正或删除处理。使用 SPSS 软件进行信度分析输出的"可靠性统计量"表格和"项总计统计量"表格分别如图 13-4 和图 13-5 所示。

α 系数	项数
0.727	3

图 13-4　可靠性统计量

题	项已删除的刻度均值	项已删除的刻度方差	校正的项总计相关性	项已删除的 α 系数
1. 网站提供多元化的针对性课程	7.077	3.268	0.597	0.583
2. 每一门课程都详细介绍该课程的特点及学习目的	7.260	3.404	0.538	0.653
3. 网站提供的课程具有顶尖的教学质量	6.690	3.325	0.515	0.683

图 13-5　项总计统计量

根据图 13-4 可知，α 系数为 0.727，大于 0.7，说明信度水平较高。根据图 13-5 可知，3 个题的校正的项总计相关性（CITC）值均大于 0.5，并且当 3 个题中任意一个题被删除时，项已删除的 α 系数值均会小于 0.727，说明题不能被删除，信度水平较高。

信度分析是针对细分变量的，而量表通常会包括多个变量，因此需要多次重复上述步骤，并且将最终结果整理规范。

13.2　效度分析

效度分析用于分析题是否可以有效地表达对应变量的概念信息，即分析量表题设计是否合理。在预测试和正式研究时均可以进行效度分析，在绝大多数情况下，问卷研究会使用探索性因子分析进行结构效度分析，将 SPSS 软件生成的结果与专业预期进行对比，如果 SPSS 软件生成的结果与专业预期基本一致，则说明具有良好的结构效度。如果量表具有很强的权威性，那么不需要使用探索性因子分析进行结构效度分析，使用内容效度分析进行分析即可。

探索性因子分析有 3 种功能，第 1 种为探索因子，第 2 种为效度分析，第 3 种为权重计算。使用这 3 种功能时，在 SPSS 软件中的具体操作会有所不同。本节针对探索性因子分析的效度分析功能在 SPSS 软件中的操作进行讲解，具体操作共分为以下三步。

第一步：选择"分析"→"降维"→"因子分析"命令，如图 13-6 所示。

第二步：在弹出的"因子分析"对话框中将分析变量放入"变量"列表框中，如图 13-7 所示。

根据笔者的经验，在实际研究中，很可能需要多次使用探索性因子分析进行效度分析，包括对所有自变量量表题单独进行效度分析，同时还需要对因变量涉及的量表题单独进行效度分析。

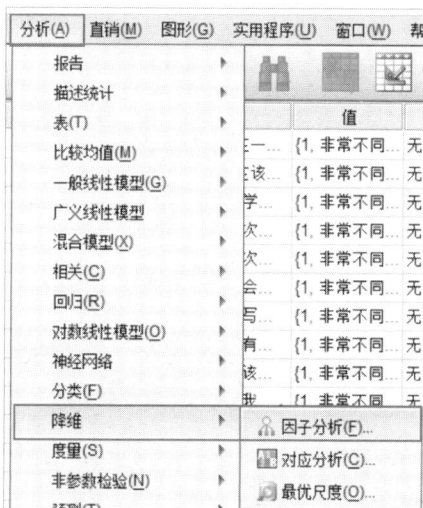

图 13-6 选择"因子分析"命令

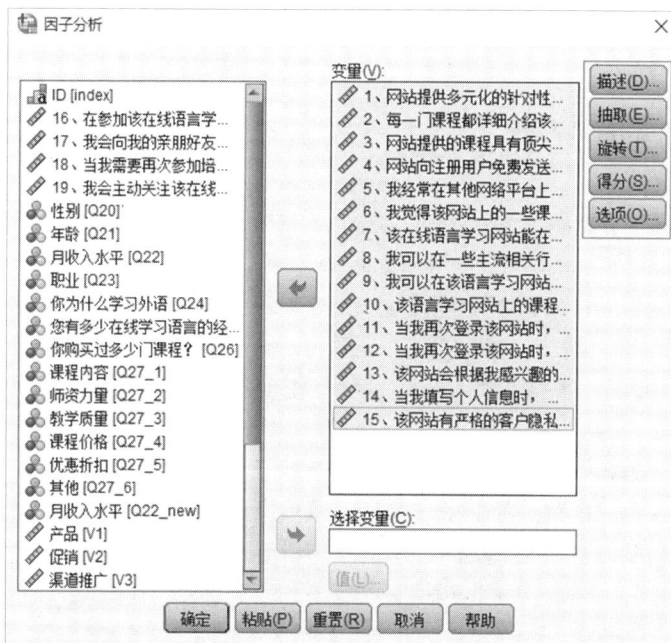

图 13-7 "因子分析"对话框

第三步：设置相关选项，单击"确定"按钮。此步骤共涉及 4 个选项，分别是"描述"、"抽取"、"旋转"和"选项"。

（1）设置"描述"选项。

设置"描述"选项的目的是输出 KMO 值（SPSS 软件默认不输出），具体操作步骤为：

单击"描述"按钮，在弹出的"因子分析：描述统计"对话框中勾选"KMO 和 Bartlett 的球形度检验"复选框，单击"继续"按钮，如图 13-8 所示。

（2）设置"抽取"选项。

设置"抽取"选项的目的是设置因子数量。如果量表已经确认了变量的数量，那么需要设置因子数量。如果不设置此项，则 SPSS 软件就默认以特征根值大于 1 为标准判断因子数量，即 SPSS 软件输出结果很可能显示有 5 个因子（变量），但事实情况为量表应该有 6 个变量。具体操作步骤为：单击"抽取"按钮，在弹出的"因子分析：抽取"对话框中勾选"因子的固定数量"单选框，并且在"要提取的因子"文本框中输入因子数量，单击"继续"按钮，如图 13-9 所示。

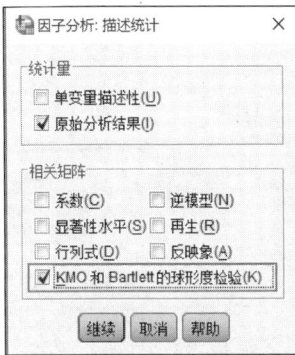

图 13-8　"因子分析：描述统计"对话框

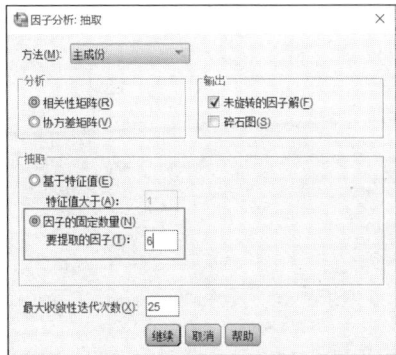

图 13-9　"因子分析：抽取"对话框

（3）设置"旋转"选项。

设置"旋转"选项的目的是将题与因子进行空间旋转，类似于魔方旋转，将属于同一个因子的题放置在一起。在问卷研究中通常都使用"最大方差法"进行旋转。具体操作步骤为：单击"旋转"按钮，在弹出"因子分析：旋转"对话框中勾选"最大方差法"单选框，单击"继续"按钮，如图 13-10 所示。

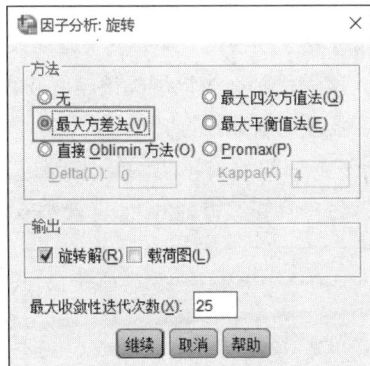

图 13-10　"因子分析：旋转"对话框

（4）设置"选项"选项。

设置"选项"选项的目的是设置 SPSS 软件输出结果的格式，以符合旋转成分矩阵的显示格式。输出结果的格式有两种，分别是"按大小排序"和"取消小系数"，"按大小排序"是指输出的旋转成分矩阵会按大小进行排序，"取消小系数"是指输出的旋转成分矩阵不显示小于某值（自己设定）的信息。此选项为可选项，在多数情况下并不需要进行此项设置。此选项设置的具体操作步骤为：单击"选项"按钮，在弹出"因子分析：选项"对话框中勾选对应的复选框，单击"继续"按钮，如图 13-11 所示。

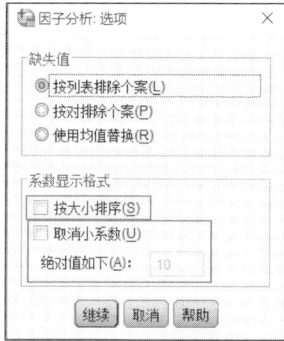

图 13-11 "因子分子：选项"对话框

针对探索性因子分析的结果，SPSS 软件通常会输出 6 个或 5 个（只有 1 个因子时）表格。其中有 4 个表格为有用信息，分别是"KMO 和 Bartlett 球形检验"表格、"公因子方差"表格、"解释的总方差"表格和"旋转成分矩阵"表格。

"KMO 和 Bartlett 球形检验"表格中包括 KMO 值和 Bartlett 球形检验结果；"公因子方差"表格展示共同度值，共同度值表示题被所有因子提取的信息量，一般情况下大于 0.4 即可；"解释的总方差"表格展示探索出的因子数量，以及每个因子的方差解释率和累积方差解释率等指标；"旋转成分矩阵"表格展示因子旋转后的因子载荷系数。使用探索性因子分析进行效度分析时，尤其需要关注"旋转成分矩阵"表格，此表格展示了因子与题的对应关系，如果对应关系与专业预期相符，那么说明题的效度良好；如果因子与某题的对应关系与专业预期出现较大偏差，那么应该删除该题，并且重新进行探索性因子分析，以求因子与题的对应关系与专业预期大致相符。

"KMO 和 Bartlett 球形检验"表格如图 13-12 所示。根据图 13-12 可知，KMO 值为 0.852，大于 0.7，并且 Bartlett 球形检验对应的 P 值为 0.000，说明适合进行探索性因子分析。

取样足够度的 Kaiser-Meyer-Olkin 度量。		0.852
Bartlett 球形检验	近似卡方	1604.439
	df	91
	Sig.	0.000

图 13-12 KMO 和 Bartlett 球形检验

"公因子方差"表格如图 13-13 所示。根据图 13-13 可知，题的共同度值（"提取"列数据）均大于 0.6，最小值为 0.634，说明因子可以良好地提取各题信息。

题	初始	提取
1. 网站提供多元化的针对性课程	1.000	0.738
2. 每一门课程都详细介绍该课程的特点及学习目的	1.000	0.634
3. 网站提供的课程具有顶尖的教学质量	1.000	0.688
4. 网站向注册用户免费发送电子报，并定期发送学习资料	1.000	0.731
5. 我经常在其他网络平台上看到该网站的广告	1.000	0.753
7. 该在线语言学习网站能在搜索引擎（如百度）中很容易地被找到，如搜索结果的第一页	1.000	0.784
8. 我可以在一些主流相关行业网站（如教育网站）上找到该语言学习网站的链接	1.000	0.779
9. 我可以在该语言学习网站上通过输入课程价格范围搜索到相应的课程	1.000	0.818
10. 该语言学习网站上的课程价格会根据购买课程的数量有较大调整	1.000	0.723
11. 当我再次登录该网站时，它能显示我之前的课程访问浏览记录	1.000	0.753
12. 当我再次登录该网站时，它会根据我感兴趣的课程类型向我推荐相关的新课程	1.000	0.813
13. 该网站会根据我感兴趣的课程类型，向我推荐受到一致好评的相关课程或授课老师	1.000	0.670
14. 当我填写个人信息时，该网站会有"关于个人信息保密"的标识	1.000	0.859
15. 该网站有严格的客户隐私保密制度，并且容易在网站上找到该信息	1.000	0.874

提取方法：主成分分析。

图 13-13　公因子方差

"解释的总方差"表格如图 13-14 所示。根据图 13-14 可知，共探索出 6 个因子（自行设置因子数量为 6 个），并且总共累积方差解释率为 75.837%，每个因子旋转后的方差解释率均在 10%以上，说明探索性因子分析结果良好。

因子	初始特征值			提取平方和载入			旋转平方和载入		
	合计	方差解释率(%)	累积(%)	合计	方差解释率(%)	累积(%)	合计	方差解释率(%)	累积(%)
1	5.341	38.152	38.152	5.341	38.152	38.152	2.121	15.150	15.150
2	1.518	10.840	48.991	1.518	10.840	48.991	1.989	14.205	29.355
3	1.132	8.087	57.078	1.132	8.087	57.078	1.932	13.800	43.155
4	0.929	6.636	63.714	0.929	6.636	63.714	1.670	11.931	55.086
5	0.869	6.205	69.919	0.869	6.205	69.919	1.465	10.461	65.547
6	0.829	5.918	75.837	0.829	5.918	75.837	1.441	10.291	75.837
7	0.591	4.221	80.058	—	—	—	—	—	—
8	0.543	3.878	83.936	—	—	—	—	—	—
9	0.509	3.635	87.571	—	—	—	—	—	—
10	0.449	3.206	90.776	—	—	—	—	—	—
11	0.423	3.025	93.801	—	—	—	—	—	—
12	0.364	2.602	96.403	—	—	—	—	—	—
13	0.301	2.153	98.556	—	—	—	—	—	—
14	0.202	1.444	100.000	—	—	—	—	—	—

提取方法：主成分分析。

图 13-14　解释的总方差

"旋转成分矩阵"表格如图 13-15 所示。根据图 13-15 可知，该量表总共有 6 个因子，即 6 列（数字 1、2、3、4、5、6）；寻找出某行数字绝对值的最大值，例如，第 1 行数字绝对值的最大值为 0.775，对应编号为 2 的因子，说明第 1 题归属于因子 2；类似地，第 2 题和第 3 题也归属于因子 2，第 4 题和第 5 题归属于因子 5，以此类推。

旋转成分矩阵[a]

	成分					
	1	2	3	4	5	6
1. 网站提供多元化的针对性课程	0.239	0.775	0.110	0.240	0.103	0.013
2. 每一门课程都详细介绍该课程的特点及学习目的	0.097	0.685	0.124	0.226	0.269	0.132
3. 网站提供的课程具有顶尖的教学质量	0.127	0.724	0.273	0.006	-0.017	0.270
4. 网站向注册用户免费发送电子报，并定期发送学习资料	0.103	0.269	0.115	-0.042	0.771	0.199
5. 我经常在其他网络平台上看到该网站的广告	0.104	0.006	-0.078	0.294	0.805	-0.022
7. 该在线语言学习网站能在搜索引擎（如百度）中很容易地被找到，如搜索结果的第一页	0.164	0.222	0.238	0.777	0.111	0.186
8. 我可以在一些主流相关行业网站（如教育网站）上找到该语言学习网站的链接	0.269	0.170	0.052	0.799	0.149	0.116
9. 我可以在该语言学习网站上通过输入课程价格范围搜索到相应的课程	0.094	0.167	-0.007	0.263	0.073	0.841
10. 该语言学习网站上的课程价格会根据购买课程的数量有较大调整	0.286	0.158	0.357	0.014	0.130	0.687
11. 当我再次登录该网站时， 它能显示我之前的课程访问浏览记录	0.806	0.122	0.155	0.096	-0.050	0.228
12. 当我再次登录该网站时，它会根据我感兴趣的课程类型向我推荐相关的新课程	0.836	0.119	0.078	0.189	0.234	0.065
13. 该网站会根据我感兴趣的课程类型，向我推荐受到一致好评的相关课程或授课老师	0.645	0.297	0.244	0.289	0.129	0.075
14. 当我填写个人信息时，该网站会有"关于个人信息保密"的标识	0.224	0.208	0.863	0.097	-0.050	0.098
15. 网站有严格的客户隐私保密制度并且容易在网站上找到该信息	0.109	0.175	0.889	0.154	0.076	0.108

提取方法：主成分分析。
旋转法：具有 Kaiser 标准化的正交旋转法。
a. 旋转在 6 次迭代后收敛。

图 13-15　旋转成分矩阵

此案例预期题可以分为 6 个因子，SPSS 软件生成的 6 个因子与题之间的对应关系与预期表现出一致性，并且对应题的因子载荷系数值均大于 0.6，最小为 0.645，最大为 0.889，说明题与因子的对应关系良好，即效度水平较高。

如果进行预测试，那么很可能出现因子与题对应关系严重不符的现象，此时应该记录下不对应的题，并且对其进行修正或删除处理，以保证在正式研究时因子与题对应关系良好。在进行正式效度分析时，需要多次进行探索性因子分析，并且可能会涉及题删除等处理，以保证最终使用的数据具有良好的效度。

第**14**章

变量关系研究方法在 SPSS 软件中的操作

在多数情况下，变量关系研究是问卷研究的核心。变量关系研究包括相关分析、线性回归分析、中介效应分析、调节效应分析等，如果因变量 Y 是分类数据，那么还会涉及 Logistic 回归分析。相关分析用于研究两个变量之间的相关关系；线性回归分析和 Logistic 回归分析均用于研究变量之间的影响关系，它们的区别在于：线性回归分析的因变量 Y 是定量数据，而 Logistic 回归分析的因变量 Y 是分类数据；中介效应分析和调节效应分析用于研究更深入的影响关系。本章讲解变量关系研究方法在 SPSS 软件中的操作。

14.1 相关分析

相关分析用于研究两个变量之间的相关关系，其衡量标准为相关系数。相关系数分为两种，分别是 Pearson 相关系数和 Spearman 相关系数，在问卷研究中通常使用 Pearson 相关系数。本节使用第 6 章的案例数据进行操作说明。相关分析在 SPSS 软件中的具体操作共分为以下两步。

第一步：选择"分析"→"相关"→"双变量"命令，如图 14-1 所示。

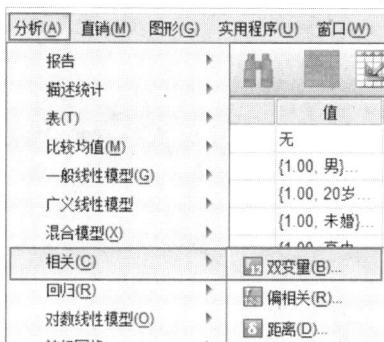

图 14-1 选择"双变量"命令

第二步：在弹出的"双变量相关"对话框中，将分析变量放入"变量"列表框中，选择相关系数的种类，单击"确定"按钮，如图 14-2 所示。

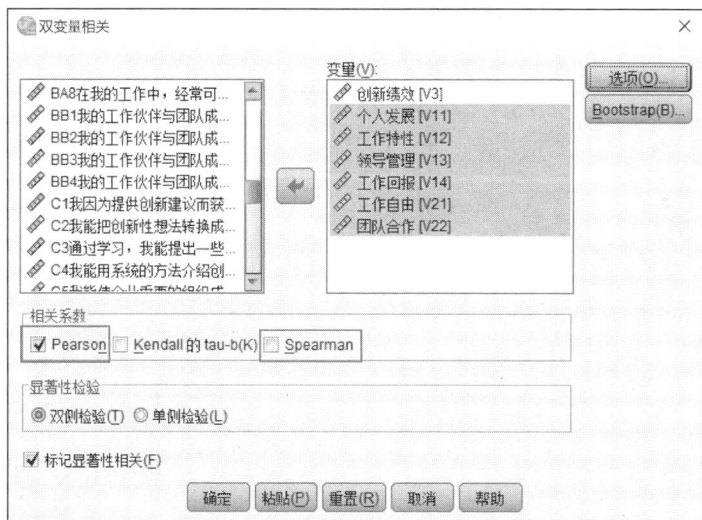

图 14-2 "双变量相关"对话框

SPSS 软件默认选择 Pearson 相关系数，如果需要使用 Spearman 相关系数，那么可以勾选"Spearman"复选框。不论是 Pearson 相关系数还是 Spearman 相关系数，其衡量标准基本一致，在一般研究中基本会使用 Pearson 相关系数，但是当数据不服从正态分布时，使用 Spearman 相关系数更为合适。

14.2　线性回归分析

线性回归分析用于研究变量之间的影响关系，其与 Logistic 回归分析有明显的区别：如果因变量 Y 是定量数据，那么应该使用线性回归分析；如果因变量 Y 是分类数据，那么应该使用 Logistic 回归分析。线性回归分析需要关注的指标较多，接下来会详细说明。在进行线性回归分析之前需要进行相关分析。本节使用第 6 章的案例数据进行操作说明。线性回归分析在 SPSS 软件中的操作共分为以下三步。

第一步：选择"分析"→"回归"→"线性"命令，如图 14-3 所示。

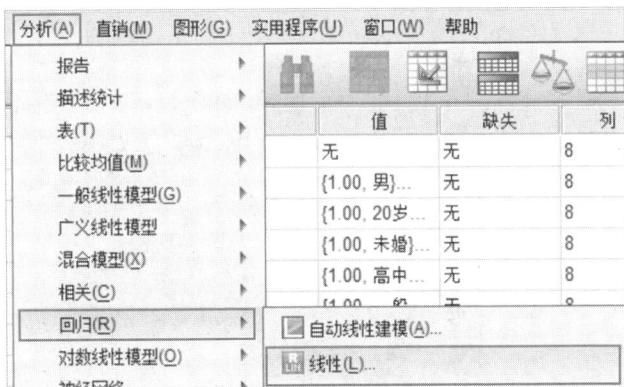

图 14-3　选择"线性"命令

第二步：在弹出的"线性回归"对话框中将自变量 X 放入"自变量"列表框中，将因变量 Y 放入"因变量"文本框中，如图 14-4 所示。

根据图 14-4 可知，因变量为创新绩效，其对应的自变量有两个，分别是工作自由和团队合作。

线性回归分析默认选择的方法是"进入"，即模型中包括所有自变量。在一般研究中基本都会使用"进入"方法。如果希望 SPSS 软件自动找出对因变量 Y 产生显著影响的自变量 C（保留模型中对因变量 Y 有影响的自变量 X，把对因变量 Y 没有影响的自变量 X 移出模型），那么可以使用"逐步"方法。

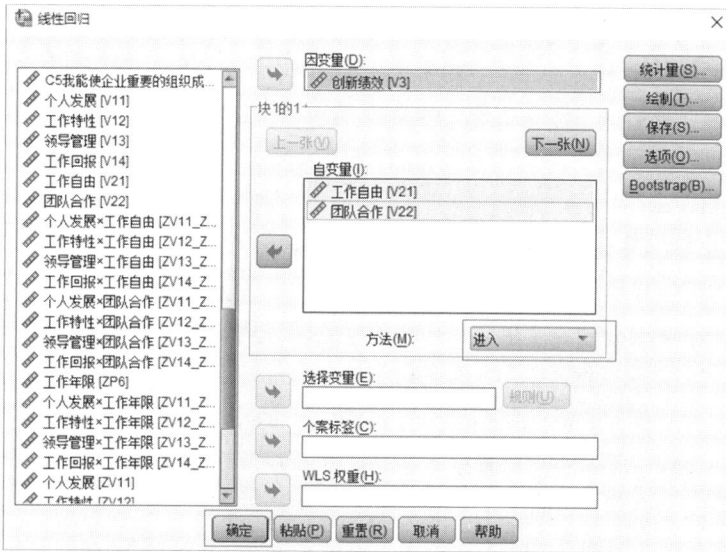

图 14-4　"线性回归"对话框

第三步：设置相关选项，单击"确定"按钮。

此步骤的目的是输出 D-W 值和 VIF 值，其操作步骤为：单击"统计量"按钮，在弹出的"线性回归：统计量"对话框中勾选"Durbin-Watson"复选框和"共线性诊断"复选框，单击"继续"按钮，如图 14-5 所示。

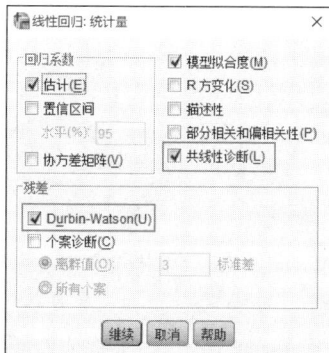

图 14-5　"线性回归：统计量"对话框

在进行线性回归分析时，SPSS 软件会输出多个表格，其中有 3 个表格为核心表格，分别是"模型汇总"表格、"ANOVA"表格和"系数"表格。

"模型汇总"表格如图 14-6 所示。根据图 14-6 可知，R^2 为 0.304，说明所有自变量 X 可以解释因变量 Y 值变化的 30.4% 的原因，即因变量 Y 值变化 30.4% 的原因是由自变量 X 导致的；D-W 值为 1.723，在 2 附近，说明基本无自相关性（样本之间没有影响关系）。

模型汇总^b

模型汇总^b

模型	R	R^2	调整R^2	标准估计的误差	Durbin-Watson
1	0.552[a]	0.304	0.301	0.577	1.723

a. 预测变量: (常量), 团队合作, 工作自由。
b. 因变量: 创新绩效。

图 14-6 模型汇总

"ANOVA"表格如图 14-7 所示。研究人员仅需要关注 P 值（Sig.值），根据图 14-7 可知，该值为 0.000，说明在所有自变量中，至少有一个自变量会对因变量产生影响。

ANOVA^a

模型		平方和	df	均方	F	Sig.
1	回归	56.125	2	28.062	84.431	0.000[b]
	残差	128.296	386	0.332	—	—
	总计	184.421	388	—	—	—

a. 因变量: 创新绩效。
b. 预测变量: (常量), 团队合作, 工作自由。

图 14-7 ANOVA

"系数"表格如图 14-8 所示，用于具体显示自变量的显著性。根据图 14-8 可知，在两个自变量（工作自由和团队合作）中，工作自由的回归系数 P 值为 0.811，大于 0.05，说明工作自由并不会对因变量 Y（创新绩效）产生影响关系；团队合作的回归系数 P 值为 0.000，小于 0.01，说明团队合作呈现出 0.01 水平的显著性；团队合作的非标准化回归系数 B 值为 0.466，大于 0，说明团队合作会对因变量 Y（创新绩效）产生显著的正向影响关系。

系数^a

模型		非标准化系数		标准系数	t	Sig.	共线性统计量	
		B	标准误	试用版			容差	VIF
1	(常量)	2.002	0.182		10.974	0.000		
	工作自由	0.010	0.042	0.010	0.239	0.811	0.948	1.054
	团队合作	0.466	0.037	0.549	12.598	0.000	0.948	1.054

a. 因变量: 创新绩效。

图 14-8 系数

在图 14-8 中还列出了 VIF 值，此值的判断标准是小于 5（不严格的判断标准为小于 10），两个自变量的 VIF 值均小于 5，说明没有多重共线性问题。

14.3 中介效应分析

中介效应分析通过分层回归分析实现，分层回归分析是普通回归分析的一种延伸。通俗地讲，普通回归分析涉及 1 个模型，而分层回归分析涉及 2 个（或多个）模型，模型 1 是普通回归模型（模型中的自变量为 X），模型 2 是在模型 1 的基础上加入相关变量（这里为中介变量 M，模型 2 中的自变量为 X 和 M）形成的，并且从模型 1 向模型 2 变化时，SPSS 软件会记录相关指标值（如 R^2 变化值、F 变化值等）。

中介效应分析可以使用线性回归分析和分层回归分析进行分析，其中，分层回归分析是中介效应分析的关键，本节操作仅针对分层回归分析操作进行说明，线性回归分析操作可参考 14.2 节内容。分层回归分析操作基本类似于线性回归分析操作，但其涉及更多的选项设置。本节使用第 6 章的案例数据进行操作说明。分层回归分析在 SPSS 软件中的操作共分为以下两步。

第一步：选择"分析"→"回归"→"线性"命令，如图 14-9 所示。

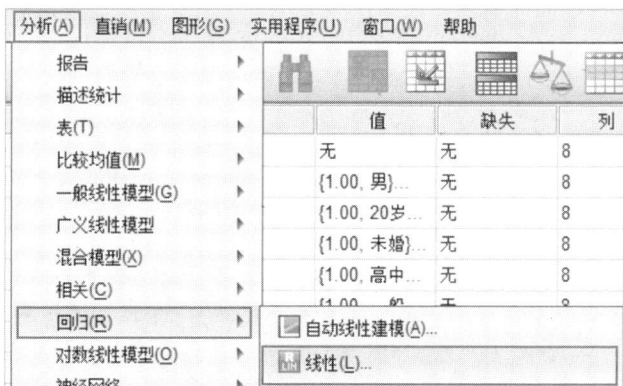

图 14-9　选择"线性"命令

第二步：在弹出的"线性回归"对话框中的"自变量"列表框和"因变量"文本框中放入需要分析的变量并进行设置，单击"确定"按钮。

需要注意的是，在通常情况下，首先需要对分析变量进行标准化处理，即放入列表框中的变量为标准化处理后的变量。

具体操作以在 4 个自变量（个人发展、工作特性、领导管理、工作回报）影响因变量（创新绩效）的过程中，团队合作是否起中介效应为例来介绍。

首先将 4 个自变量放入"自变量"列表框中，并且将因变量（创新绩效）放入"因变量"文本框中，然后依次单击"统计量"按钮和"下一张"按钮进行设置，如图 14-10 所示。

输出 R^2 变化值的设置步骤为：单击"统计量"按钮，在弹出的"线性回归：统计量"对话框中勾选"R 方变化"复选框，单击"继续"按钮，如图 14-11 所示。

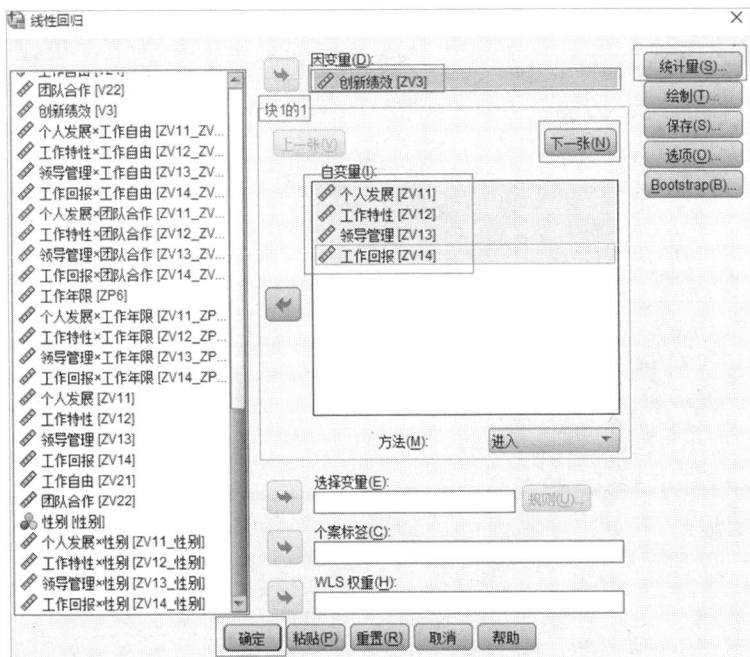

图 14-10 "线性回归"对话框（一）

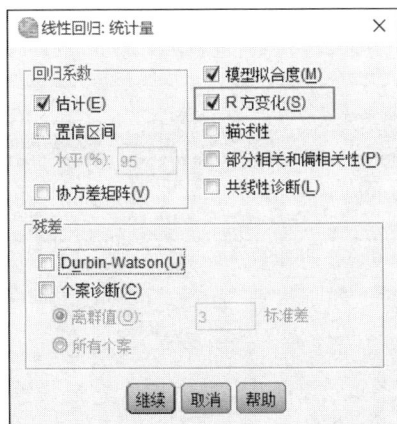

图 14-11 "线性回归：统计量"对话框

单击"下一张"按钮，将中介变量（团队合作）放入"自变量"列表框中，如图 14-12 所示。

类似于线性回归分析，分层回归分析也输出 3 个核心表格，分别是"模型汇总"表格、"ANOVA"表格和"系数"表格。

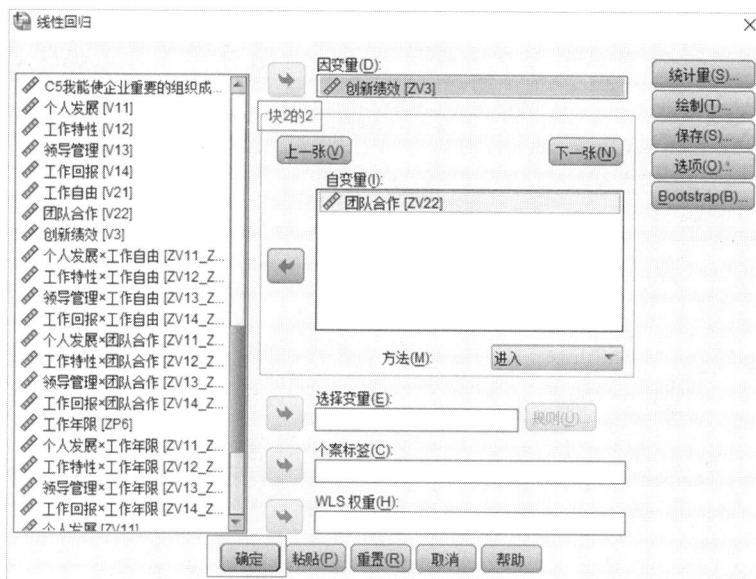

图 14-12 "线性回归"对话框（二）

"模型汇总"表格如图 14-13 所示。根据图 14-13 可知，分层回归分析涉及 2 个模型（模型 1 涉及 4 个自变量，模型 2 涉及 4 个自变量及中介变量团队合作），模型 1 的 R^2 为 0.341，模型 2 的 R^2 为 0.386；模型 2 在模型 1 的基础上加入中介变量（团队合作）后，模型的 R^2 变化值为 0.046，并且呈现出显著性的变化（Sig.F 变化值为 0.000）。

模型	R	R^2	调整 R^2	标准估计的误差	变化统计量				
					R^2 变化值	F 变化值	df_1	df_2	Sig.F 变化值
1	0.584[a]	0.341	0.334	0.816	0.341	49.572	4	384	0.000
2	0.621[b]	0.386	0.378	0.789	0.046	28.463	1	383	0.000

a. 预测变量：(常量)，工作回报，工作特性，个人发展，领导管理。
b. 预测变量：(常量)，工作回报，工作特性，个人发展，领导管理，团队合作。

图 14-13 模型汇总

"ANOVA"表格展示了 2 个模型的 ANOVA 检验结果。如图 14-14 所示。根据图 14-14 可知，2 个模型的 P 值（Sig.值）均为 0.000，小于 0.01，说明分别在 2 个模型中，至少有一个自变量会对因变量产生显著影响。在现实研究中，自变量肯定会对因变量有影响关系，否则不可能涉及中介效应分析，因此"ANOVA"表格意义较小。

"系数"表格展示了 2 个模型中变量的显著性情况，如图 14-15 所示。此外，中介效应分析可能会涉及标准误的使用，因此在整理表格时也需要列出此指标，并且结合中介效应检验流程图进行分析。

ANOVA[a]

模型		平方和	df	均方	F	Sig.
	回归	132.126	4	33.031	49.572	0.000[b]
1	残差	255.874	384	0.666		
	总计	388.000	388			
	回归	149.826	5	29.965	48.186	0.000[c]
2	残差	238.174	383	0.622		
	总计	388.000	388			

a. 因变量：创新绩效。

b. 预测变量：(常量)，工作回报，工作特性，个人发展，领导管理。

c. 预测变量：(常量)，工作回报，工作特性，个人发展，领导管理，团队合作。

图 14-14　ANOVA

系数[a]

模型		非标准化系数		标准系数	t	Sig.
		B	标准误	试用版		
	(常量)	0.000	0.041		0.000	1.000
	个人发展	0.316	0.054	0.316	5.861	0.000
1	工作特性	0.219	0.053	0.219	4.112	0.000
	领导管理	−0.075	0.067	−0.075	−1.123	0.262
	工作回报	0.244	0.059	0.244	4.122	0.000
	(常量)	0.000	0.040		0.000	1.000
	个人发展	0.223	0.055	0.223	4.050	0.000
2	工作特性	0.165	0.052	0.165	3.152	0.002
	领导管理	−0.137	0.066	−0.137	−2.079	0.038
	工作回报	0.191	0.058	0.191	3.292	0.001
	团队合作	0.304	0.057	0.304	5.335	0.000

a. 因变量：创新绩效。

图 14-15　系数

14.4 调节效应分析

结合数据类型情况，调节效应分析可以使用分层回归分析或多因素方差分析进行分析，本节对分层回归分析进行说明，多因素方差分析可以参考 15.2 节内容。本节使用第 6 章的案例数据进行操作说明。使用分层回归分析进行调节效应分析在 SPSS 软件中的操作共分为以下两步。

第一步：选择"分析"→"回归"→"线性"命令，如图 14-16 所示。

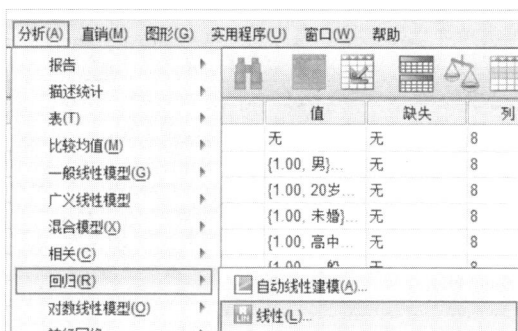

图 14-16　选择"线性"命令

第二步：在弹出的"线性回归"对话框中的"自变量"列表框和"因变量"文本框中放入需要分析的变量并进行设置，单击"确定"按钮。

需要注意的是，首先要对分析变量进行处理。例如，标准化处理、交互项生成等，标准化处理方法可以参考 12.2 节内容；交互项生成需要使用计算变量功能，利用计算变量功能得到两项的乘积，计算变量功能可以参考 11.2 节内容。

具体操作以在 4 个自变量（个人发展、工作特性、领导管理、工作回报）对因变量（创新绩效）的影响过程中，性别是否具有调节效应为例来介绍。

首先将 4 个自变量放入"自变量"列表框中，将调节变量（性别）也放入"自变量"列表框中，在"因变量"文本框中放入因变量（创新绩效），然后依次单击"统计量"按钮和"下一张"按钮进行设置，如图 14-17 所示。

图 14-17　"线性回归"对话框（一）

输出 R^2 变化值的设置步骤为：单击"统计量"按钮，在弹出的"线性回归：统计量"对话框中勾选"R 方变化"复选框，单击"继续"按钮，如图 14-18 所示。

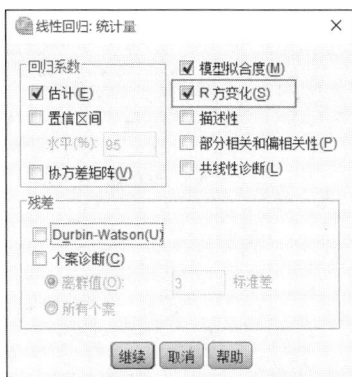

图 14-18 "线性回归：统计量"对话框

单击"下一张"按钮，将交互项放入"自变量"列表框中，如图 14-19 所示。

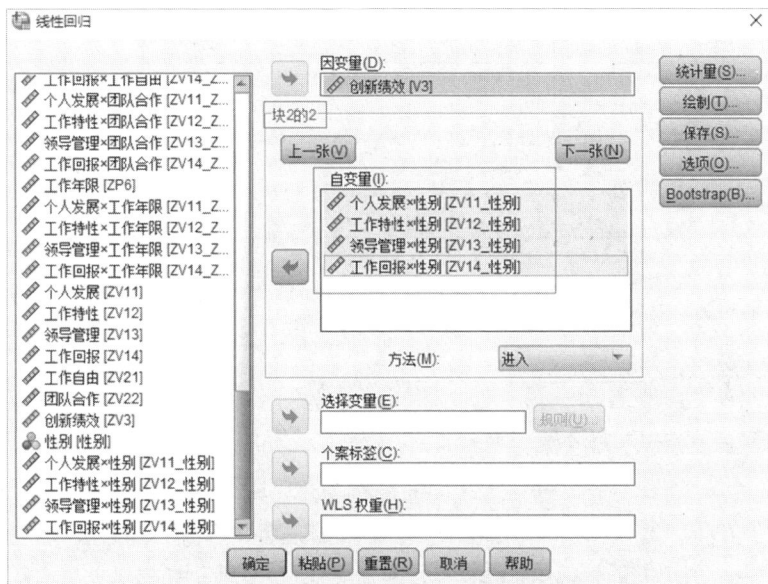

图 14-19 "线性回归"对话框（二）

在进行调节效应分析时，分层回归分析输出 3 个核心表格，分别为"模型汇总"表格、"ANOVA"表格和"系数"表格。

"模型汇总"表格如图 14-20 所示。分层回归分析涉及 2 个模型（模型 1 的自变量为 4 个自变量和调节变量性别，模型 2 在模型 1 的基础上加入了 4 个交互项变量），模型 1 的 R^2 为 0.372，模型 2 的 R^2 为 0.400。从模型 1 到模型 2 变化时，模型的 R^2 变化值为 0.028，并且呈现出显著性的变化（Sig.F 变化值为 0.002）。

模型	R	R^2	调整 R^2	标准估计的误差	变化统计量				
					R^2 变化值	F 变化值	df$_1$	df$_2$	Sig.F 变化值
1	0.610[a]	0.372	0.364	0.550	0.372	45.369	5	383	0.000
2	0.633[b]	0.400	0.386	0.540	0.028	4.470	4	379	0.002

a. 预测变量：(常量)，性别，工作特性，个人发展，工作回报，领导管理。

b. 预测变量：(常量)，性别，工作特性，个人发展，工作回报，领导管理，领导管理×性别，工作特性×性别，个人发展×性别，工作回报×性别。

图 14-20　模型汇总

"ANOVA" 表格展示了 2 个模型的 ANOVA 检验结果，如图 14-21 所示。根据图 14-21 可知，2 个模型的 P 值（Sig. 值）均为 0.000，小于 0.01，说明分别在 2 个模型中，至少有一个自变量会对因变量产生显著影响。

ANOVA[a]

模型		平方和	df	均方	F	Sig.
1	回归	68.599	5	13.72	45.369	0.000[b]
	残差	115.821	383	0.302		
	总计	184.421	388			
2	回归	73.818	9	8.202	28.105	0.000[c]
	残差	110.603	379	0.292		
	总计	184.421	388			

a. 因变量：创新绩效

b. 预测变量：(常量)，性别，工作特性，个人发展，工作回报，领导管理。

c. 预测变量：(常量)，性别，工作特性，个人发展，工作回报，领导管理，领导管理×性别，工作特性×性别，个人发展×性别，工作回报×性别。

图 14-21　ANOVA

"系数" 表格展示了 2 个模型变量的显著性情况，如图 14-22 所示。在模型 1 中，个人发展、工作特性和工作回报共 3 个变量均呈现出 0.01 水平的显著性，说明这 3 个变量对因变量（创新绩效）产生显著的正向影响；但是领导管理变量的回归系数对应的 P 值（Sig. 值）为 0.198，大于 0.05，说明领导管理变量不会对因变量（创新绩效）产生影响关系。在具体分析调节效应时，可以直接对交互项的显著性进行分析。例如，在模型 2 中，工作回报与性别的交互项（工作回报×性别）呈现出显著性，P 值为 0.020，小于 0.05，并且工作回报对因变量（创新绩效）产生显著正向影响，说明在工作回报影响因变量（创新绩效）的过程中，性别具有调节效应，并且相对 "女性" 来讲，"男性" 的影响程度更大（0 代表 "女性"，1 代表 "男性"）。

系数 ª

模型		非标准化系数		标准系数	t	Sig.
		B	标准误	试用版		
1	(常量)	3.933	0.043		90.899	0.000
	个人发展	0.211	0.036	0.307	5.811	0.000
	工作特性	0.152	0.036	0.220	4.227	0.000
	领导管理	-0.058	0.045	-0.084	-1.290	0.198
	工作回报	0.158	0.040	0.229	3.954	0.000
	性别	-0.250	0.057	-0.180	-4.379	0.000
2	(常量)	3.965	0.043		91.735	0.000
	个人发展	0.127	0.064	0.185	2.001	0.046
	工作特性	0.128	0.057	0.185	2.228	0.026
	领导管理	-0.012	0.072	-0.018	-0.171	0.864
	工作回报	0.011	0.070	0.016	0.154	0.877
	性别	-0.273	0.056	-0.196	-4.839	0.000
	个人发展×性别	0.120	0.077	0.143	1.560	0.120
	工作特性×性别	0.031	0.073	0.036	0.422	0.673
	领导管理×性别	-0.055	0.092	-0.063	-0.596	0.551
	工作回报×性别	0.198	0.085	0.241	2.342	0.020

a. 因变量：创新绩效。

图 14-22　系数

14.5　Logistic 回归分析

线性回归分析的因变量 Y 为定量数据，而 Logistic 回归分析的因变量 Y 为分类数据。结合 Y 的具体情况，Logistic 回归分析分为 3 种，分别是二元 Logistic 回归分析、多元无序 Logistic 回归分析和多元有序 Logistic 回归分析。如果 Y 仅有两个选项，如"有"和"无"，那么使用二元 Logistic 回归分析；如果 Y 的选项有多个，并且选项之间没有大小对比关系，那么使用多元无序 Logistic 回归分析；如果 Y 的选项有多个，并且选项之间可以对比大小，例如，Y 有 3 个选项，分别是"不愿意"、"无所谓"和"愿意"，选项具有对比意义，那么使用多元有序 Logistic 回归分析。

在问卷研究中，二元 Logistic 回归分析的使用频率最高。本节使用第 4 章案例 2 的数据进行操作说明。二元 Logistic 回归分析在 SPSS 软件中的操作共分为以下两步。

第一步：选择"分析"→"回归"→"二元 Logistic"命令，如图 14-23 所示。

第二步：在弹出的"Logistic 回归"对话框中的"协变量"列表框和"因变量"文本框中放入需要分析的变量并进行设置，单击"确定"按钮。

需要注意的是，在 Logistic 回归分析中，SPSS 软件称自变量为"协变量"，并且自变量仅显示名称编号，并不显示具体名称。在本例中，Q2 代表性别，Q3 代表年龄，Q4 代表专业，Q5 代表月生活费。

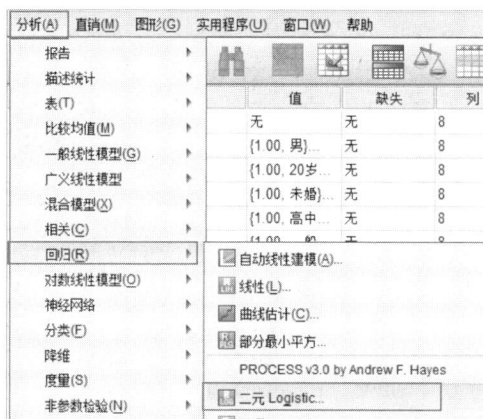

图 14-23　选择"二元 Logistic"命令

本操作研究性别、年龄、专业和月生活费对"您未来是否愿意或继续购买理财产品"的影响情况。"您未来是否愿意或继续购买理财产品"共有 2 个选项，分别是"是"和"否"。

首先将 4 个自变量放入"协变量"列表框中，在"因变量"文本框中放入题"您未来是否愿意或继续购买理财产品"，然后分别单击"分类"按钮和"选项"按钮进行设置，如图 14-24 所示。

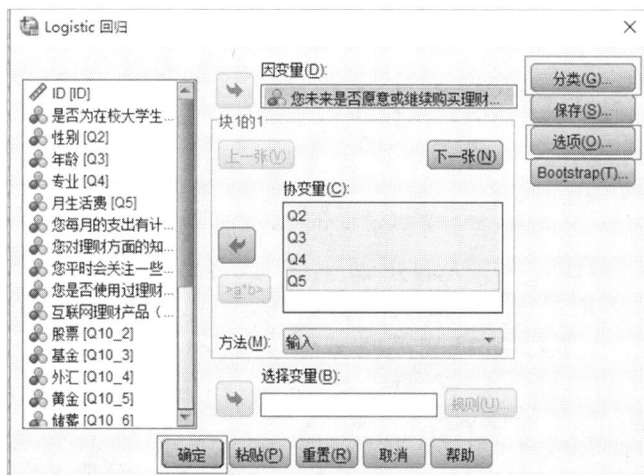

图 14-24　"Logistic 回归"对话框

在本案例中，Q2（性别）和 Q4（专业）为分类数据，而 Q3（年龄）和 Q5（月生活费）为定量数据。分类数据需要进行虚拟变量处理，Logistic 回归分析可以对分类变量进行虚拟变量处理，具体操作步骤为：单击"分类"按钮，在弹出的"Logistic 回归：定义分类变量"对话框中的"分类协变量"列表框中放入分类变量，单击"继续"按钮，如图 14-25 所示。

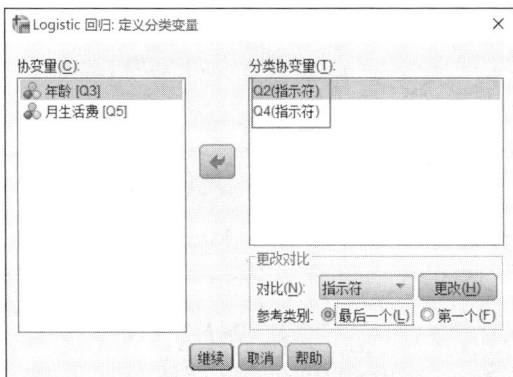

图 14-25　"Logistic 回归：定义分类变量"对话框

　　将分类数据 Q2（性别）和 Q4（专业）放入"分类协变量"列表框中，目的是将分类数据进行虚拟变量处理，即让 SPSS 软件对其进行重新编码处理，SPSS 软件默认以"最后一个选项"为参照项。例如，1 代表"男性"，2 代表"女性"，那么参照项以数字更大的项为参照项，即以"女性"为参照项。此步骤是对分类数据进行重新编码设置，SPSS 软件最后会将编码结果输出。

　　单击"选项"按钮，在弹出的"Logistic 回归：选项"对话框中勾选"Hosmer-Lemeshow 拟合度"复选框，单击"继续"按钮，如图 14-26 所示。此步骤的目的是输出 Hosmer 和 Lemeshow 检验结果。

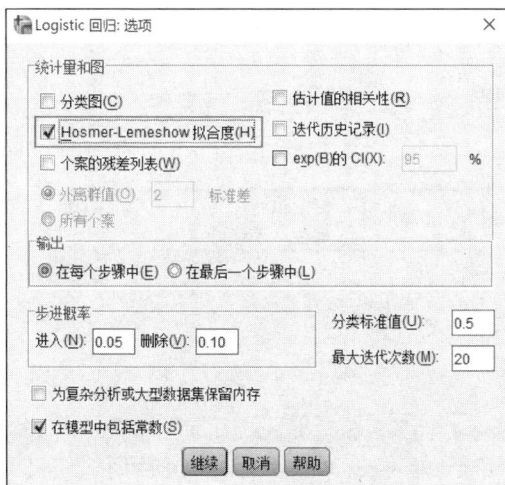

图 14-26　"Logistic 回归：选项"对话框

　　在进行二元 Logistic 回归分析时，SPSS 软件会输出多个表格，其中最有意义的 6 个表格分别是"因变量编码"表格、"分类变量编码"表格、"模型汇总"表格、"Hosmer 和 Lemeshow 检验"表格、"分类表"表格和"方程中的变量"表格。

　　"因变量编码"表格展示的是因变量的编码情况，在本案例中因变量是"您未来是否愿意或继续购买理财产品"，1 代表"是"，0 代表"否"，如图 14-27 所示。在进行二元 Logistic 回归分析时，因变量的数字编码仅能为 0 和 1，如果在实际研究中并非如此，则 SPSS 软件就会默认进行处理，但 SPSS 软件处理出来的结果可能是 1 代表"否"，0 代表"是"，这种情况不便于分析，因此研究人员应该提前对因变量进行虚拟变量处理。

初始值	内部值
否	0
是	1

图 14-27　因变量编码

　　"分类变量编码"表格如图 14-28 所示。对于 Q4（专业），"体育类"对应的数字编码全部为 0，说明以"体育类"为参照项，"理工类"对应的数字编码为 Q4（1），"文科类"对应的数字编码为 Q4（2），"艺术类"对应的数字编码为 Q4（3）。对于 Q2（性别），以"女性"为参照项，"男性"对应的数字编码为 Q2（1）。如果自变量中无分类数据，即不需要对分类变量进行虚拟变量处理，那么 SPSS 软件也不会输出"分类变量编码"表格。

		频率	参数编码		
			(1)	(2)	(3)
专业	理工类	143	1	0	0
	文科类	172	0	1	0
	艺术类	87	0	0	1
	体育类	66	0	0	0
性别	男	250	1		
	女	218	0		

图 14-28　分类变量编码

　　"模型汇总"表格输出两个指标，分别是 Cox & Snell R^2 和 Nagelkerke R^2，如图 14-29 所示。

步骤	-2 对数似然值	Cox & Snell R^2	Nagelkerke R^2
1	489.261[a]	0.097	0.142

a. 因为参数估计的更改范围小于0.001，所以估计在迭代次数5处终止。

图 14-29　模型汇总

　　"Hosmer 和 Lemeshow 检验"表格输出 Hosmer 和 Lemeshow 检验对应的 P 值为 0.000，小于 0.01，如图 14-30 所示。Hosmer 和 Lemeshow 检验用于验证真实数据情况是否与模型拟合结果表现一致，如果 P 值小于 0.05，那么说明真实数据情况与模型拟合结果不一致。SPSS 软件默认不输出此指标，有时在进行分析时也不关注此指标。

步骤	卡方	df	Sig.
1	28.267	8	0.000

图 14-30　Hosmer 和 Lemeshow 检验

"分类表"表格可以体现模型拟合情况，如图 14-31 所示。根据图 14-31 可知，整体预测准确率为 77.1%，该值为预测准确的样本量除以总样本量计算得到的，即（25+336）÷（25+97+10+336）=77.1%，说明整体数据的预测准确率为 77.1%；选择"否"且被模型拟合为"否"的样本量为 25 个，选择"否"时的预测准确率仅为 20.5%；选择"是"且被模型拟合为"是"的样本量为 336 个，选择"是"时的预测准确率为 97.1%。

分类表 [a]

观察值		预测值		
		您未来是否愿意或继续购买理财产品		预测准确率（%）
		否	是	
步骤 1	您未来是否愿意或继续购买理财产品 否	25	97	20.5
	是	10	336	97.1
	预测准确率（%）	—	—	77.1

a. 切割值为 0.500。

图 14-31　分类表

"方程中的变量"表格展示了自变量的显著性情况，如图 14-32 所示。由于 SPSS 软件并不输出对应名称，仅输出变量的编号，如 Q2（1）、Q3、Q4、Q4（1）等，因此需要结合"分类变量编码"表格进行阅读。例如，Q2 为性别，结合"分类变量编码"表格可知 Q2（1）代表"男性"。对于变量的显著性情况，直接读取 P 值即可。例如，Q2（1）的 P 值为 0.251，大于 0.05，说明男性样本并没有呈现出显著性，即性别变量对因变量"您未来是否愿意或继续购买理财产品"没有影响。

		B	$S.E$	Wals	df	Sig.	Exp（B）
步骤 1[a]	Q2(1)	0.279	0.243	1.317	1	0.251	1.322
	Q3	0.380	0.104	13.229	1	0.000	1.462
	Q4	—		25.639	3	0.000	—
	Q4(1)	-2.139	0.553	14.963	1	0.000	0.118
	Q4(2)	-1.475	0.559	6.958	1	0.008	0.229
	Q4(3)	-2.521	0.576	19.134	1	0.000	0.080
	Q5	-0.010	0.129	0.006	1	0.940	0.990
	常量	1.865	0.632	8.704	1	0.003	6.454

a. 在步骤 1 中输入的变量：Q2, Q3, Q4, Q5。

图 14-32　方程中的变量

图 14-32 中的 Q4 并没有 B 值，因为当 Q4（专业）为分类数据且超过两个类别时，会以其中一个类别（本例是体育类）为参照项，导致 B 值无法输出。Q4（1）代表"理工类"专业，Q4（2）代表"文科类"专业，Q4（3）代表"艺术类"专业。"理工类"专业对应的 P 值为 0.000，小于 0.01，说明该专业呈现出显著性；其 B 值为-2.139，说明相对于体育类专业样本，理工类专业样本在购买理财产品方面的意愿更低，即相对于体育类专业样本，理工类专业样本未来理财意愿更低。

除了二元 Logistic 回归分析，Logistic 回归分析还有两种类型，分别是多元无序 Logistic 回归分析和多元有序 Logistic 回归分析。多元无序 Logistic 回归分析的操作步骤为：选择"分析"→"回归"→"多项 Logistic"命令。多元有序 Logistic 回归分析的操作步骤为：选择"分析"→"回归"→"有序"命令，如图 14-33 所示。

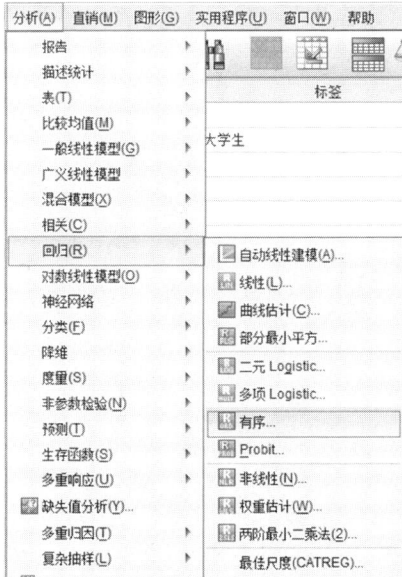

图 14-33　选择"有序"命令

多元无序 Logistic 回归分析和多元有序 Logistic 回归分析的使用频率相对较低，并且在操作和分析时与二元 Logistic 回归分析类似。

第 **15** 章

差异性研究方法在SPSS软件中的操作

差异性研究方法包括方差分析、t 检验和卡方分析等。根据自变量 X 的个数，可以将方差分析分为单因素方差分析和多因素方差分析。单因素方差分析的自变量 X 仅为 1 个，而多因素方差分析的自变量个数超过 1 个。t 检验可以分为 3 类，分别是独立样本 t 检验、配对样本 t 检验和单样本 t 检验。独立样本 t 检验可以检验分类数据与定量数据的关系，配对样本 t 检验用于实验或"类实验"研究中，单样本 t 检验仅能判断定量数据是否等于某个数字。方差分析、t 检验均用于研究分类数据和定量数据之间的差异关系，而卡方分析用于研究分类数据和分类数据之间的差异关系。本章分别对方差分析、t 检验和卡方分析在 SPSS 软件中的操作进行讲解。

15.1 单因素方差分析

单因素方差分析用于研究分类数据与定量数据之间的差异关系。如果分类数据超过两组，如专业分为"市场营销"、"心理学"、"教育学"和"管理学"共 4 个选项，那么可以对其进行事后检验，即对比两两专业之间的差异情况。本节使用第 5 章的案例数据进行操作说明。单因素方差分析在 SPSS 软件中的操作共分为以下三步。

第一步：选择"分析"→"比较均值"→"单因素 ANOVA"命令，如图 15-1 所示。

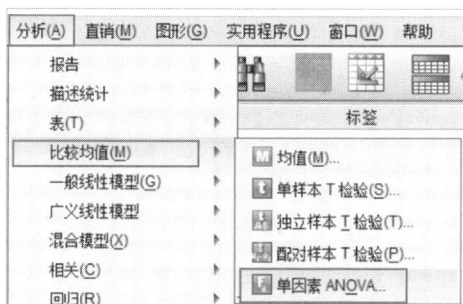

图 15-1　选择"单因素 ANOVA"命令

第二步：在弹出的"单因素方差分析"对话框中的"因变量列表"列表框和"因子"文本框中放入分析变量，如图 15-2 所示。

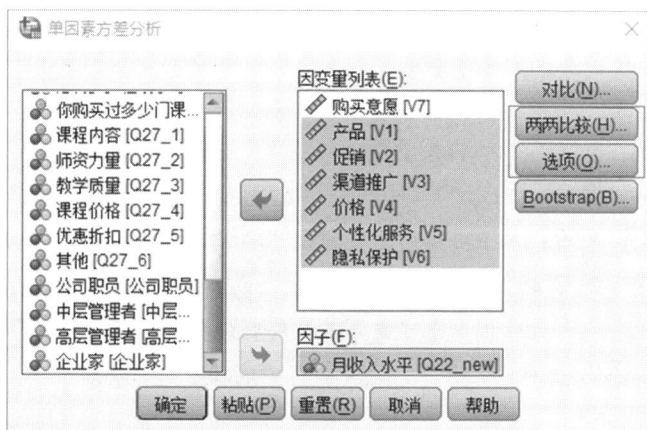

图 15-2　"单因素方差分析"对话框

具体操作步骤为：将分类数据月收入水平放入"因子"文本框中，将定量数据共 7 个变量一并放入"因变量列表"列表框中。然后分别单击"两两比较"按钮和"选项"按钮，进入第三步操作。

　　第三步：设置相关选项，单击"确定"按钮。设置相关选项包括对"两两比较"选项
和"选项"选项的设置。

　　（1）设置"两两比较"选项。

　　此步骤的目的是进行事后检验，即在分析本案例时对比两两组别样本的差异情况。具
体操作步骤为：单击"两两比较"按钮，在弹出的"单因素 ANOVA：两两比较"对话框
中勾选"LSD"复选框，单击"继续"按钮，如图 15-3 所示。

图 15-3　"单因素 ANOVA：两两比较"对话框

　　在本案例中，月收入水平分为 4 组，分别是"2 000 元及以下"、"2 001～4 000 元"、
"4 001～8 000 元"和"8 000 元以上"。如果月收入水平对某个变量呈现出显著性差异，就
说明 4 组之间有差异性，但具体是由其中哪组差异导致的，应该使用"两两比较"，即进
行事后检验。

　　在 SPSS 软件操作中，"两两比较"（事后检验）可以选择多种方法，较为常见的有"LSD"、
"Duncan"、"Dunnett"和"Tukey"等方法。

　　（2）设置"选项"选项。

　　此步骤用于设置输出相关指标。具体操作步骤为：单击"选项"按钮，在弹出的"单
因素 ANOVA：选项"对话框中勾选"描述性"、"方差同质性检验"和"均值图"共 3 个
复选框，单击"继续"按钮，如图 15-4 所示。勾选"描述性"复选框的目的在于输出平
均值和标准差等指标，勾选"方差同质性检验"复选框的目的在于进行方差齐性检验，勾
选"均值图"复选框的目的在于以统计图的形式输出结果。

　　经过上述操作步骤，SPSS 软件会输出 4 个有效表格，分别是"描述"表格、"方差齐
性检验"表格、"单因素方差分析"表格和"多重比较"表格（事后检验的汇总表格）。

图 15-4　"单因素 ANOVA：选项"对话框

"描述"表格包括每个组别的样本量（ N ）、均值和标准差等内容，如图 15-5 所示。样本量、均值和标准差等内容均需要整理到最终报告表格中。

		N	均值	标准差	标准误	均值的 95% 置信区间		极小值	极大值
						下限	上限		
购买意愿	2 000 元及以下	110	3.400	0.636	0.061	3.280	3.520	1.000	5.000
	2 001～4 000 元	54	3.468	0.792	0.108	3.251	3.684	1.750	5.000
	4 001～8 000 元	67	3.560	0.647	0.079	3.402	3.718	2.000	5.000
	8 000 元以上	69	3.696	0.752	0.091	3.515	3.876	1.000	5.000
	总数	300	3.516	0.702	0.041	3.436	3.596	1.000	5.000
产品	2 000 元及以下	110	3.506	0.836	0.080	3.348	3.664	1.000	5.000
	2 001～4 000 元	54	3.327	0.921	0.125	3.076	3.579	1.000	5.000
	4 001～8 000 元	67	3.537	0.851	0.104	3.330	3.745	2.000	5.000
	8 000 元以上	69	3.609	0.838	0.101	3.407	3.810	1.000	5.000
	总数	300	3.504	0.856	0.049	3.407	3.602	1.000	5.000
促销	2 000 元及以下	110	2.609	0.858	0.082	2.447	2.771	1.000	5.000
	2 001～4 000 元	54	2.648	0.994	0.135	2.377	2.919	1.000	5.000
	4 001～8 000 元	67	2.604	0.919	0.112	2.380	2.829	1.000	5.000
	8 000 元以上	69	2.717	0.964	0.116	2.486	2.949	1.000	5.000
	总数	300	2.640	0.918	0.053	2.536	2.744	1.000	5.000

图 15-5　描述

在"方差齐性检验"表格中，仅需要查看显著性值（ P 值或 Sig.值），如果此值大于 0.05，那么说明不同组别的数据波动情况一致，即方差齐，如图 15-6 所示。在实际研究中，有时会出现方差不齐的现象，即显著性值小于 0.05。为了使数据满足方差齐性，可以对因变量的定量数据进行处理，如取对数和开根号；也可以对自变量的分类数据进行组合处理，如将"2 000 元及以下"和"2 001～4 000 元"两组数据合并。出于对现实情况的综合考虑，即使有时数据不满足方差齐性，也会继续进行分析。

	Levene 统计量	df₁	df₂	显著性值
购买意愿	1.075	3	296	0.360
产品	0.267	3	296	0.849
促销	0.491	3	296	0.689
渠道推广	2.221	3	296	0.086
价格	1.172	3	296	0.321
个性化服务	1.873	3	296	0.134
隐私保护	2.190	3	296	0.089

图 15-6　方差齐性检验

"单因素方差分析"表格列出了单因素方差分析后的 F 值、P 值（显著性值）等指标，如图 15-7 所示。根据图 15-7 可知，购买意愿对应的显著性值为 0.045，小于 0.05，说明不同收入水平样本在购买意愿上有着显著性差异态度，不同收入水平样本的购买意愿情况不一致。但在本案例中收入共分为 4 组（"2 000 元及以下"、"2 001～4 000 元"、"4 001～8 000 元"和"8 000 元以上"），具体是这 4 组均有明显差异，还是仅其中 2 组或 3 组呈现出显著性差异无法知晓，此时应该通过"两两比较"进行分析。

		平方和	df	均方	F	显著性值
购买意愿	组间	3.962	3	1.321	2.723	0.045
	组内	143.526	296	0.485		
	总数	147.487	299			
产品	组间	2.520	3	0.840	1.147	0.330
	组内	216.697	296	0.732		
	总数	219.216	299			
促销	组间	0.606	3	0.202	0.238	0.870
	组内	251.514	296	0.850		
	总数	252.120	299			
渠道推广	组间	5.645	3	1.882	2.087	0.102
	组内	266.864	296	0.902		
	总数	272.509	299			
价格	组间	2.207	3	0.736	0.905	0.439
	组内	240.735	296	0.813		
	总数	242.943	299			
个性化服务	组间	2.828	3	0.943	1.355	0.257
	组内	205.859	296	0.695		
	总数	208.687	299			
隐私保护	组间	3.682	3	1.227	1.259	0.289
	组内	288.485	296	0.975		
	总数	292.167	299			

图 15-7　单因素方差分析

"多重比较"表格详细列出了两两组别之间的对比结果，如图 15-8 所示。根据图 15-8 可知，"2 000 元及以下"与"8 000 元以上"两组样本的购买意愿有着显著性差异，P 值（显著性值）为 0.006，小于 0.01，并且"2 000 元及以下"样本与"8 000 元以上"样本的购买意愿均值差为-0.296。在进行"两两比较"时，结果会出现一次重复，如"2 000 元及以下"和"8 000 元以上"两组对比与"8 000 元以上"和"2 000 元及以下"两组对比重复。

因变量	(I)月收入水平	(J)月收入水平	均值差 (I-J)	标准误	显著性值	95% 置信区间	
						下限	上限
购买意愿	2 000 元及以下	2 001～4 000 元	-0.068	0.116	0.560	-0.295	0.160
		4 001～8 000 元	-0.160	0.108	0.140	-0.372	0.053
		8 000 元以上	-0.296*	0.107	0.006	-0.506	-0.085
	2 001～4 000 元	2 000 元及以下	0.068	0.116	0.560	-0.160	0.295
		4 001～8 000 元	-0.092	0.127	0.470	-0.343	0.159
		8 000 元以上	-0.228	0.127	0.072	-0.477	0.021
	4 001～8 000 元	2 000 元及以下	0.160	0.108	0.140	-0.053	0.372
		2 001～4 000 元	0.092	0.127	0.470	-0.159	0.343
		8 000 元以上	-0.136	0.119	0.256	-0.371	0.099
	8 000 元以上	2 000 元及以下	0.296*	0.107	0.006	0.085	0.506
		2 001～4 000 元	0.228	0.127	0.072	-0.021	0.477
		4 001～8 000 元	0.136	0.119	0.256	-0.099	0.371
产品	2 000 元及以下	2 001～4 000 元	0.179	0.142	0.209	-0.101	0.459
		4 001～8 000 元	-0.031	0.133	0.814	-0.292	0.230
		8 000 元以上	-0.103	0.131	0.435	-0.361	0.156
	2 001～4 000 元	2 000 元及以下	-0.179	0.142	0.209	-0.459	0.101
		4 001～8 000 元	-0.210	0.156	0.180	-0.518	0.098
		8 000 元以上	-0.282	0.155	0.071	-0.587	0.024
	4 001～8 000 元	2 000 元及以下	0.031	0.133	0.814	-0.230	0.292
		2 001～4 000 元	0.210	0.156	0.180	-0.098	0.518
		8 000 元以上	-0.071	0.147	0.627	-0.360	0.217
	8 000 元以上	2 000 元及以下	0.103	0.131	0.435	-0.156	0.361
		2 001～4 000 元	0.282	0.155	0.071	-0.024	0.587
		4 001～8 000 元	0.071	0.147	0.627	-0.217	0.360

* $P<0.05$。

图 15-8　多重比较

在多数情况下，问卷研究并不需要进行事后检验（"多重比较"表格是事后检验的结果），如果希望进行事后检验，建议将"多重比较"表格稍加整理后放入报告中。

15.2 多因素方差分析

多因素方差分析用于研究多个分类变量（常见是两个）对因变量的影响差异关系。本节使用第 8 章的案例数据，研究有无背景音乐（编号名称为 type）和产品涉入度（编号名称为 V1_NEW）对品牌态度的影响关系，多因素方差分析在 SPSS 软件中的操作共分为以下两步。

第一步：选择"分析"→"一般线性模型"→"单变量"命令，如图 15-9 所示。

第二步：在弹出的"单变量"对话框中将两个分类变量（有无背景音乐、产品涉入度）放入"固定因子"列表框中，将因变量（品牌态度）放入"因变量"文本框中，如图 15-10 所示。

接下来需要设置"绘制"选项。设置"绘制"选项的目的是输出交互图，其操作步骤为：单击"绘制"按钮，在弹出的"单变量：轮廓图"对话框中进行相应设置，如图 15-11 所示。

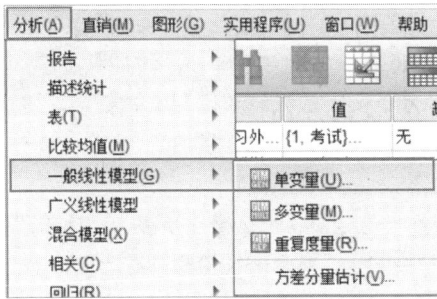

图 15-9　选择"单变量"命令

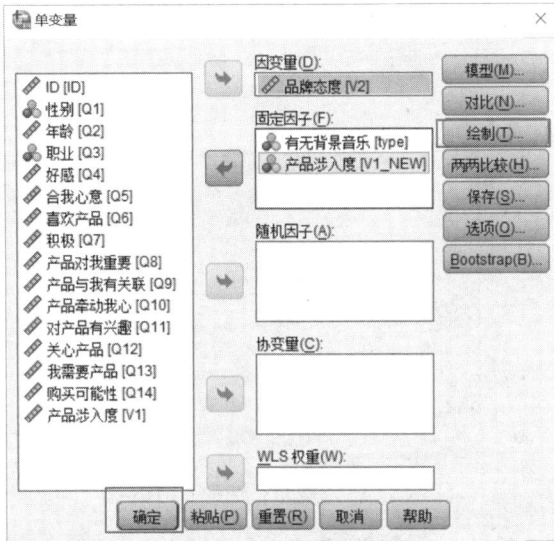

图 15-10　"单变量"对话框

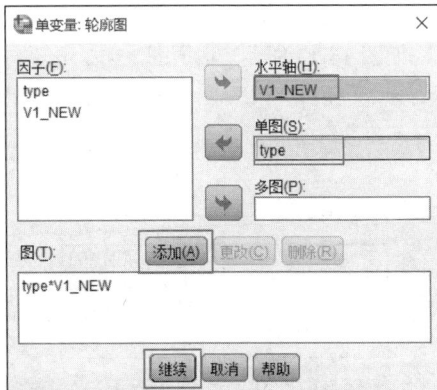

图 15-11　"单变量：轮廓图"对话框

将有无背景音乐（编号名称为 type）放入"水平轴"文本框中，将产品涉入度（编号名称为 V1_NEW）放入"单图"文本框中，单击"添加"按钮；然后重复上一步操作，将有无背景音乐（编号名称为 type）放入"单图"文本框中，将产品涉入度（编号名称为 V1_NEW）放入"水平轴"文本框中，单击"添加"按钮；单击"继续"按钮，单击"确定"按钮。

如果需要输出方差齐性检验结果，那么操作步骤为：单击"两两比较"按钮，在弹出的"单变量：选项"对话框中勾选"方差齐性检验"复选框，单击"继续"按钮，单击"确定"按钮，如图 15-12 所示。

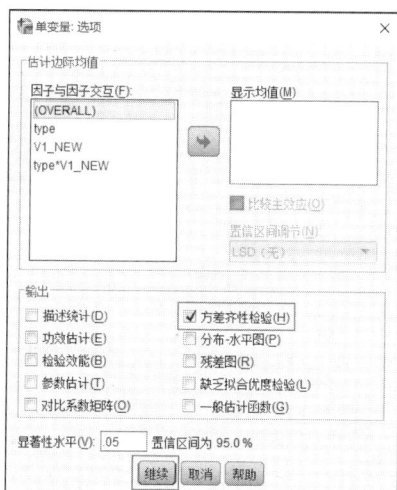

图 15-12 "单变量：选项"对话框

多因素方差分析共输出 3 个有用的表格，分别是"主体间因子"表格、"误差方差等同性的 Levene 检验"表格和"主体间效应的检验"表格。

"主体间因子"表格列出分类变量的选项（编码）分别代表的意义（值标签），以及选项分别对应的样本量（N），如图 15-13 所示。根据图 15-13 可知，对于有无背景音乐变量，1 代表"有背景音乐"，2 代表"无背景音乐"，并且有无背景音乐的样本量均为 204 个；对于产品涉入度变量，1 代表"低涉入度"，2 代表"高涉入度"，并且低涉入度的样本量为 181 个，高涉入度的样本量为 227 个。

		值标签	N
有无背景音乐	1	有背景音乐	204
	2	无背景音乐	204
产品涉入度	1	低涉入度	181
	2	高涉入度	227

图 15-13 主体间因子

"误差方差等同性的 Levene 检验"表格输出方差齐性检验的结果，如图 15-14 所示。

根据图 15-14 可知，P 值为 0.146，大于 0.05，说明数据满足方差齐性。

误差方差等同性的 Levene 检验 [a]

因变量：品牌态度

F	df_1	df_2	Sig.
1.802	3	404	0.146

检验零假设，即在所有组中因变量的误差方差均相等。

a. 设计：截距+有无背景音乐+产品涉入度+有无背景音乐×产品涉入度。

图 15-14　误差方差等同性的 Levene 检验

"主体间效应的检验"表格为最终差异对比核心表格，核心信息为两个分类变量的 P 值及交互项的 P 值，如图 15-15 所示。根据图 15-15 可知，有无背景音乐和产品涉入度均呈现出显著性，即在有无背景音乐或产品涉入度不同的情况下，样本的品牌态度呈现出差异性，而且交互项（有无背景音乐×产品涉入度）也呈现出差异性，说明有无背景音乐和产品涉入度之间有着交互作用关系。

因变量：品牌态度

源	III 型平方和	df	均方	F	Sig.
校正模型	90.250[a]	3	30.083	35.740	0.000
截距	3767.902	1	3767.902	4476.335	0.000
有无背景音乐	3.375	1	3.375	4.009	0.046
产品涉入度	68.724	1	68.724	81.646	0.000
有无背景音乐×产品涉入度	4.479	1	4.479	5.322	0.022
误差	340.062	404	0.842		
总计	4574.063	408			
校正的总计	430.312	407			

a. R^2=0.210（调整 R^2=0.204）。

图 15-15　主体间效应的检验

15.3　t 检验

t 检验共分为 3 类，分别是独立样本 t 检验、配对样本 t 检验和单样本 t 检验。在问卷研究中，通常会使用独立样本 t 检验；如果是实验或"类实验"类研究，则需要使用配对样本 t 检验。独立样本 t 检验和配对样本 t 检验只能对两组数据进行对比。例如，男性和女性的差异对比应该使用独立样本 t 检验，而实验前和实验后的差异对比应该使用配对样本 t 检验。单样本 t 检验研究数据是否等于某个数值，如样本的平均身高是否为 1.70 米。本节分别对独立样本 t 检验、配对样本 t 检验和单样本 t 检验在 SPSS 软件中的操作进行讲解。

15.3.1 独立样本 *t* 检验

对于非实验或"类实验"类研究，如果自变量为分类数据且只包括两类，例如，性别分为"男性"和"女性"，专业分为"理工科"和"文科"，那么可以使用独立样本 *t* 检验进行分析。本节使用第 5 章的案例数据进行操作说明。独立样本 *t* 检验在 SPSS 软件中的操作共分为以下三步。

第一步：选择"分析"→"比较均值"→"独立样本 T 检验"命令，如图 15-16 所示。

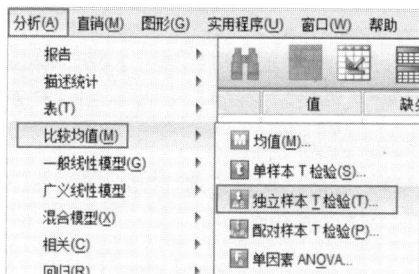

图 15-16　选择"独立样本 T 检验"命令

第二步：在弹出的"独立样本 T 检验"对话框中将分类数据放入"分组变量"文本框中，将定量数据放入"检验变量"列表框中，然后单击"定义组"按钮进入下一步，如图 15-17 所示。

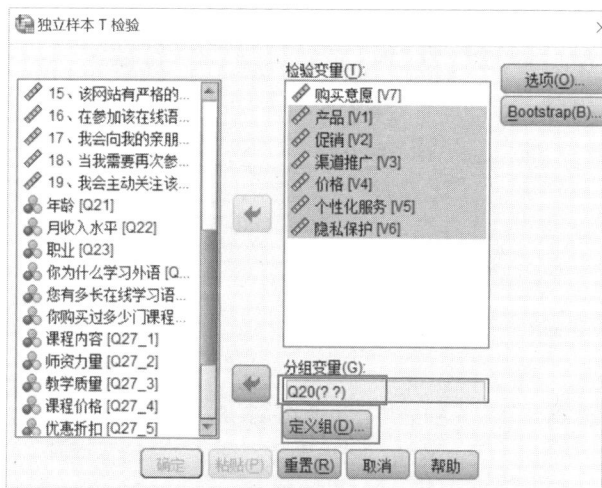

图 15-17　"独立样本 T 检验"对话框

第三步：在弹出的"定义组"对话框中设置指定值，单击"继续"按钮，单击"确定"按钮。

由于独立样本 *t* 检验仅能对比两组数据，因此需要在 SPSS 软件中设置对应关系。例如，对比男性样本和女性样本的差异性，并且"男性"使用 1 代表，"女性"使用 2 代表，那么分别在"组 1"和"组 2"对应的文本框中输入 1 和 2，如图 15-18 所示。

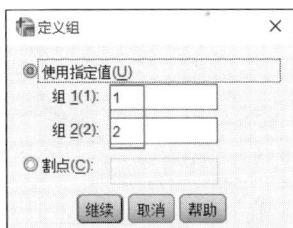

图 15-18　"定义组"对话框

在进行独立样本 t 检验时，会输出两个表格，分别是"组统计量"表格和"独立样本检验"表格。"组统计量"表格输出样本量（N）、均值、标准差等指标，"独立样本检验"表格输出 t 值和 P 值等指标。

"组统计量"表格列出了样本量（N）、均值和标准差，如图 15-19 所示。这 3 个指标通常需要列入最终报告表格中。

变量	性别	N	均值	标准差	均值的标准误
购买意愿	男	86	3.468	0.784	0.085
	女	213	3.539	0.667	0.046
产品	男	86	3.477	1.013	0.109
	女	213	3.520	0.787	0.054
促销	男	86	2.564	0.894	0.096
	女	213	2.671	0.930	0.064
渠道推广	男	86	3.372	0.986	0.106
	女	213	3.357	0.946	0.065
价格	男	86	3.256	0.954	0.103
	女	213	3.451	0.877	0.060
个性化服务	男	86	3.380	0.960	0.103
	女	213	3.490	0.782	0.054
隐私保护	男	86	3.791	1.141	0.123
	女	213	4.324	0.876	0.060

图 15-19　组统计量

"独立样本检验"表格如图 15-20 所示。观察"独立样本检验"表格中"方差方程的 Levene 检验"对应的 P 值，如果此值大于 0.05，那么独立样本 t 检验最终的 t 值和 P 值应该以假设方差相等时对应的 t 值和 P 值为准，反之则应该以假设方差不相等时对应的 t 值和 P 值为准。例如，在图 15-20 中，购买意愿对应的 F 值为 1.063，"方差方程 Levene 检验"对应的 P 值为 0.303，大于 0.05，则独立样本 t 检验最终的 t 值为-0.788，P 值为 0.431；产品对应的 F 值为 5.282，"方差方程 Levene 检验"对应的 P 值为 0.022，小于 0.05，则独立样本 t 检验最终的 t 值为-0.352，P 值为 0.726。

变量	假设类型	方差方程的 Levene 检验		均值方程的 t 检验						
		F	Sig.	t	df	Sig.(双侧)	均值差	标准误	差分的95%置信区间	
									下限	上限
购买意愿	假设方差相等	1.063	0.303	-0.788	297	0.431	-0.071	0.090	-0.247	0.106
	假设方差不相等			-0.736	137.291	0.463	-0.071	0.096	-0.261	0.119
产品	假设方差相等	5.282	0.022	-0.391	297	0.696	-0.043	0.110	-0.258	0.173
	假设方差不相等			-0.352	128.369	0.726	-0.043	0.122	-0.284	0.198
促销	假设方差相等	0.343	0.559	-0.914	297	0.362	-0.107	0.118	-0.339	0.124
	假设方差不相等			-0.930	163.124	0.354	-0.107	0.116	-0.336	0.121
渠道推广	假设方差相等	0.000	0.997	0.125	297	0.901	0.015	0.122	-0.226	0.256
	假设方差不相等			0.123	151.622	0.902	0.015	0.125	-0.231	0.261
价格	假设方差相等	0.191	0.662	-1.695	297	0.091	-0.195	0.115	-0.421	0.031
	假设方差不相等			-1.636	146.139	0.104	-0.195	0.119	-0.430	0.041
个性化服务	假设方差相等	2.500	0.115	-1.029	297	0.304	-0.110	0.107	-0.320	0.100
	假设方差不相等			-0.944	132.883	0.347	-0.110	0.117	-0.340	0.120
隐私保护	假设方差相等	9.933	0.002	-4.350	297	0.000	-0.533	0.123	-0.774	-0.292
	假设方差不相等			-3.894	127.342	0.000	-0.533	0.137	-0.804	-0.262

图 15-20　独立样本检验

15.3.2　配对样本 t 检验

本节使用第 8 章的案例数据进行操作说明。配对样本 t 检验在 SPSS 软件中的操作共分为以下两步。

第一步：选择"分析"→"比较均值"→"配对样本 T 检验"命令，如图 15-21 所示。

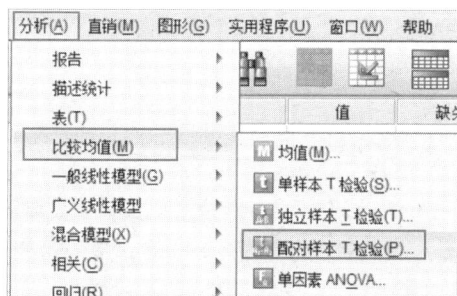

图 15-21　选择"配对样本 T 检验"命令

第二步：在弹出的"配对样本 T 检验"对话框中将分析变量放入"成对变量"列表框中，单击"确定"按钮，如图 15-22 所示。

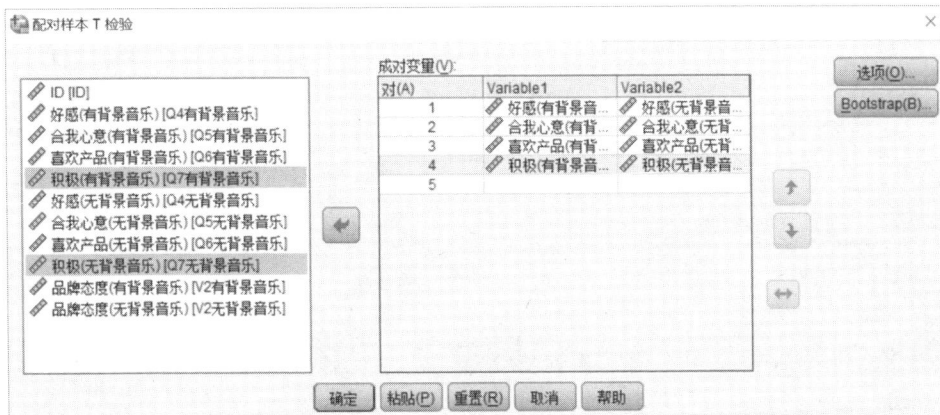

图 15-22　"配对样本 T 检验"对话框

在进行配对样本 t 检验时，会输出两个有意义的表格，分别是"成对样本统计量"表格和"成对样本检验"表格。

"成对样本统计量"表格列出了均值、样本量（N）和标准差，如本案例中"好感（有背景音乐）"和"好感（无背景音乐）"的均值分别是 3.407 和 2.995，如图 15-23 所示。这 3 个指标通常需要列入最终报告表格中。

编号	题	均值	N	标准差	均值的标准误
对 1	好感(有背景音乐)	3.407	204	1.053	0.074
	好感(无背景音乐)	2.995	204	1.112	0.078
对 2	合我心意(有背景音乐)	3.358	204	1.057	0.074
	合我心意(无背景音乐)	2.936	204	1.128	0.079
对 3	喜欢产品(有背景音乐)	3.319	204	1.088	0.076
	喜欢产品(无背景音乐)	2.975	204	1.138	0.080
对 4	积极(有背景音乐)	3.422	204	1.045	0.073
	积极(无背景音乐)	3.083	204	1.194	0.084

图 15-23　成对样本统计量

对于"成对样本检验"表格，直接阅读对应的 t 值和 P 值即可，如图 15-24 所示。本表的"均值"列表示的数据代表成对数据均值的差值。例如，本案例中"好感（有背景音乐）"和"好感（无背景音乐）"的均值分别是 3.407 和 2.995，因此其差值为 0.412。

配对编号	内容	成对差分					t	df	Sig.(双侧)
		均值	标准差	均值的标准误	差分的95%置信区间				
					下限	上限			
对 1	好感(有背景音乐)-好感(无背景音乐)	0.412	1.258	0.088	0.238	0.585	4.674	203	0.000
对 2	合我心意(有背景音乐)-合我心意(无背景音乐)	0.422	1.259	0.088	0.248	0.595	4.783	203	0.000
对 3	喜欢产品(有背景音乐)-喜欢产品(无背景音乐)	0.343	1.309	0.092	0.162	0.524	3.743	203	0.000
对 4	积极(有背景音乐)-积极(无背景音乐)	0.338	1.282	0.090	0.161	0.515	3.768	203	0.000

图 15-24　成对样本检验

15.3.3　单样本 t 检验

单样本 t 检验在问卷研究中使用频率非常低，其目的是研究某变量或某题的平均值是否明显等于某个数字。如果研究对象为五级量表（1 代表"非常不满意"，2 代表"比较不满意"，3 代表"中立"，4 代表"比较满意"，5 代表"非常满意"），那么可以将变量或题的平均值与 3 进行对比，如果变量或题的平均值明显不等于 3，那么说明样本态度并非中立，并且有着明显的态度偏好。

本节使用第 5 章的案例数据进行操作说明。单样本 t 检验在 SPSS 软件中的操作步骤共分为以下两步。

第一步：选择"分析"→"比较均值"→"单样本 T 检验"命令，如图 15-25 所示。

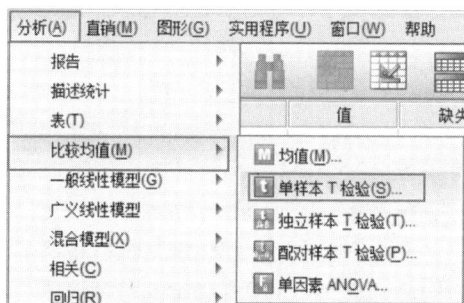

图 15-25　选择"单样本 T 检验"命令

第二步：在弹出的"单样本 T 检验"对话框中将分析变量放入"检验变量"列表框中，设置检验值，单击"确定"按钮，如图 15-26 所示。

检验值是指在进行单样本 t 检验时希望与变量或题的平均值进行对比的数字，此步骤需要自行设置，此处输入数字 3。

在进行单样本 t 检验时，会输出两个表格，分别是"单个样本统计量"表格和"单个样本检验"表格。

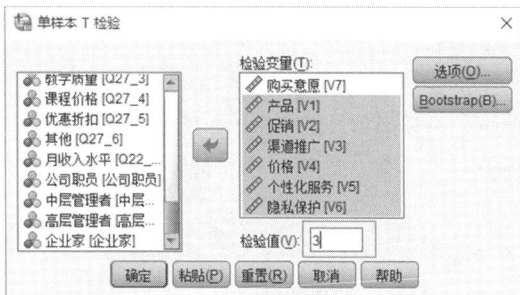

图 15-26 "单样本 T 检验"对话框

"单个样本统计量"表格列出了样本量（N）、均值和标准差，如本案例中"购买意愿"的均值是 3.516 分，如图 15-27 所示。这 3 个指标通常需要列入最终报告表格中。

变量	N	均值	标准差	均值的标准误
购买意愿	300	3.516	0.702	0.041
产品	300	3.504	0.856	0.049
促销	300	2.640	0.918	0.053
渠道推广	300	3.362	0.955	0.055
价格	300	3.395	0.901	0.052
个性化服务	300	3.458	0.835	0.048
隐私保护	300	4.167	0.989	0.057

图 15-27 单个样本统计量

对于"单个样本检验"表格，直接阅读对应的 t 值和 P 值即可，如图 15-28 所示。本表的"均值差"列数据代表某个变量或题的平均值与设定的检验值的差值。例如，本案例中"购买意愿"的均值是 3.516 分，检验值为 3，因此均值差为 0.516。

变量	检验值=3					
	t	df	Sig.(双侧)	均值差	差分的 95%置信区间	
					下限	上限
购买意愿	12.721	299	0.000	0.516	0.436	0.596
产品	10.204	299	0.000	0.504	0.407	0.602
促销	−6.790	299	0.000	−0.360	−0.464	−0.256
渠道推广	6.562	299	0.000	0.362	0.253	0.470
价格	7.590	299	0.000	0.395	0.293	0.497
个性化服务	9.491	299	0.000	0.458	0.363	0.553
隐私保护	20.442	299	0.000	1.167	1.054	1.279

图 15-28 单个样本检验

15.4 卡方分析

卡方分析是一种研究分类数据与分类数据关系的分析方法，共分为两类，分别是单选题卡方分析和多选题卡方分析。本节使用第 10 章的案例数据进行操作说明。

15.4.1 单选题卡方分析

单选题卡方分析在 SPSS 软件中的操作共分为以下三步。

第一步：选择"分析"→"描述统计"→"交叉表"命令，如图 15-29 所示。

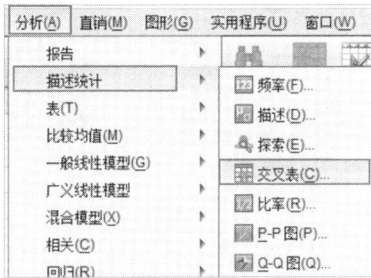

图 15-29 选择"交叉表"命令

第二步：在弹出的"交叉表"对话框中将分析变量放入相应的列表框中，如图 15-30 所示。

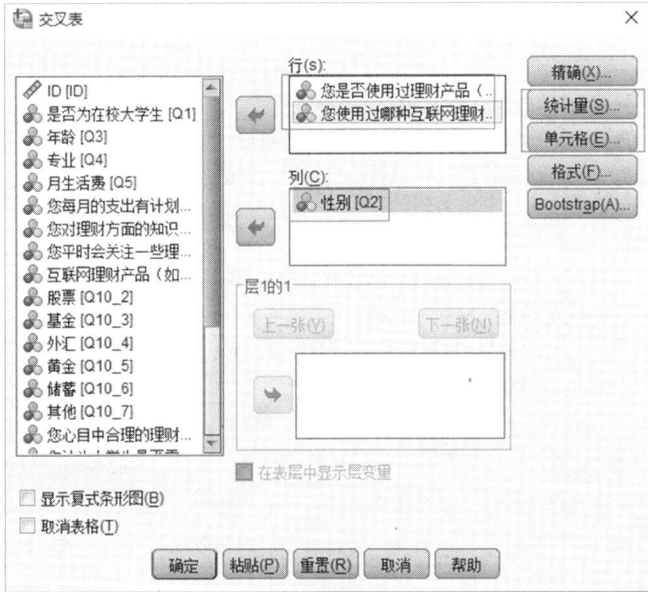

图 15-30 "交叉表"对话框

204

本操作案例数据用于研究不同性别（Q2）的样本在 Q9（您是否使用过理财产品）和 Q11（您使用过哪种互联网理财产品）上的差异情况。将性别放入"列"列表框中，将 Q9 和 Q11 放入"行"列表框中，然后对 "统计量"选项和"单元格"选项进行设置。设置 "统计量"选项的目的是输出卡方值和 P 值等，设置"单元格"选项的目的是输出百分比数据结果。

（1）设置"统计量"选项。

单击"统计量"按钮，在弹出的"交叉表：统计量"对话框中勾选"卡方"复选框，单击"继续"按钮，如图 15-31 所示。

（2）设置"单元格"选项。

单击"单元格"按钮，在弹出的"交叉表：单元显示"对话框中勾选"列"复选框，单击"继续"按钮，单击"确定"按钮，如图 15-32 所示。

图 15-31 　"交叉表：统计量"对话框　　　　图 15-32 　"交叉表：单元显示"对话框

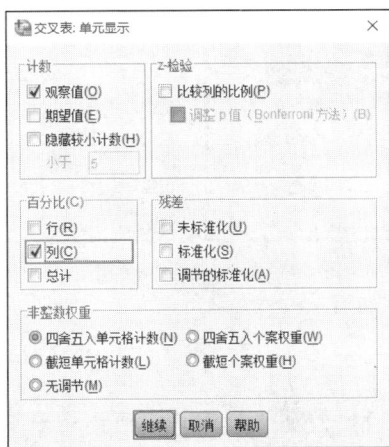

单选题卡方分析共输出两个核心表格，分别是"交叉表"表格和"卡方检验"表格。这里只给出与 Q9 相关的"交叉表"表格和"卡方检验"表格。

"交叉表"表格列出了各个交叉选项的频数和百分比，如图 15-33 所示。例如，男性样本选择"是"的百分比为 46.4%，选择"否"的百分比是 53.6%，和为 100.0%。

"卡方检验"表格列出了较多指标值，其中 Pearson 卡方（卡方值）和对应的 P 值为有意义的指标值，如图 15-34 所示。根据图 15-34 可知，该案例的 Pearson 卡方为 0.831，对应的 P 值为 0.362，大于 0.05，说明不同性别的样本在 Q9（您是否使用过理财产品）上有着相同的态度。

			性别		合计
			男	女	
您是否使用过理财产品	是	计数（个）	116	92	208
		性别中的（%）	46.4	42.2	44.4
	否	计数（个）	134	126	260
		性别中的（%）	53.6	57.8	55.6
合计		计数（个）	250	218	468
		性别中的（%）	100.0	100.0	100.0

图 15-33　交叉表

项	值	df	渐进 Sig.（双侧）	精确 Sig.（双侧）	精确 Sig.（单侧）
Pearson 卡方	0.831[a]	1	0.362		
连续校正[b]	0.670	1	0.413		
似然比	0.832	1	0.362		
Fisher 的精确检验				0.401	0.207
线性和线性组合	0.829	1	0.362		
有效案例中的 N	468.000				

a. 0 单元格(0.0%)的期望计数少于 5。最小期望计数为 96.89。

b. 仅对 2×2 表计算。

图 15-34　卡方检验

15.4.2　多选题卡方分析

多选题卡方分析用于研究分类数据与某个多选题之间的交叉关系。本节使用第 10 章的案例数据进行操作说明，其中 Q10 为多选题，研究性别与 Q10 的差异关系。多选题卡方分析在 SPSS 软件中的操作步骤较多，在操作思路上共分为两步，第一步为设置"多重响应集"，第二步为设置"设定表"。

第一步：设置"多重响应集"。

"多重响应集"为初始化设置，通俗理解就是将多选题处理为单选题，此过程通过 SPSS 软件实现。"多重响应集"仅针对多选题进行设置，其设置共分为两步，分别如下。

（1）选择"分析"→"表"→"多响应集"命令，如图 15-35 所示。

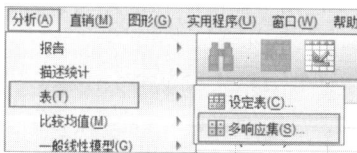

图 15-35　选择"多响应集"命令

（2）在弹出的"定义多重响应集"对话框中将多选题放入"集合中的变量"列表框中，并且进行相关设置，单击"确定"按钮。

本案例中 Q10 为多选题，由 6 个选项组成。首先将 Q10 对应的 6 个选项放入"集合中的变量"列表框中，并且在"计数值"文本框中输入数字 1，然后在"集名称"文本框中输入 Q10 的编号名称（Q10），在"集标签"文本框中输入 Q10 的具体标签名称（Q10：您选择过哪种投资理财产品），再单击"添加"按钮，最后单击"确定"按钮，完成操作，如图 15-36 所示。

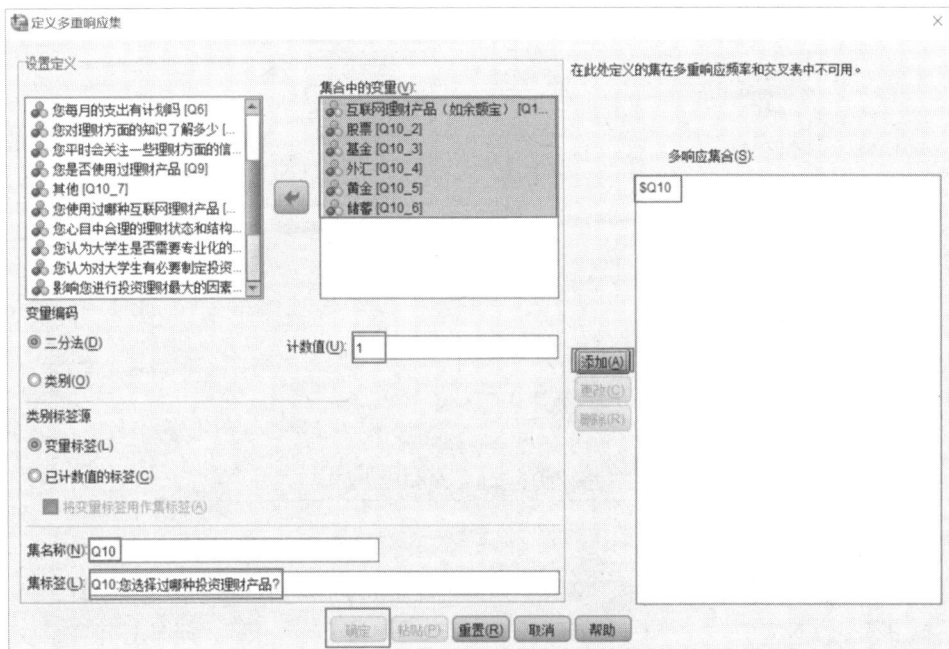

图 15-36   "定义多重响应集"对话框

需要特别注意的是，Q10 共有 6 个选项，因此需要将这 6 个选项同时放入"集合中的变量"列表框中。由于 1 代表"选中"，0 代表"没有选中"，因此在"计数值"文本框中应该输入数字 1。

第二步：设置"设定表"。

完成第一步设置"多重响应集"后，对"设定表"进行设置，共分为四步，分别如下。

（1）选择"分析"→"表"→"设定表"命令，如图 15-37 所示。

（2）在弹出的"设定表格"对话框中，将分类数据性别放入"列"标签中，将多选题 Q10 放入"行"标签中，如图 15-38 所示。

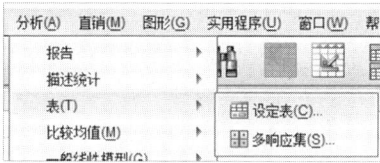

图 15-37　选择"设定表"命令

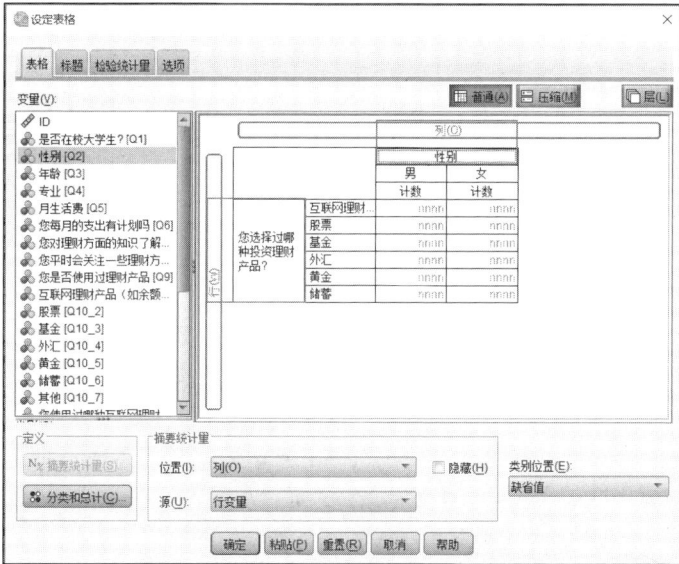

图 15-38　"设定表格"对话框

（3）单击"列"下拉列表框，选择"摘要统计量"命令，在弹出的"摘要统计："对话框中将"列 N%"放入"显示"列表框中，单击"应用选择"按钮，如图 15-39 所示。此步骤的目的是使输出结果中显示百分比。

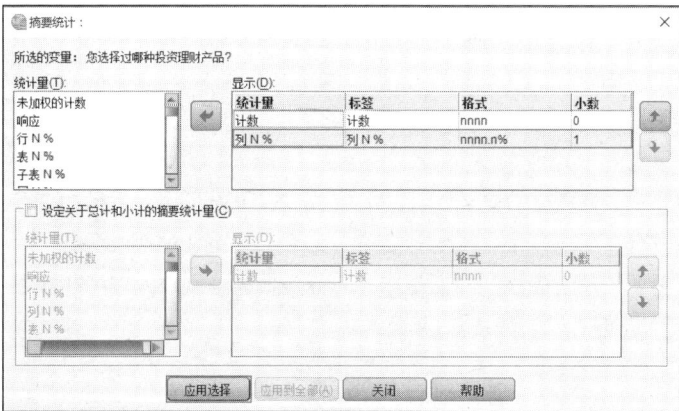

图 15-39　"摘要统计："对话框

（4）单击"设定表格"对话框的"检验统计量"选项卡，勾选"独立性检验（卡方验证）"复选框，单击"确定"按钮，如图 15-40 所示。此步骤的目的在于输出卡方值和 P 值等。

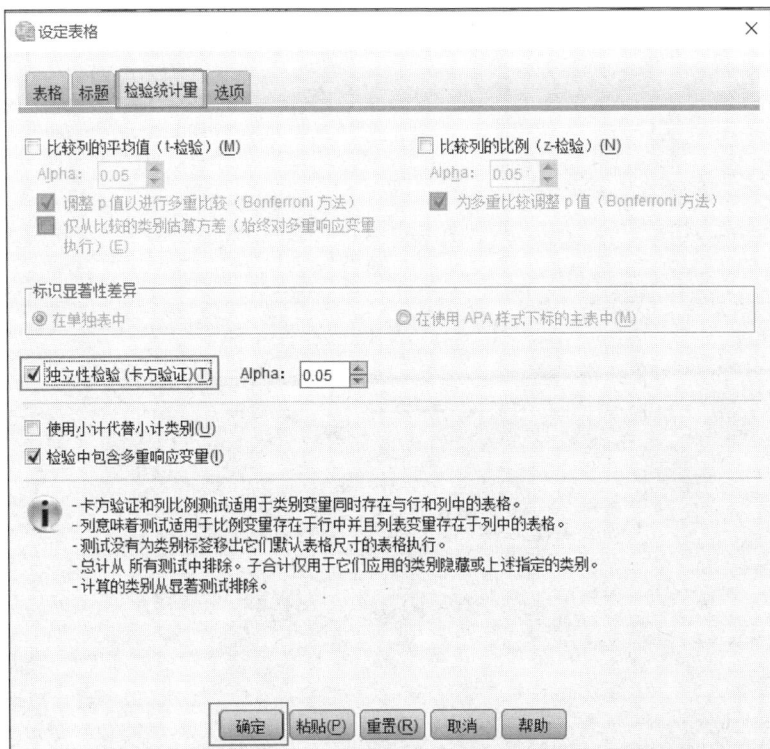

图 15-40　"设定表格"对话框的"检验统计量"选项卡

多选题卡方分析共输出两个表格，分别是"基本频数统计"表格和"Pearson 卡方检验"表格。

"基本频数统计"表格展示了不同性别的样本对 Q10 的 6 个选项的选择频数及选择百分比，如图 15-41 所示。需要特别注意的是，百分比以性别选项为基准，如图 15-41 中的74.8%是指男性样本中选择过"互联网理财产品（如余额宝）"的百分比。

"Pearson 卡方检验"表格列出了多选题卡方分析的卡方值和对应的 P 值，如图 15-42 所示。根据图 15-42 可知，卡方值为 12.814，P 值为 0.046，小于 0.05，说明不同性别的样本在"您选择过哪种投资理财产品"这一问题上有着显著性差异。

题	选项	性别			
		男		女	
		计数（个）	百分比（%）	计数（个）	百分比（%）
您选择过哪种 投资理财产品	互联网理财产品 （如余额宝）	86	74.8	65	72.2
	股票	32	27.8	21	23.3
	基金	18	15.7	30	33.3
	外汇	20	17.4	10	11.1
	黄金	28	24.3	16	17.8
	储蓄	69	60.0	58	64.4

图 15-41　基本频数统计

		性别
您选择过哪种投资理财 产品	卡方(值)	12.814
	df	6
	Sig.	0.046*

结果基于每个最深处的子表中的非空行和列。

*. 卡方统计量在 0.05 级别处有意义。

图 15-42　Pearson 卡方检验

第16章

因子分析和聚类分析在 SPSS 软件中的操作

本章分别对因子分析和聚类分析在 SPSS 软件中的操作进行讲解。因子分析共有 3 种功能，分别是探索因子、效度分析和权重计算，本章仅针对探索因子和权重计算进行说明。在 SPSS 软件中，聚类分析方法共有 3 种，分别是两步聚类分析、k-均值聚类分析和系统聚类分析。

16.1 因子分析

因子分析共有 3 种功能，分别是探索因子、效度分析和权重计算，这 3 种功能在 SPSS 软件中的操作基本类似，但有细微的区别。本节使用第 7 章的案例数据，分别对探索因子功能和权重计算功能在 SPSS 软件中的操作进行说明。

16.1.1 因子分析的探索因子功能

当使用因子分析的探索因子功能时，需要结合主观判断，并且多次重复操作，删除不合理的题，最终找到因子与题的对应关系，并且对因子命名。因子分析的探索因子功能在 SPSS 软件中的操作共分为以下三步。

第一步：选择"分析"→"降维"→"因子分析"命令，如图 16-1 所示。

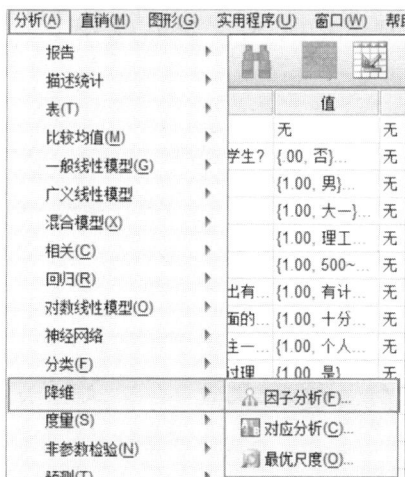

图 16-1　选择"因子分析"命令

第二步：在弹出的"因子分析"对话框中将分析项放入"变量"列表框中，如图 16-2 所示。

第三步：设置相关选项，单击"确定"按钮。此步骤共涉及 4 个选项，分别是"描述"、"抽取"、"旋转"和"选项"。

（1）设置"描述"选项。

设置"描述"选项的目的是输出 KMO 值（SPSS 软件默认不输出），具体操作步骤为：单击"描述"按钮，在弹出的"因子分析：描述统计"对话框中勾选"KMO 和 Bartlett 的球形度检验"复选框，单击"继续"按钮，如图 16-3 所示。

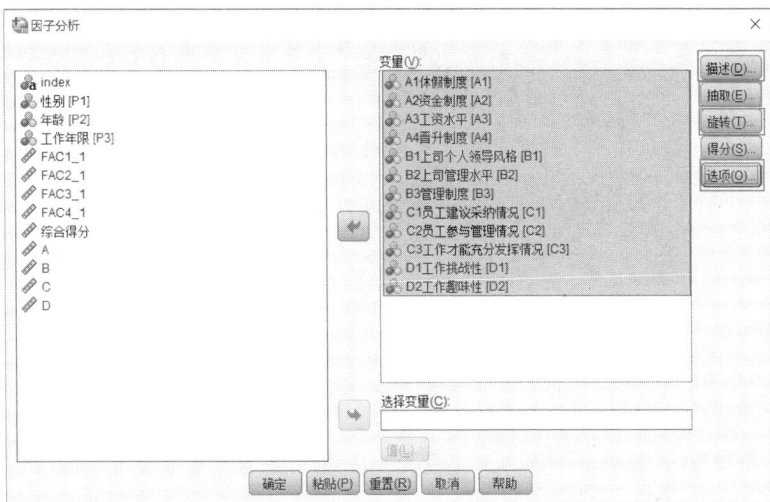

图 16-2　"因子分析"对话框

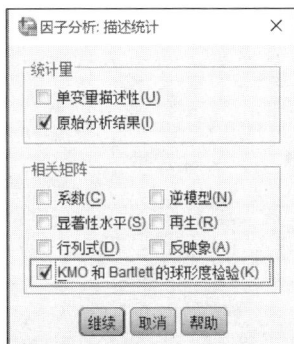

图 16-3　"因子分析：描述统计"对话框

（2）设置"抽取"选项。

设置"抽取"选项的目的是设置因子数量。通常情况下，研究人员应该大致了解将题分为几个变量。如果研究人员确认了变量数量，那么应该主动设置要探索的因子数量，也可以让 SPSS 软件试探性给出默认输出因子数量。在多数情况下，该步骤需要自行设置要探索的因子数量。具体操作步骤为：单击"抽取"按钮，在弹出的"因子分析：抽取"对话框中勾选"因子的固定数量"单选框，并且在"要提取的因子"文本框中输入因子数量，单击"继续"按钮，如图 16-4 所示。

（3）设置"旋转"选项。

设置"旋转"选项的目的是将题与因子进行空间旋转，类似于魔方旋转，将属于同一个因子的题放置在一起。在问卷研究中通常都使用最大方差法进行旋转。具体操作步骤为：单击"旋转"按钮，在弹出的"因子分析：旋转"对话框中勾选"最大方差法"单选框，单击"继续"按钮，如图 16-5 所示。

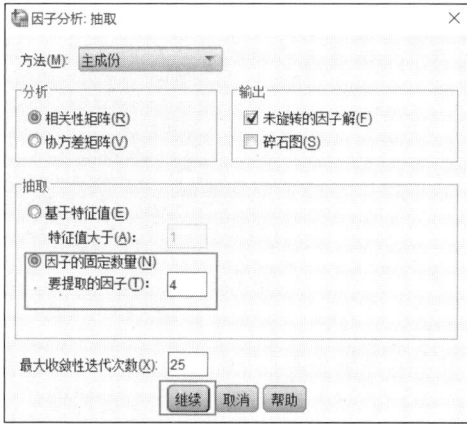

图 16-4　"因子分析：抽取"对话框

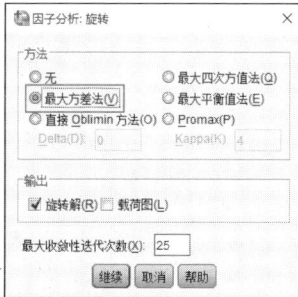

图 16-5　"因子分析：旋转"对话框

（4）设置"选项"选项。

设置"选项"选项的目的是设置 SPSS 软件输出结果的格式，以符合旋转成分矩阵的显示格式。其设置内容分别是"按大小排序"和"取消小系数"。"按大小排序"是指输出的旋转成分矩阵会按大小进行排序；"取消小系数"是指输出的旋转成分矩阵不显示小于某值（自己设定）的信息，通常设置该值为 0.4。具体操作步骤为：单击"选项"按钮，在弹出的"因子分析：选项"对话框中设置对应的选项，如图 16-6 所示。

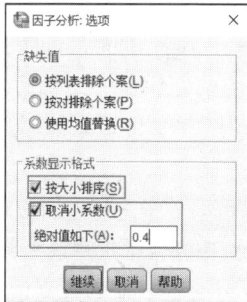

图 16-6　"因子分析：选项"对话框

针对探索性因子分析的结果，SPSS 软件通常会输出 6 个或 5 个（当因子仅为 1 个时）表格，其中有 4 个表格较为重要，分别是"KMO 和 Bartlett 球形检验"表格、"公因子方差"表格、"解释的总方差"表格和"旋转成分矩阵"表格。

"KMO 和 Bartlett 球形检验"表格如图 16-7 所示。根据图 16-7 可知，KMO 值为 0.833，大于 0.7，并且 Bartlett 球形检验对应的 P 值（Sig.值）为 0.000，说明适合进行探索性因子分析。

取样足够度的 Kaiser-Meyer-Olkin 度量		0.833
Bartlett 球形检验	近似卡方	913.723
	df	66
	Sig.	0.000

图 16-7 KMO 和 Bartlett 球形检验

"公因子方差"表格如图 16-8 所示。根据图 16-8 可知，题的共同度值（"提取"列数据）均大于 0.6，最小为 0.645，说明因子可以良好地提取各题信息。共同度值通常以大于 0.4 为标准，如果此值小于 0.4，则说明因子不能很好地提取题信息。除了以因子载荷系数绝对值的大小和因子与题的对应关系为删除题的标准，还可以结合共同度值情况进行删除题处理（如果要分析的题非常多，并且可能一次性删除多个题，那么以共同度值为删除题的标准较为方便）。

	初始	提取
A1休假制度	1.000	0.792
A2资金制度	1.000	0.738
A3工资水平	1.000	0.791
A4晋升制度	1.000	0.719
B1上司个人领导风格	1.000	0.858
B2上司管理水平	1.000	0.811
B3管理制度	1.000	0.645
C1员工建议采纳情况	1.000	0.809
C2员工参与管理情况	1.000	0.717
C3工作才能充分发挥情况	1.000	0.703
D1工作挑战性	1.000	0.808
D2工作趣味性	1.000	0.773

提取方法：主成分分析。

图 16-8 公因子方差

"解释的总方差"表格如图 16-9 所示。根据图 16-9 可知，本案例共探索出 4 个因子（自行设置的探索因子数量为 4 个），并且总共累积方差解释率为 76.370%，每个因子旋转后的方差解释率均在 10%以上，说明探索性因子分析结果良好。如果本案例不设置探索出的因子数量为 4，那么仅能输出 3 个因子，原因在于第 4 个因子的旋转前特征根值（初始特征值）为 0.982（SPSS 软件默认以旋转前的特征根值大于 1 为标准输出因子数量）。

"旋转成分矩阵"表格如图 16-10 所示。根据图 16-10 可知，此表格为核心表格，由于设置小于 0.4 的因子载荷系数值不显示，因此会有大面积空白。此表格用于显示题与因子的对应关系（本案例数据进行过处理，不需要进行删除题处理）。

因子	初始特征值			提取平方和载入			旋转平方和载入		
	合计	方差解释率(%)	累积(%)	合计	方差解释率(%)	累积(%)	合计	方差解释率(%)	累积(%)
1	5.130	42.749	42.749	5.130	42.749	42.749	2.808	23.397	23.397
2	1.803	15.028	57.777	1.803	15.028	57.777	2.295	19.126	42.523
3	1.250	10.413	68.190	1.250	10.413	68.190	2.051	17.090	59.613
4	0.982	8.180	76.370	0.982	8.180	76.370	2.011	16.756	76.370
5	0.526	4.382	80.752						
6	0.477	3.972	84.724						
7	0.448	3.729	88.453						
8	0.353	2.942	91.396						
9	0.316	2.630	94.026						
10	0.294	2.453	96.479						
11	0.231	1.928	98.407						
12	0.191	1.593	100						

提取方法：主成分分析。

图 16-9　解释的总方差

旋转成分矩阵[a]

	成分			
	1	2	3	4
A1休假制度	0.875			
A2资金制度	0.784			
A3工资水平	0.753			
A4晋升制度	0.721			
B1上司个人领导风格		0.903		
B2上司管理水平		0.875		
B3管理制度		0.624		
C1员工建议采纳情况			0.772	
C2员工参与管理情况			0.689	
C3工作才能充分发挥情况			0.675	
D1工作挑战性				0.877
D2工作趣味性				0.798

提取方法:主成分分析。

a.旋转在 6 次迭代后收敛。

图 16-10　旋转成分矩阵

16.1.2　因子分析的权重计算功能

　　使用因子分析进行权重计算的目的是计算出各因子（维度）的权重系数，其操作步骤与探索因子类似，但在选项设置上有细微的区别。需要注意的是，当使用因子分析的权重计算功能时，需要在 SPSS 软件输出结果的基础上，自行进行相应计算才能得到各因子（维度）的权重系数，并且需要在完成探索因子后才能进行权重计算。因子分析的权重计算功能在 SPSS 软件中的操作共分为以下三步。

第一步：选择"分析"→"降维"→"因子分析"命令，如图 16-11 所示。

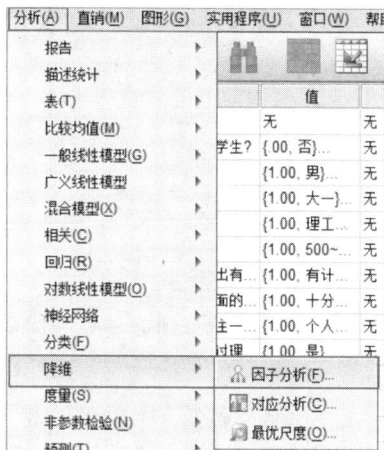

图 16-11　选择"因子分析"命令

第二步：在弹出的"因子分析"对话框中将分析项放入"变量"列表框中，如图 16-12 所示。

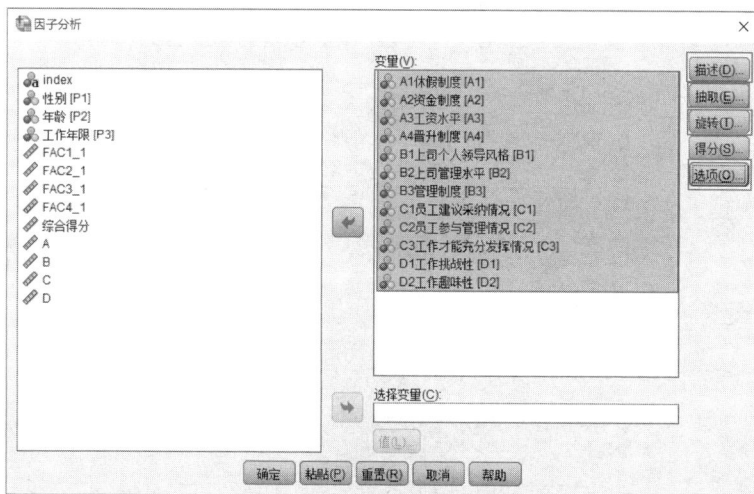

图 16-12　"因子分析"对话框

第三步：设置相关选项，单击"确定"按钮。此步骤共涉及 5 个选项，分别是"描述"、"抽取"、"旋转"、"选项"和"得分"。

（1）设置"描述"选项。

设置"描述"选项的目的是输出 KMO 值（SPSS 软件默认不输出），具体操作步骤为：单击"描述"按钮，在弹出的"因子分析：描述统计"对话框中勾选"KMO 和 Bartlett 的球形度检验"复选框，单击"继续"按钮，如图 16-13 所示。

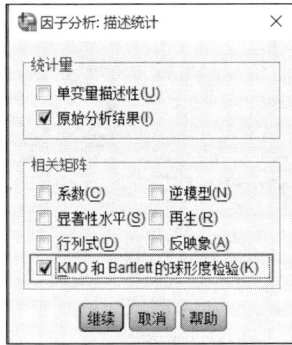

图 16-13 "因子分析：描述统计"对话框

（2）设置"抽取"选项。

设置"抽取"选项的目的是设置因子数量。通常情况下，研究人员应该大致了解将题分为几个变量。如果研究人员确认了变量数量，那么应该主动设置要探索的因子数量，也可以让 SPSS 软件试探性给出默认输出因子数量。在多数情况下，该步骤需要自行设置要探索的因子数量。具体操作步骤为：单击"抽取"按钮，在弹出的"因子分析：抽取"对话框中勾选"因子的固定数量"单选框，并且在"要提取的因子"文本框中输入因子数量，单击"继续"按钮，如图 16-14 所示。

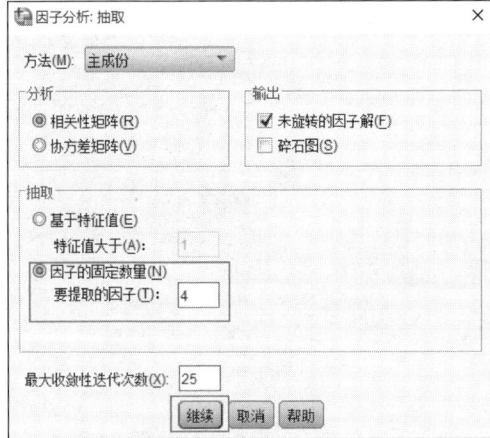

图 16-14 "因子分析：抽取"对话框

（3）设置"旋转"选项。

设置"旋转"选项的目的是将题与因子进行空间旋转，类似于魔方旋转，将属于同一个因子的题放置在一起。在问卷研究中通常都使用最大方差法进行旋转。具体操作步骤为：单击"旋转"按钮，在弹出的"因子分析：旋转"对话框中勾选"最大方差法"单选框，单击"继续"按钮，如图 16-15 所示。

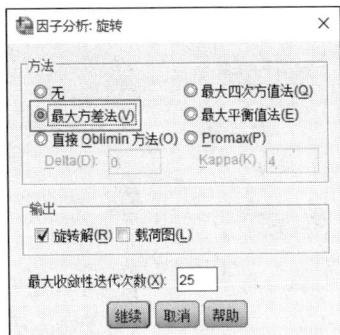

图 16-15　"因子分析：旋转"对话框

（4）设置"选项"选项。

设置"选项"选项的目的是设置 SPSS 软件输出结果的格式，以符合旋转成分矩阵的显示格式。其设置内容分别是"按大小排序"和"取消小系数"。"按大小排序"是指输出的旋转成分矩阵会按大小进行排序；"取消小系数"是指输出的旋转成分矩阵不显示小于某值（自己设定）的信息，通常设置该值为 0.4。具体操作步骤为：单击"选项"按钮，在弹出的"因子分析：选项"对话框中设置对应的选项，如图 16-16 所示。

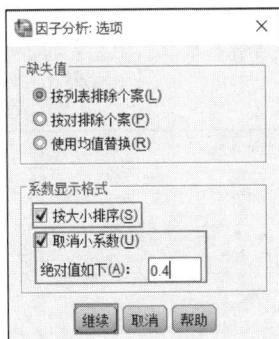

图 16-16　"因子分析：选项"对话框

（5）设置"得分"选项。

设置"得分"选项的目的是输出因子得分系数矩阵和保存因子得分（可选）。具体操作步骤为：单击"得分"按钮，在弹出的"因子分析：因子得分"对话框中勾选"显示因子得分系数矩阵"复选框及"保存为变量"复选框，如图 16-17 所示。如果勾选"保存为变量"复选框，那么 SPSS 软件会将因子得分保存在数据中，SPSS 软件默认生成的新数据（因子得分数据）名称通常以"FAC"开头，但是在多数情况下并不需要因子得分数据。

在使用因子分析计算权重时，SPSS 软件输出的表格基本与 16.1.1 节的结果类似，此处不再列出重复的表格。使用探索性因子分析计算权重时，SPSS 软件会输出"成分得分系数矩阵"表格，如图 16-18 所示。

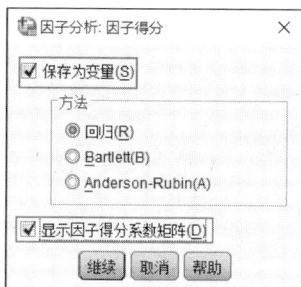

图 16-17 "因子分析：因子得分"对话框

	成分			
	1	2	3	4
A1休假制度	0.466	0.027	-0.341	-0.021
A2资金制度	0.313	-0.080	-0.039	0.037
A3工资水平	0.270	-0.154	0.038	0.111
A4晋升制度	0.265	0.065	0.037	-0.173
B1上司个人领导风格	-0.021	0.506	-0.174	-0.075
B2上司管理水平	-0.048	0.483	-0.084	-0.118
B3管理制度	-0.051	0.247	0.068	0.039
C1员工建议采纳情况	-0.001	-0.066	0.500	-0.253
C2员工参与管理情况	-0.085	0.021	0.382	-0.006
C3工作才能充分发挥情况	-0.218	-0.137	0.457	0.212
D1工作挑战性	-0.008	-0.063	-0.163	0.527
D2工作趣味性	-0.013	-0.054	-0.025	0.435

提取方法：主成分分析。

图 16-18 成分得分系数矩阵

16.2 聚类分析

在 SPSS 软件中，聚类分析方法共有 3 种，分别是两步聚类分析、k-均值聚类分析和系统聚类分析，这 3 种聚类分析方法各有优缺点，读者可参考第 9 章的内容。本节使用第 9 章的案例数据，分别对这 3 种聚类分析方法在 SPSS 软件中的操作进行说明。

16.2.1 两步聚类分析

两步聚类分析是近几年发展起来的一种智能聚类分析方法，适用于数量大且结构复杂的问卷分析。两步聚类分析可以同时处理分类数据和定量数据，并且可以通过 SPSS 软件自动判定最优聚类类别数量。两步聚类分析在 SPSS 软件中的操作共分为以下三步。

第一步：选择"分析"→"分类"→"两步聚类"命令，如图 16-19 所示。

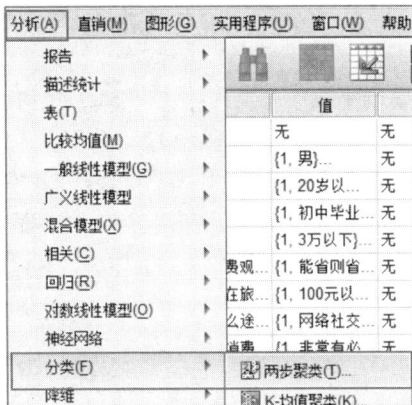

图 16-19　选择"两步聚类"命令

第二步：在弹出的"二阶聚类分析"对话框中将聚类变量放入对应的列表框中，并且设置聚类类别数量，如图 16-20 所示。

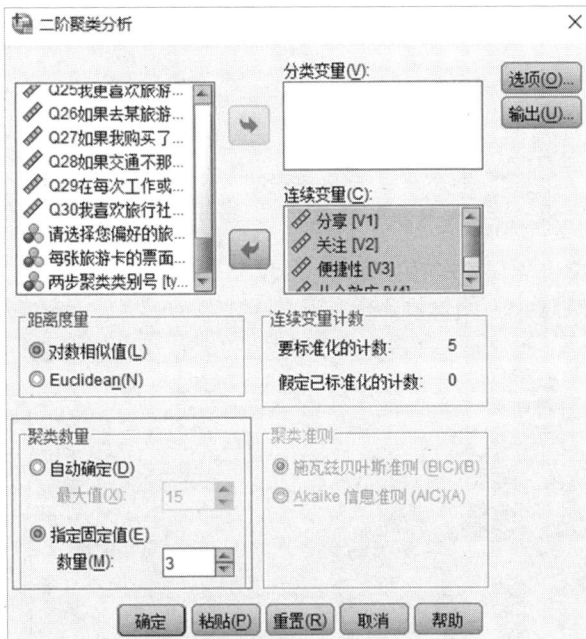

图 16-20　"二阶聚类分析"对话框

如果聚类变量为分类数据，则将其放入"分类变量"列表框中；如果聚类变量是定量数据，则将其放入"连续变量"列表框中。在本案例中，聚类变量为定量数据，因此将其放入"连续变量"列表框中。此外，SPSS 软件会默认确定聚类类别数量，如果需要自主设定聚类类别数量，那么需要勾选"指定固定值"单选框，并且输入聚类类别数量。

第三步：分别对"选项"和"输出"两个选项进行设置，单击"确定"按钮。

（1）设置"选项"选项。

设置"选项"选项的目的是对变量进行标准化处理。如果变量的数据标度单位不一致，那么需要对其进行标准化处理。具体操作步骤为：单击"选项"按钮，在弹出的"二阶聚类：选项"对话框中将需要进行标准化处理的变量放入"假定已标准化的变量"列表框中，单击"继续"按钮，如图 16-21 所示。在问卷研究中，通常不需要进行标准化处理，本案例的数据未进行标准化处理，因此设有此步骤操作。

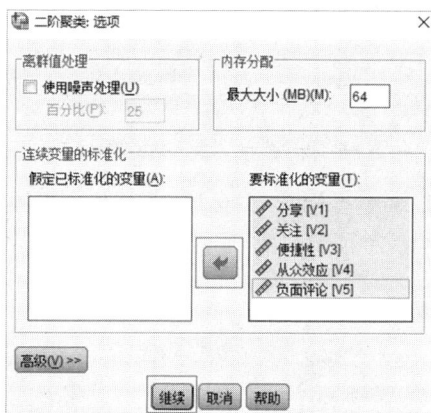

图 16-21 "二阶聚类：选项"对话框

（2）设置"输出"选项。

通常情况下 SPSS 软件会生成以"TSC_"开头的聚类类别变量，设置"输出"选项的目的是生成聚类类别数量。具体操作步骤为：单击"输出"按钮，在弹出的"二阶聚类：输出"对话框中勾选"创建聚类成员变量"复选框，单击"继续"按钮，如图 16-22 所示。

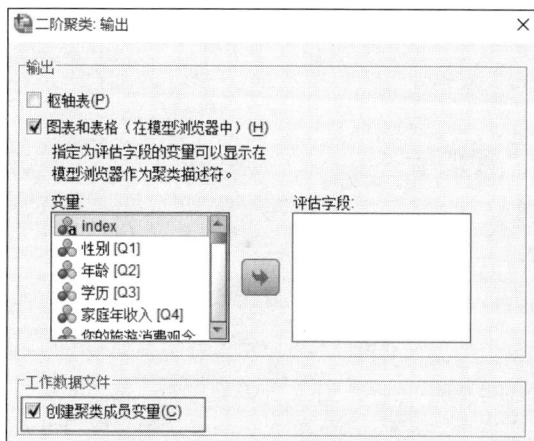

图 16-22 "二阶聚类：输出"对话框

　　完成在 SPSS 软件中的操作后，两步聚类分析即可生成模型概要图，并且将聚类类别数量保存进 SPSS 软件数据的最后一列，如图 16-23 所示。模型概要图显示了聚类质量情况，研究人员可以在双击图形后进行相应选项的设置，以输出更多有用的信息。

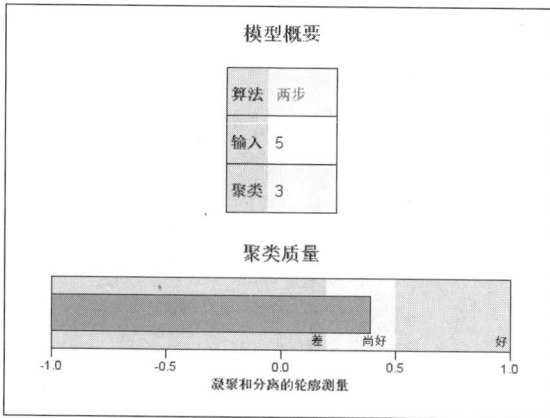

图 16-23　模型概要图

　　双击"模型概要图"，SPSS 软件会新建窗口，研究人员可以结合具体需要进行操作。例如，在左下方"视图"下拉列表框中选择"聚类"命令，查看聚类视图；在右下方的"视图"下拉列表框中选择"预测变量重要性"命令，查看预测变量重要性视图，如图 16-24 所示。

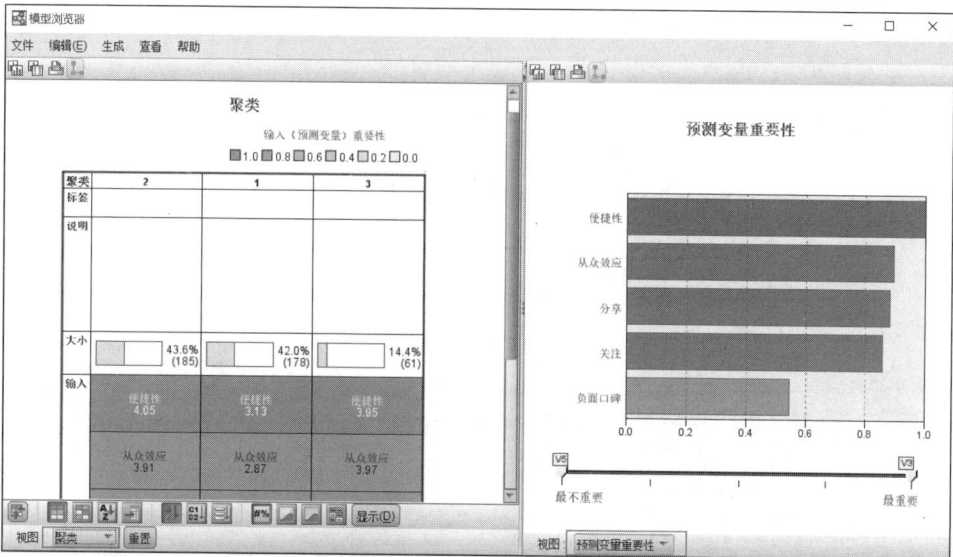

图 16-24　聚类视图和预测变量重要性视图

16.2.2 k-均值聚类分析

k-均值聚类分析的优点是快速，缺点是无法自动判定最优聚类类别数量，必须由研究人员手动设置，而且 k-均值聚类分析无法对分类数据进行聚类。k-均值聚类分析在 SPSS 软件中的操作共分为以下三步。

第一步：选择"分析"→"分类"→"K-均值聚类"命令，如图 16-25 所示。

图 16-25 选择"K-均值聚类"命令

第二步：在弹出的"K 均值聚类分析"对话框中将聚类变量放入"变量"列表框中，并且设置聚类类别数量，即在"聚类数"文本框中输入聚类类别数量，本案例输入的聚类类别数量为 3，如图 16-26 所示。

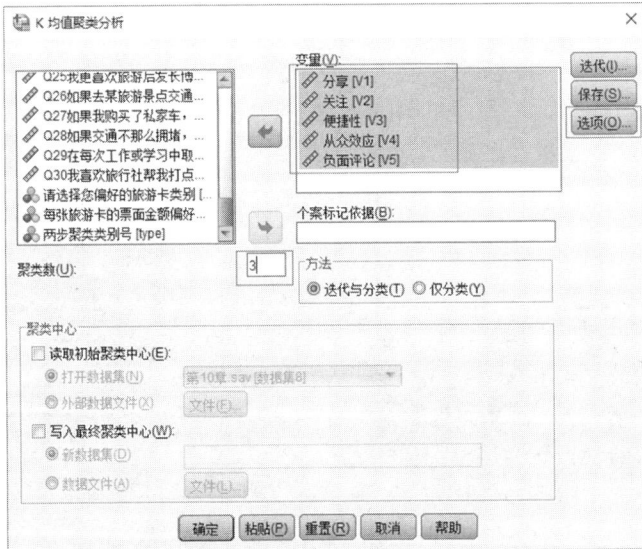

图 16-26 "K 均值聚类分析"对话框

第三步：分别对"保存"和"选项"两个选项进行设置，单击"确定"按钮。

（1）设置"保存"选项。

设置"保存"选项的目的是保存聚类类别变量数据。通常情况下 SPSS 软件会生成以"QCL_"开头的聚类类别变量。具体操作步骤为：单击"保存"按钮，在弹出的"k-Means 群集：保存新变量"对话框中勾选"聚类成员"复选框，单击"继续"按钮，如图 16-27 所示。

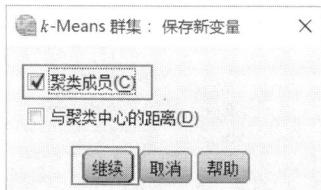

图 16-27 "k-Means 群集：保存新变量"对话框

（2）设置"选项"选项。

设置"选项"选项的目的是生成"ANOVA"表格。研究人员可以利用生成的聚类类别变量与聚类变量进行单因素方差分析，生成"ANOVA"表格等。具体操作步骤为：单击"选项"按钮→在弹出的"k-均值聚类分析：选项"对话框中勾选"ANOVA 表"复选框，单击"继续"按钮，如图 16-28 所示。

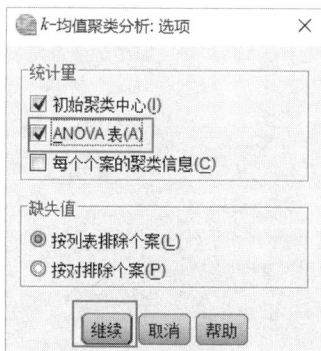

图 16-28 "k-均值聚类分析：选项"对话框

完成在 SPSS 软件中的操作后，k-均值聚类分析将输出两个表格，分别是"ANOVA"表格（如图 16-29 所示）和"每个聚类中的案例数"表格（如图 16-30 所示）。"ANOVA"表格用于检验不同聚类类别与聚类变量的差异性，"每个聚类中的案例数"表格用于输出每个聚类类别的样本量。这两个表格的意义相对较小，可以分别使用单因素方差分析和频数分析直接得到相应的结果。

	聚类		误差		F	Sig.
	均方	df	均方	df		
分享	29.308	2	0.247	421	118.737	0.000
关注	49.962	2	0.310	421	161.183	0.000
便捷性	33.763	2	0.284	421	118.734	0.000
从众效应	72.143	2	0.334	421	215.786	0.000
负面口碑	31.193	2	0.437	421	71.415	0.000

图 16-29　ANOVA

		184
聚类	1	184
	2	147
	3	93
有效		424
缺失		0

图 16-30　每个聚类中的案例数

16.2.3　系统聚类分析

系统聚类分析（分层聚类分析）可以分别对样本和变量进行聚类，绝大多数此类研究均是对样本进行聚类，但是，系统聚类分析无法自动判定最优聚类类别数量。系统聚类分析在 SPSS 软件中的操作共分为以下三步。

第一步：选择"分析"→"分类"→"系统聚类"命令，如图 16-31 所示。

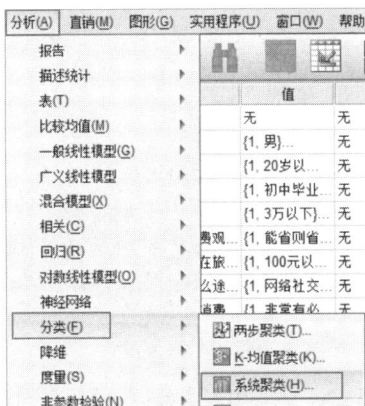

图 16-31　选择"系统聚类"命令

第二步：将聚类变量放入列表框。

在弹出的"系统聚类分析"对话框中将聚类变量放入"变量"列表框中，如图 16-32 所示。SPSS 软件默认是对样本进行聚类，即"个案"聚类，因此需要勾选"个案"单选按钮。如果研究需要对变量进行聚类，那么应该勾选"变量"单选按钮。

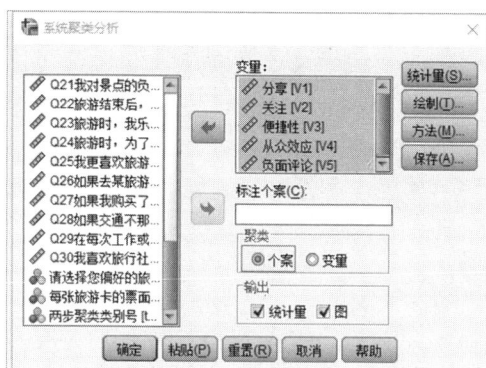

图 16-32　"系统聚类分析"对话框

第三步：分别对"绘制"、"方法"和"保存"这 3 个选项进行设置，单击"确定"按钮。

（1）设置"绘制"选项。

设置"绘制"选项的目的是输出树状图。树状图可以直接展示聚类过程，但对于样本聚类，此图形的意义很小，原因在于几百份样本的聚类过程很难通过一个图形展示清楚。通常情况下，树状图更适用于变量聚类分析，具体操作步骤为：单击"绘制"按钮，在弹出的"系统聚类分析：图"对话框中勾选"树状图"复选框，单击"继续"按钮，如图 16-33 所示。

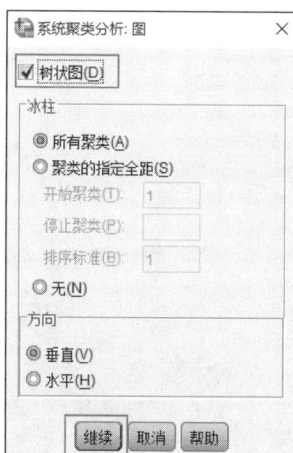

图 16-33　"系统聚类分析：图"对话框

（2）设置"方法"选项。

设置"方法"选项的目的是数据标准化处理。在大多数问卷研究中，一般不需要对数据进行标准化处理。如果需要处理，则具体的操作步骤为：单击"方法"按钮，在弹出的"系统聚类分析：方法"对话框中选择"标准化"下拉列表框中的"Z 得分"命令，如图 16-34 所示。

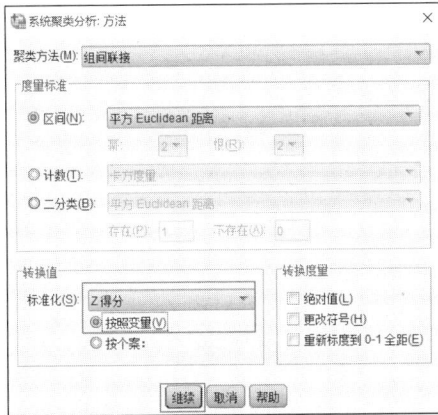

图 16-34　"系统聚类分析：方法"对话框

（3）设置"保存"选项。

通常情况下 SPSS 软件会生成以"CLU_"开头的聚类类别变量，设置"保存"选项的目的是保存聚类类别数量。具体操作步骤为：单击"保存"按钮，在弹出的"系统聚类分析：保存"对话框中勾选"单一方案"单选按钮，在"聚类数"文本框中输入聚类类别数量，如图 16-35 所示。

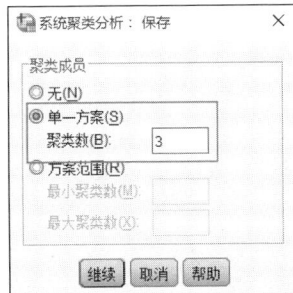

图 16-35　"系统聚类分析：保存"对话框

第 **17** 章

研究方法在 SPSSAU 软件中的操作

在第 11 章～第 16 章中已经详细讲述了研究方法在 SPSS 软件中的操作，但是部分研究方法无法在 SPSS 软件中实现，本部分介绍如何使用 SPSSAU 软件进行该部分研究方法的操作。本部分首先针对 SPSSAU 软件进行简要介绍，然后分别阐述项目分析、AHP 层次分析法和熵值法在 SPSSAU 软件中的操作。

17.1 SPSSAU 软件介绍

SPSSAU 是一款在线网页版数据分析软件，也称"在线 SPSS"。与 SPSS 软件相比，该软件具有操作简单、易于上手、界面友好、图形美观、分析智能化等优点，已经得到较为广泛的使用。SPSSAU 软件的操作方法为"左右拖曳，点一下"，分析结果已经整理规范且附带分析建议和智能化文字分析，易于统计知识薄弱的读者上手，学习成本较低。SPSSAU 软件将分析方法及各项功能罗列为八大版块，分别是通用方法、问卷研究、可视化、数据处理、进阶方法、实验/医学研究、权重计算和计量经济研究，其中实验/医学研究和计量经济研究两个版块的分析方法与问卷研究无关。SPSSAU 软件具体操作不在本书关注范围内，因此笔者仅将 SPSSAU 软件提供的分析方法（涉及问卷研究的分析方法）罗列出来，如表 17-1 所示，读者可登录该网站自行使用。

表 17-1　SPSSAU 软件提供的分析方法（涉及问卷研究）汇总

通　用　方　法	问　卷　研　究	进　阶　方　法
频数	信度	聚类
分类汇总	效度	因子
描述	多选题	主成分
交叉（卡方）	单选—多选	分层回归
相关	多选—单选	逐步回归
线性回归	多选—多选	二元 Logit
方差	项目分析	多分类 Logit
T 检验	多重响应	有序 Logit
单样本 T 检验	验证性因子分析	事后多重比较
配对 T 检验	对应分析	双因素方差
正态性检验		三因素方差
非参数检验		多因素方差
		协方差
		判别分析
		分层聚类
可　视　化	数　据　处　理	权　重　计　算
散点图	标题处理	AHP 层次分析
正态图	数据标签	熵值法
词云	数据编码	模糊综合评价
P-P/Q-Q 图	生成变量	灰色关联法
象限图	无效样本	TOPSIS
	异常值	

17.2　项目分析

项目分析（也称区分度分析）是一种用于研究量表质量情况的研究方法，数据预测试和正式分析均可使用项目分析进行量表质量分析。如果某量表题的质量较高，则此量表题应该有良好的区分度，即高分组（选择分值高，如选择"非常同意"）的样本，与低分组（选择分值低，如选择"非常不同意"）的样本之间应该有明显的区别。如果高分组样本与低分组样本之间没有明显的区别，则说明此量表题的区分度较差，应该考虑进行删除题处理。

从原理上看，项目分析共分为四步。第一步为求量表总分。例如，有 10 个量表题，对这 10 个量表题的得分求和，则会新生成一列名称为"量表总分"的数据。第二步为对"量表总分"进行分组，通常是将 27% 和 73% 两个分位数点作为划分临界点，如果某量表题得分低于"量表总分"的 27% 分位数点，则该量表题应该将其划分为低分组；如果某量表题得分高于"量表总分"的 73% 分位数点，则应该将其划分为高分组（有时也以 25% 和 75% 两个分位数点为划分临界点）。进行组别划分后，新生成一列名称为"量表分组"的数据。第三步为进行 t 检验，将"量表分组"数据作为自变量 X（需要筛选出高分组和低分组进行对比），并且将所有量表题作为因变量 Y 进行 t 检验，得到结果。第四步为决策，如果 t 检验显示某量表题对应的 P 值小于 0.05，则说明该量表题具有良好的区分度，并且高分组和低分组之间具有显著性差异；如果 t 检验显示某量表题对应的 P 值大于 0.05，则说明该量表题没有良好的区分度，应该对该量表题进行修正或删除处理，并且高分组和低分组之间无显著性差异。

接下来以第 5 章的案例数据为例进行讲解。该案例共有 19 个量表题，如果按照项目分析原理进行分析，则首先需要得到"量表总分"，并且找出"量表总分"的分位数点，然后对"量表总分"进行组别划分，最后筛选出高分组和低分组，并且进行 t 检验。这个过程较为烦琐，但在 SPSSAU 软件中的操作非常简单。项目分析在 SPSSAU 软件中的操作共分为以下两步。

第一步：选择"问卷研究"→"项目分析"命令，如图 17-1 所示。

图 17-1　选择"项目分析"命令

第二步：将分析项（19 个量表题）拖曳至右侧列表框中，单击"开始项目分析分析"按钮，如图 17-2 所示。

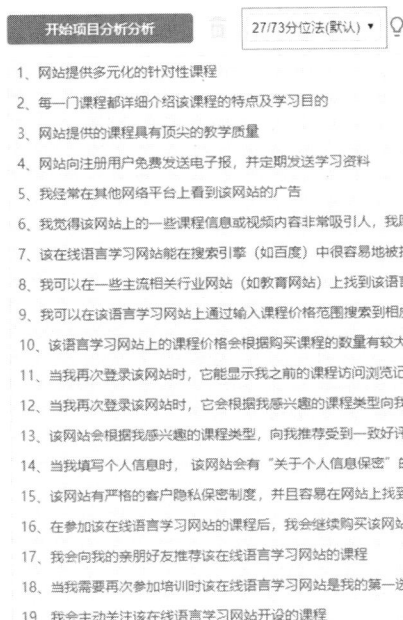

图 17-2　放置项目分析分析项的列表框

SPSSAU 软件共提供两种临界点切割方法，分别是 27/73 分位数法和 25/75 分位数法。默认为 27/73 分位数法。单击"开始项目分析分析"按钮，得到项目分析的分析结果，如表 17-2 所示。

表 17-2　项目分析的分析结果

	组别（平均值±标准差）		t（决断值）	P 值
	低分组（N=78）	高分组（N=76）		
1. 网站提供多元化的针对性课程	2.71 ± 0.98	4.18 ± 086	−9.937	0.000**
2. 每一门课程都详细介绍该课程的特点及学习目的	2.59 ± 0.92	4.12 ± 0.92	−10.303	0.000**
3. 网站提供的课程具有顶尖的教学质量	2.97 ± 1.12	4.55 ± 0.72	−10.4	0.000**
……	……	……	……	……

** $P<0.01$。

在表 17-2 中应该有 19 个量表题，出于篇幅考虑仅列出 3 个。根据表 17-2 可知，这 3 个量表题的 P 值均小于 0.05，说明这 3 个量表题均具有良好的区分度，需要保留。此表格为 SPSSAU 软件默认输出格式，该格式已经规范化，不需要进行整理，直接下载即可使用。此外，此表格可结合 SPSSAU 软件提供的"分析建议"和"智能分析"进行研究。

17.3 AHP 层次分析法

如果研究涉及专家打分，例如，问卷研究中共有 20 个量表题，并且使用探索性因子分析探索出 4 个因子，可寻找一些专家（如 6 名专家）对这 4 个因子的相对重要性情况进行打分（此打分称为判断矩阵），得到判断矩阵后即可进行权重计算，那么这个计算过程称之为 AHP 层次分析法。

AHP 层次分析法共分为四步，分别是确定标度、构造判断矩阵、一致性检验和确定权重。以专家对 4 个因子（名称分别为因子 1，因子 2，因子 3 和因子 4）的相对重要性情况进行打分为例对 AHP 层次分析法进行阐述。

第一步：确定标度。标度是指相对重要性程度的分值度量。例如，因子 1 相对于因子 2 来讲非常重要，此处非常重要可以用 5 分标识，也可以用 7 分标识，同时也可以用 9 分标识。如果非常重要使用 5 分标识，则称之为 1-5 分标度法；如果使用 7 分标识，则称之为 1-7 分标度法；如果使用 9 分标识，则称之为 1-9 分标度法。这 3 种标度法最为常见，当然也可以使用其他标度法。本案例以 1-5 分标度法为例进行阐述，如果因子 1 相对于因子 2 非常重要，计为 5 分，那么反之因子 2 相对于因子 1 非常不重要，计为 1/5 分。

第二步：构造判断矩阵。本案例中共有 4 个因子，专家需要对这 4 个因子两两之间的相对重要性进行打分，所有打分可以整理到一个表格中，这个表格被称为判断矩阵。在本案例中共有 4 个因子，因此此表格为 4 阶判断矩阵，通常情况下判断矩阵不能超过 10 阶。本案例的判断矩阵格式如表 17-3 所示。

表 17-3　判断矩阵格式

	因子 1	因子 2	因子 3	因子 4
因子 1	1	a_{12}	a_{13}	a_{14}
因子 2	a_{21}	1	a_{23}	a_{24}
因子 3	a_{31}	a_{32}	1	a_{34}
因子 4	a_{41}	a_{42}	a_{43}	1

上表中斜对角线上的数字均为 1，原因在于自己相对于自己的重要性程度一致。a_{12} 表示因子 1 相对于因子 2 的重要性程度，类似地，a_{21} 表示因子 2 相对于因子 1 的重要性程度。a_{12} 和 a_{21} 之间一定是倒数关系，其他类似。

在本案例中共有 6 名专家打分，将 6 名专家打分计算出平均值，并且构建出判断矩阵，如表 17-4 所示。

表 17-4　判断矩阵

	因子 1	因子 2	因子 3	因子 4
因子 1	1	1/2	1/3	1/5
因子 2	2	1	1/3	1/4

续表

	因子 1	因子 2	因子 3	因子 4
因子 3	3	3	1	1/2
因子 4	5	4	2	1

上表显示因子 1 相对于因子 2 略微不重要，分值为 1/2；因子 1 相对于因子 3 比较不重要，分值为 1/3；因子 1 相对于因子 4 非常不重要，分值为 1/5；其余分值类似。

第三步：一致性检验。此步骤用于分析判断矩阵的逻辑性是否保持一致。例如，在本案例中因子 1 相对于因子 2 略微不重要（1/2 分），因子 1 相对于因子 4 非常不重要（1/5分）；显然，因子 4 相对于因子 2 应该更重要一点，但如果在判断矩阵中出现因子 4 相对于因子 2 的打分为 1/2 分（即因子 4 相对于因子 2 不重要），则会出现逻辑错误。一致性检验正是用于检验这种逻辑错误问题的，如果没有通过一致性检验，则说明判断矩阵有问题，需要进行修改。

第四步：确定权重。

完成 AHP 层次分析法的基本概述后，接下来使用的 SPSSAU 软件进行操作说明。AHP 层次分析法在 SPSSAU 软件中的操作共分为以下两步。

第一步：选择"权重计算"→"AHP 层次分析"命令，如图 17-3 所示。

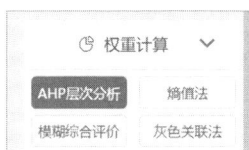

图 17-3　选择"AHP 层次分析"命令

第二步：录入如表 17-4 所示的判断矩阵数据，单击"开始分析"按钮，如图 17-4 所示。

图 17-4　录入 AHP 层次分析法判断矩阵数据

由于在本案例中有 4 个因子，因此判断矩阵为 4 阶判断矩阵（特别提示：判断矩阵阶数不能过多，一般不能超过 10 阶，如果过多则会变得复杂，容易出现逻辑错误导致无法通过一致性检验），选择好判断矩阵阶数后，SPSSAU 软件默认会生成判断矩阵表格，录入判断矩阵（表 17-4）的数据（只需录入下三角数据即可，上三角数据会自动求出倒数），然后单击"开始分析"按钮，即可得出相应的结果。SPSSAU 软件共输出两个表格，分别为"权重结果"表格和"一致性检验结果"表格，分别如表 17-5 和表 17-6 所示。

表 17-5　权重结果

项	特 征 向 量	权 重 值	最大特征值
因子 1	0.343	8.58%	
因子 2	0.519	12.96%	
因子 3	1.155	28.87%	4.057
因子 4	1.983	49.59%	

　　AHP 层次分析法的计算原理为通过构建特征向量进行权重计算，同时计算出最大特征根值。根据表 17-5 可知 4 个因子的权重值，并且因子 4 的权重值最高，为 49.59%；因子 1 的权重值最低，为 8.58%。

表 17-6　一致性检验结果

最大特征根	CI 值	RI 值	CR 值	一致性检验结果
4.057	0.019	0.9	0.021	通过

　　上表展示了 AHP 层次分析法的一致性检验结果。通常情况下，如果 CR 值小于 0.1，则说明判断矩阵可以通过一致性检验；如果 CR 值大于 0.1，则说明判断矩阵不能通过一致性检验。CR 值的计算公式为：CR 值=CI 值/RI 值；CI 值的计算公式为：CI 值=(最大特征根$-n$)/ $(n-1)$，其中 n 表示判断矩阵的阶数（本案例为 4 阶）；RI 值需要结合随机一致性 RI 表及判断矩阵阶数（本案例为 4 阶）进行查表得出（SPSSAU 软件默认提供）。根据表 17-6 可知，CR 值为 0.021，小于 0.01，说明判断矩阵通过了一次性检验，即权重结果可靠，因此 4 个因子的权重分别是：8.58%，12.96%，28.87%和 49.59%。

17.4　熵值法

　　上一节阐述了专家打分是如何使用 AHP 层次分析法计算权重的，本节讲述使用熵值法计算具体每个题的权重。通常情况下，熵值法和 AHP 层次分析法组合在一起使用，可以构建得到权重体系。例如，网购满意度由 5 个因子共 30 个量表题表示，首先可以使用 AHP 层次分析法计算得到 5 个因子各自的权重值，然后使用熵值法计算得到表示每个因子的量表题的权重值，最后结合 5 个因子的权重值及其具体量表题的权重值，构建出权重体系。

　　在信息论中，熵是对不确定性的度量，数据越混乱，离散性越强，随机性越强，则不确定性越强，熵也就越大，赋予的权重应该越小；反之，数据越有序，离散性越弱，随机性越弱，则不确定性越弱，熵也就越小，赋予的权重应该越大。正是利用此特点，熵值法根据熵值计算原理，结合数据的离散程度进行计算，并且对各分析项赋予权重。针对熵值法，笔者使用第 5 章案例中的产品因子(产品因子由 3 个量表题表示)数据进行操作说明。熵值法在 SPSSAU 软件中的操作共分为两步。

第一步：选择"权重计算"→"熵值法"命令，如图 17-5 所示。

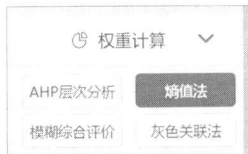

图 17-5 选择"熵值法"命令

第二步：将要分析的题拖曳至右侧列表框中，单击"开始熵值法分析"按钮，如图 17-6 所示。由于产品因子仅由 3 个题表示，因此拖曳这 3 个题至右侧列表框中即可。如果有多组题需要进行权重计算，那么重复此操作过程即可。

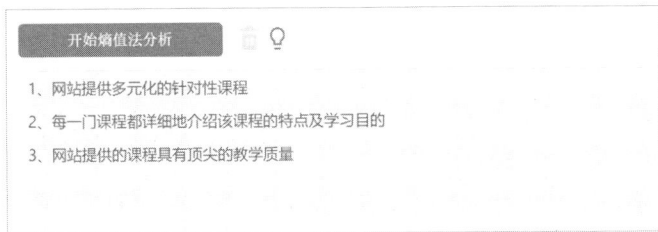

图 17-6 放置熵值法分析项的列表框

单击"开始熵值法分析"按钮后，SPSSAU 软件输出"权重结果"表格，熵值法的权重结果如表 17-7 所示。表 17-7 列出了信息熵值 e、信息效用值 d 和权重系数 w。信息熵值 e 越大，权重系数 w 越小；信息效用值 $d=1$-信息熵值 e，因此信息熵值 e 越大，信息效用值 d 越小。具体分析时，研究人员可参考 SPSSAU 软件提供的分析建议和智能分析结果。

表 17-7 熵值法的权重结果

项	信息熵值 e	信息效用值 d	权重系数 w
1. 网站提供多元化的针对性课程	0.991 4	0.008 6	32.84%
2. 每一门课程都详细介绍该课程的特点及学习目的	0.990 5	0.009 5	36.37%
3. 网站提供的课程具有顶尖的教学质量	0.991 9	0.008 1	30.79%

第四部分

答疑解惑

第**18**章

常见分析思路和分析方法问题

在实际问卷研究过程中，理论与实际操作会有较大的"差距"，本章对问卷分析思路及在分析操作过程中可能遇见的实际问题进行说明，并且提供解决方法。本章分别对问卷研究问题、研究方法选择、描述性方法、信度分析和效度分析、变量关系研究方法、差异性研究方法、因子分析和聚类分析共 7 部分进行说明，剖析常见问题，并且提供解决问题的建议、措施。

　　结合笔者的研究经验，本节总结归纳出在问卷研究中常见的统计问题及建议解决方法。问卷研究常见问题汇总如表 18-1 所示。

表 18-1　问卷研究常见问题汇总

问 题 类 型	问 题 编 号	问 题 描 述
基本统计	（1）	当分析结果显示 P 值为 0.05 或 0.01 时如何处理
基本统计	（2）	当绝大部分 P 值大于 0.05，但有个别 P 值小于 0.01 时如何处理
基本统计	（3）	是否 P 值小于 0.05 才算良好
问卷设计	（4）	不知道如何开展问卷设计
问卷设计	（5）	问卷中有多少题合适
问卷设计	（6）	样本量为多少合适
问卷设计	（7）	是否一定需要预测试
SPSS 软件操作	（8）	当 SPSS 软件出现乱码时如何处理
SPSS 软件操作	（9）	如何使 SPSS 软件输出中文结果

　　（1）当分析结果显示 P 值为 0.05 或 0.01 时如何处理？

　　P 值是统计分析的核心概念，理论上 P 值是指当拒绝原假设时，统计犯错的概率。其常见标准为 0.05 和 0.01，如果此值小于 0.01，那么说明在 0.01 水平上显著；如果此值小于 0.05（且大于或等于 0.01），那么说明在 0.05 水平上显著；如果 P 值刚好为 0.05，则结论为不显著（以 0.05 为标准时），在实际研究中 P 值刚好为 0.05 的可能性非常小。如果出现这种情况，很可能是由于小数位保留问题所致，建议可以保留更多小数位。

　　（2）当绝大部分 P 值大于 0.05，但有个别 P 值小于 0.01 时如何处理？

　　在多数情况下，P 值以 0.01 和 0.05 为判断标准。如果在研究时发现绝大部分 P 值大于 0.05，但有个别 P 值小于 0.01，则建议考虑以 0.01 为判断标准。

　　（3）是否 P 值小于 0.05 才算良好？

　　在绝大多数情况下，P 值小于 0.05 是研究希望的结果。但有两个地方 P 值需要大于 0.05，分别是方差齐性检验和二元 Logistic 回归分析的 Hosmer 和 Lemeshow 检验。另外，P 值大于 0.05，说明不显著，没有差异性，或者没有相关关系，等等，有时这也是有意义的结论。

　　（4）不知道如何开展问卷设计。

　　问卷设计是分析思路的具体体现，如果完全不知道从何开始，则建议首先厘清分析思路是什么，分别涉及多少变量，每个变量对应的题是什么。

　　（5）问卷中有多少题合适？

　　问卷中题的数量并没有严格要求，在通常情况下样本量多于 200 个为好。如果是量表类问卷，那么通常样本量最少为量表题数量的 5 倍。如果样本收集困难，则可以考虑适当减少问卷中题的数量。

（6）样本量为多少合适？

对于量表类问卷，样本量的常见标准是量表题的 5 倍或 10 倍；对于非量表类问卷，样本量通常应多于 200 个。如果样本收集有现实困难，需要提前做好应对措施，防止因样本量问题引发后续分析不达标的问题。

（7）是否一定需要预测试？

如果量表题没有良好的参考量表，或者量表是直接由英文翻译而来的，那么最好进行预测试，以避免在后续进行正式分析时可能带来的信度和效度不达标的问题。如果是非量表类问题，无法对其进行信度分析和效度分析，那么最好经过专业人士认可后再收集数据。

（8）当 SPSS 软件出现乱码时如何处理？

由于 SPSS 软件的机制问题，可能在打开 SPSS 数据时，"变量视图"会出现乱码现象。当出现此类问题时，常见的解决方法为：打开任意空数据集的 SPSS 软件，选择"编辑" → "选项" → "常规"命令，切换到"数据和语法的字符编码"选项卡、"Locale 的写入系统"选项卡或"Unicode（通用字符设置）"选项卡之后，单击"确定"按钮，重新打开 SPSS 数据文件即可。如果"Locale 的写入系统"或"Unicode（通用字符设置）"选项卡为灰色状态（不可选中），这是由于打开的 SPSS 软件中包含数据集，应该打开空数据集的 SPSS 软件（无任何数据的 SPSS 软件）。

（9）如何使 SPSS 软件输出中文结果？

在 SPSS 软件中可以设置中文界面和中文输出结果，具体操作步骤为：选择"编辑" → "选项" → "常规"命令，切换至"用户界面"选项卡，在"语言"下拉列表框中进行设置。

18.2 研究方法选择

研究方法选择常见问题汇总如表 18-2 所示。

表 18-2　研究方法选择常见问题汇总

问 题 类 型	问 题 编 号	问 题 描 述
相关分析	（1）	相关系数如何选择
回归分析	（2）	线性回归分析和多元有序 Logistic 回归分析的选择两难问题
回归分析	（3）	因变量 Y 显示不服从正态分布怎么办
方差分析	（4）	因变量 Y 显示不服从正态分布怎么办
方差分析	（5）	方差不齐怎么办
t 检验	（6）	t 检验和方差分析的区别是什么
多选题	（7）	多选题如何分析

（1）相关系数如何选择？

相关系数分为两种，分别是 Pearson 相关系数和 Spearman 相关系数。在问卷研究中通常使用 Pearson 相关系数。如果数据严重不服从正态分布，则建议使用 Spearman 相关系数。通常情况下，二者的结论保持一致。

（2）线性回归分析和多元有序 Logistic 回归分析的选择两难问题。

线性回归分析和多元有序 Logistic 回归分析的区别在于因变量 Y 是否服从（准确地说是接近）正态分布，如果因变量 Y 服从（接近）正态分布，则优先考虑使用线性回归分析；如果因变量 Y 显著不服从正态分布，则优先考虑使用多元有序 Logistic 回归分析。

在实际研究中，如果因变量 Y 的选项较少，例如，分为 3 项，分别是"不愿意"、"无所谓"和"愿意"，那么选择多元有序 Logistic 回归分析较为适合；如果因变量 Y 的选项较多，例如，分为 5 项，分别是"非常不愿意"、"不愿意"、"无所谓"、"愿意"和"非常愿意"，那么选择线性回归分析较为合适。具体研究时可以使用两种方法进行，然后对比结果，进而选择合适的分析方法。

（3）因变量 Y 显示不服从正态分布怎么办（回归分析）？

在进行回归分析时，其中一个前提为因变量 Y 需要服从正态分布，但是完美的正态分布并不存在，实际数据很难具有正态分布特质。如果因变量 Y 不服从正态分布，建议研究人员对因变量 Y 进行处理（如取对数、开根号），如果处理后的数据接近正态分布，则使用处理后的数据继续研究。也可以考虑对因变量 Y 进行分组，然后使用 Logistic 回归分析进行研究。

（4）因变量 Y 显示不服从正态分布怎么办（方差分析）？

在进行方差分析时，其中一个前提条件为因变量 Y 服从正态分布，但实际数据很难满足这一前提条件，如果数据接近正态分布，那么可以继续使用方差分析，也可以改用非参数检验进行研究。

（5）方差不齐怎么办？

在进行方差分析时，其中一个前提条件为方差齐，如果方差不齐，可以改用非参数检验进行研究。

（6）t 检验和方差分析的区别是什么？

t 检验和方差分析均可进行差异对比，二者的区别在于 t 检验仅能对比两组数据的差异，如自变量 X 为性别（性别仅分为"男性"和"女性"）；方差分析可以对比多组（包括两组）数据的差异性，如自变量 X 为专业（专业分为"理科"、"工科"和"文科"）。

（7）多选题如何分析？

针对多选题，研究人员可对多选题各选项的选择百分比情况进行差异对比，如果需要对比各选项的选择百分比是否有显著性差异，那么还需要进一步使用卡方拟合优度检验（但通常意义较小，原因在于研究人员直接对比各选项选择百分比即可）。

18.3 描述性方法

描述性方法常见问题汇总如表 18-3 所示。

表 18-3　描述性方法常见问题汇总

问 题 类 型	问 题 编 号	问 题 描 述
基本统计	（1）	如何处理缺失值
基本统计	（2）	累积百分比是什么
基本统计	（3）	如何将变量对应的多个题处理成一个
SPSS 软件操作	（4）	如何输出中位数
SPSS 软件操作	（5）	在进行频数分析时希望输出统计图，如何处理

（1）如何处理缺失值？

在问卷研究中存在缺失值的问题较为常见。如果样本较多，那么可以直接将存在缺失值的样本处理为无效样本；如果样本较少且缺失值不多，那么可以不用处理；如果缺失值较多且不能删除样本，那么可以取中位数或平均值替代缺失值。

（2）累积百分比是什么？

累积百分比是指多个选项百分比的累积。例如，选择收入为"1 000 元以下"的样本百分比是 10%，选择收入为"1 000～2 000 元"的样本百分比是 20%，则这两个选项的累积百分比为 30%。

（3）如何将变量对应的多个题处理成一个？

在多数情况下，当一个变量对应多个题时，通常可以计算对应题的平均值，使用平均值代表此变量，即可将多个题处理为一个。

（4）如何输出中位数？

对于定量数据，通常使用平均值表示样本整体态度情况，有时也使用中位数表示整体数据分布情况，在 SPSS 软件中的具体操作步骤为：选择"分析"→"描述统计"→"频数"命令，单击"统计量"按钮，勾选"中位数"复选框。

（5）在进行频数分析时希望输出统计图，如何处理？

如果在进行频数分析时希望输出统计图，如饼图、条形图等，那么在 SPSS 软件中的具体操作步骤为：选择"分析"→"描述统计"→"频数"命令，单击"图表"选项卡，勾选对应统计图单选框。

18.4 信度分析和效度分析

信度分析和效度分析常见问题汇总如表 18-4 所示。

表 18-4　信度分析和效度分析常见问题汇总

问 题 类 型	问 题 编 号	问 题 描 述
信度分析	（1）	是否需要预测试
信度分析	（2）	预测试发现不达标，如何处理题
信度分析	（3）	信度系数小于 0.6 如何处理
信度分析	（4）	信度系数为负数如何处理
效度分析	（5）	结构效度分析的原理是什么
效度分析	（6）	结构效度分析不达标如何处理
效度分析	（7）	因子载荷系数值为负数如何处理
效度分析	（8）	因子载荷系数绝对值小于 0.4 如何处理
效度分析	（9）	没有输出 KMO 值如何处理
效度分析	（10）	软件提示不收敛如何处理

（1）是否需要预测试？

预测试是指使用少量数据（通常样本量不超过 100 个）对问卷质量进行判断，发现问题并修正问题，以减少在进行正式问卷分析时可能出现的问题。如果量表是由英文直接翻译过来的，或者量表参考多个量表，或者没有充足的量表参考依据，则应该进行预测试。通过预测试可以发现量表的潜在问题，并且进行修正处理（通常预测试不删除题，仅做修正）。

（2）预测试发现不达标，如何处理题？

如果预测试发现相关指标不达标，如信度不达标或效度较差，那么应该找出导致问题产生的题，并且对题进行修正处理。在通常情况下，预测试不需要对题进行删除处理。如果在进行正式问卷分析时依然发现该题有问题，则应该对其进行删除处理。在预测试中发现问题值得"庆幸"，因为这样可以降低在进行正式问卷分析时出问题的概率。

（3）信度系数小于 0.6 如何处理？

信度系数的常见标准为大于 0.6。在实际研究中，当某个变量对应的题较少，并且样本量较少时，即使样本真实回答，也可能出现信度系数小于 0.6 的情况。最好的解决方法是提前预防，在设计问卷时，一个变量尽可能对应 3 个或更多的题。如果在进行正式问卷分析时出现信度系数小于 0.6 的情况，则只能综合说明原因，并且证明信度不高但可以接受。

（4）信度系数为负数如何处理？

如果有反向题，则可能出现信度系数小于 0 的情况，此时应该将反向题进行反向处理，并且重新进行信度分析。

（5）结构效度分析的原理是什么？

最常见的结构效度分析方法是探索性因子分析。在使用探索性因子分析时，SPSS 软件会输出题与因子（维度或变量）的对应关系，研究人员可以将 SPSS 软件输出的对应关系与专业预期的对应关系进行比较，如果二者基本吻合，则说明具有良好的结构效度。

（6）结构效度分析不达标如何处理？

结构效度分析不达标有多种类型，包括题与因子对应关系出现问题，因子载荷系数绝对值过低，因子输出数量与预期不一致，等等。处理方法为首先对不合理的题进行删除处理，包括题对应关系出现严重偏差，或者因子载荷系数绝对值过低的题。删除题后，如果软件输出的因子数量与预期依然不一致，那么应该强制设置软件输出的因子数量，删除不合理的题，并且多次重复比较，找出最优探索性因子分析结果作为最终结果，然后论证得到良好的结构效度。

（7）因子载荷系数值为负数如何处理？

如果题中有反向题，那么可能出现因子载荷系数值小于 0 的情况。因子载荷系数应该以绝对值为标准进行解读，因此负数并不影响探索性因子分析结果。

（8）因子载荷系数绝对值小于 0.4 如何处理？

在通常情况下因子载荷系数绝对值如果小于 0.4，那么应该做删除题处理。如果将因子载荷系数绝对值小于 0.4 的题删除后出现其他指标（如信度）不达标的情况，那么可以综合说明，对该题进行保留处理。

（9）没有输出 KMO 值如何处理？

在进行探索性因子分析时，SPSS 软件默认不输出 KMO 值，而在实际研究中通常需要输出此指标结果。在 SPSS 软件中的具体操作步骤为：在"因子分析"对话框中单击"描述"按钮，勾选"KMO 和 Bartlett 的球形度检验"复选框。

（10）软件提示不收敛如何处理？

如果在进行探索性因子分析时软件提示不收敛，处理方法为：在"因子分析"对话框中单击"旋转"按钮，修改"最大收敛性迭代次数"值（默认为 25 次）为更高值（如 200 次）。

18.5 变量关系研究方法

变量关系研究方法常见问题汇总如表 18-5 所示。

表 18-5　变量关系研究方法常见问题汇总

问 题 类 型	问 题 编 号	问 题 描 述
基本统计	（1）	当一个变量对应多个量表题时，如何进行相关分析或回归分析
相关分析	（2）	是否需要进行散点图分析
相关分析	（3）	相关分析应该选择 Pearson 相关系数还是 Spearman 相关系数
相关分析	（4）	相关分析结果与线性回归分析结果矛盾如何处理
线性回归分析	（5）	当自变量为分类数据时如何进行回归分析
线性回归分析	（6）	当因变量为分类数据时如何处理

续表

问 题 类 型	问 题 编 号	问 题 描 述
线性回归分析	（7）	回归模型没有通过 F 检验，但回归系数呈现出显著性，如何处理
线性回归分析	（8）	在进行回归分析时 VIF 值大于 10，如何处理
线性回归分析	（9）	在进行回归分析时，某变量没有呈现出显著性，但是其理论上应该呈现出显著性，如何处理
线性回归分析	（10）	R^2 很小，小于 0.4，如何处理
线性回归分析	（11）	调整 R^2 为负数如何处理
线性回归分析	（12）	控制变量是什么，用处是什么
线性回归分析	（13）	探索性因子分析的因子得分是否可以作为自变量
二元 Logistic 回归分析	（14）	Hosmer 和 Lemeshow 检验对应的 P 值小于 0.05，如何处理
二元 Logistic 回归分析	（15）	整体预测准确率低于 70% 如何处理
二元 Logistic 回归分析	（16）	输出结果中某项不显示 P 值，如何处理
中介效应	（17）	标准化和中心化是什么，什么时候进行
中介效应	（18）	Sobel 检验是什么，如何进行
调节效应	（19）	分层回归分析是什么，其目的是什么
调节效应	（20）	如何使用多因素方差分析进行调节效应分析

（1）当一个变量对应多个量表题时，如何进行相关分析或回归分析？

在多数情况下，当一个变量对应多个量表题时，首先应该计算多个量表题的平均值，使用平均值代表此变量，并且用于后续相关分析或回归分析等，具体可参考 11.2 节内容。

（2）是否需要进行散点图分析？

散点图可以直观地展示两个变量之间的关系，通常情况下需要首先进行散点图分析，然后进行相关分析，最后进行回归分析。

（3）相关分析应该选择 Pearson 相关系数还是 Spearman 相关系数？

相关系数分为两种，分别是 Pearson 相关系数和 Spearman 相关系数。在绝大多数情况下问卷研究使用 Pearson 相关系数，SPSS 软件也默认使用 Pearson 相关系数。如果研究时发现变量严重不服从正态分布，那么使用 Spearman 相关系数较为合适。

（4）相关分析结果与线性回归分析结果矛盾如何处理？

当相关分析结果与线性回归分析结果矛盾时，例如，没有相关关系，但是呈现出显著的回归影响关系；或者变量之间为显著正相关关系，但是出现负向回归影响关系，此时应该以相关分析结论为准，出现此类问题的原因很可能是遮掩效应（Suppression Effect）。

（5）当自变量为分类数据时如何进行回归分析？

如果希望将分类数据作为自变量放入模型中，那么首先应该将分类数据进行虚拟变量处理，然后将其放入模型中，虚拟变量处理可参考 5.2.8 节内容。

（6）当因变量为分类数据时如何处理？

如果因变量为分类数据，那么应该使用 Logistic 回归分析进行分析，具体应该选择哪一种 Logistic 回归分析，可以参考 10.2.3 节内容。

（7）回归模型没有通过 F 检验，但回归系数呈现出显著性，如何处理？

如果回归模型并没有通过 F 检验，则说明所有自变量 X 均不会对因变量 Y 产生影响关系，即回归模型没有意义。此时即使回归系数呈现出显著性，也应该以 F 检验结果为准，即自变量 X 不会对因变量 Y 产生影响关系。

（8）在进行回归分析时 VIF 值大于 10，如何处理？

如果 VIF 值大于 10，则说明该问卷具有严重的多重共线性问题，此时的模型结论不可信。针对多重共线性问题，最佳的处理方法是对题进行探索性因子分析，根据探索性因子分析得到的因子得分重新进行回归分析；还可以将自变量进行相关分析，找出相关关系最紧密的变量，将此类变量移出回归模型后重新进行分析。

（9）在进行回归分析时，某变量没有呈现出显著性，但是其理论上应该呈现出显著性，如何处理？

如果在进行回归分析时，某变量没有呈现出显著性，但是其理论上应该呈现出显著性，那么可以考虑对样本进行筛选处理，并且将样本背景信息作为控制变量加入回归模型，重新进行分析。

（10）R^2 很小，小于 0.4，如何处理？

R^2 表示模型的解释力度，即模型拟合度情况，此值取值范围为 0~1，数值越大，说明模型拟合度越高。通常情况下，此值越大越好。在实际研究中，此指标的意义相对较小，即使此指标小于 0.4 也没有关系。

（11）调整 R^2 为负数如何处理？

调整 R^2 可以为负数，当此值为负数时，通常情况下 R^2 会非常小，接近于 0，该模型基本没有意义。

（12）控制变量是什么，用处是什么？

控制变量，实质就是自变量。通常控制变量并非研究核心变量，但是其可能会对模型产生干扰，因此也需要将其放入模型，并且称之为控制变量。通常情况下控制变量为样本背景信息题，如性别、学历、年龄、收入等。将控制变量放入回归模型中，其目的在于防止此类变量对研究带来干扰。通常情况下，如果控制变量为性别、学历等分类数据，则需要进行虚拟变量处理。

（13）探索性因子分析的因子得分是否可以作为自变量？

如果一个变量对应多个题，那么常见的做法是将多个题计算平均值，并且以平均值代表整体变量。如果对变量进行探索性因子分析，并且保存因子得分，那么也可以使用因子得分代表对应变量进行相关分析或回归分析。

（14）Hosmer 和 Lemeshow 检验对应的 P 值小于 0.05，如何处理?

在进行二元 Logistic 回归分析时,如果 Hosmer 和 Lemeshow 检验显示 P 值小于 0.05,则说明模型拟合情况与实际情况有较大出入,模型并不理想。可以考虑对自变量数据进行重新组合处理,或者对因变量数据进行重新组合处理,以便找出最优结果。

（15）整体预测准确率低于 70% 如何处理?

如果二元 Logistic 回归分析显示整体预测准确率较低,并且低于 70%,那么说明模型整体情况不佳。可以考虑对自变量进行重新组合处理,或者对个别无意义的自变量进行删除处理等,可以对比多种处理方法,找出最优结果。

（16）输出结果中某项不显示 P 值,如何处理?

如果在二元 Logistic 回归分析中有分类数据,那么模型会以其中某项为参照项,参照项不会输出 P 值等指标。

（17）标准化和中心化是什么,什么时候进行?

在进行中介效应分析或调节效应分析时,可能会涉及数据标准化和中心化处理。对于问卷研究中数据标准化和中心化的处理方法,可参考 6.2.2 节和 6.2.3 节内容。

（18）Sobel 检验是什么,如何进行?

Sobel 检验是在进行中介效应分析时,检验中介效应是否显著的一种检验方法。SPSS 软件无法进行此检验,研究人员需要通过计算公式自行计算。

（19）分层回归分析是什么,其目的是什么?

分层回归分析常用于中介效应分析和调节效应分析,其实质依然是线性回归分析,具体可参考 6.2.2 节和 6.2.3 节内容。

（20）如何使用多因素方差分析进行调节效应分析?

多因素方差分析可用于差异对比、交互作用分析和调节效应分析,具体内容可参考 8.3.1 节内容。

18.6　差异性研究方法

差异性研究方法常见问题汇总如表 18-6 所示。

表 18-6　差异性研究方法常见问题汇总

问 题 类 型	问 题 编 号	问 题 描 述
单样本 t 检验	（1）	什么是单样本 t 检验
独立样本 t 检验	（2）	独立样本 t 检验有两个 P 值,应该选择哪一个
配对样本 t 检验	（3）	配对样本 t 检验和独立样本 t 检验的区别是什么
单因素方差分析	（4）	单因素方差分析的结果显示方差不齐,如何处理

问 题 类 型	问 题 编 号	问 题 描 述
单因素方差分析	（5）	如何进行单因素方差分析
单因素方差分析	（6）	是否一定需要事后检验
多因素方差分析	（7）	如果因变量是分类数据，是否可以进行多因素方差分析
多因素方差分析	（8）	多因素方差分析的单个变量不显著，但是交互项显著，如何处理
卡方分析	（9）	在进行卡方分析时有多个 P 值，应该选择哪一个
卡方分析	（10）	卡方分析如何进行文字分析

（1）什么是单样本 t 检验？

单样本 t 检验用于检验某个题的平均值是否等于某个数字（自行设定），此检验可用于分析样本整体态度是否偏离中立态度。例如，某题数字 3 代表"中立"，可以利用单样本 t 检验研究样本对该题的打分平均值是否为 3。如果呈现出显著性，那么说明样本在该题上的平均值明显不为 3，即明显不是中立态度。

（2）独立样本 t 检验有两个 P 值，应该选择哪一个？

在进行独立样本 t 检验时，当 SPSS 软件输出方差齐和方差不齐时，分别对应不同的独立样本 t 检验 P 值，应该结合方差齐性检验 P 值，最终确认独立样本 t 检验的 P 值。具体有关独立样本 t 检验的内容可参考 15.3.1 节内容。

（3）配对样本 t 检验和独立样本 t 检验的区别是什么？

配对样本 t 检验和独立样本 t 检验均可用于对比两组数据的差异性，但二者有着明显的区别。配对样本 t 检验用于实验研究中，而且在进行两种 t 检验时，SPSS 软件输出的数据也不一致，具体可参考 5.2.9 节、15.3.1 节和 15.3.2 节内容。

（4）单因素方差分析的结果显示方差不齐，如何处理？

从理论上讲，单因素方差分析应该满足方差齐，但在实际研究过程中，通常数据会出现方差不齐现象，此时可以将分类数据 X 进行重新组合处理，或者对因变量 Y 进行取对数或开根号处理等。另外，如果研究的分类数据分为两类，那么可以考虑使用独立样本 t 检验代替方差分析，避免方差不齐导致无法分析的尴尬。

（5）如何进行单因素方差分析？

单因素方差分析是在问卷研究中进行差异对比最常用的分析方法。在进行单因素方差分析时，首先分析表示因变量 Y 的题是否呈现出显著性，如果呈现出显著性，则可以深入对比每组数据的平均值差异，具体可参考 5.3.9 节内容。

（6）是否一定需要事后检验？

如果单因素方差分析呈现出显著性，那么可能涉及具体两两组别数据的差异对比。如果研究希望细致深入分析，则可以进行事后检验。在多数情况下，研究人员可以直接对比每组数据的平均值，进行差异说明，并不需要进行事后检验。

（7）如果因变量是分类数据，是否可以进行多因素方差分析？

多因素方差分析的因变量为定量数据。如果需要分析两个分类数据之间的关系，则可以使用卡方分析。

（8）多因素方差分析的单个变量不显著，但是交互项显著，如何处理？

在进行多因素方差分析时，只有单个变量呈现出显著性，才有可能继续进行交互作用分析。如果单个变量不显著，但是交互项显著，那么不应该进行交互作用分析。

（9）在进行卡方分析时有多个 P 值，应该选择哪一个？

在进行卡方分析时，软件会输出多个 P 值，通常情况下应该将 Pearson 卡方对应的 P 值作为卡方分析结果。

（10）卡方分析如何进行文字分析？

卡方分析首先需要进行显著性检验，如果呈现出显著性，那么应该深入分析差异性，找出表格中选择百分比明显不一致的地方，并且进行详细分析。

18.7　因子分析和聚类分析

因子分析和聚类分析常见问题汇总如表 18-7 所示。

表 18-7　因子分析和聚类分析常见问题汇总

问 题 类 型	问 题 编 号	问 题 描 述
探索性因子分析	（1）	使用探索性因子分析计算权重前，是否一定先找出因子与题的对应关系
探索性因子分析	（2）	什么情况下 KMO 值为 0.5
探索性因子分析	（3）	在进行权重分析时没有输出因子得分系数矩阵，应该如何处理
聚类分析	（4）	聚类分析应该选择哪一种方法
聚类分析	（5）	聚类分析没有输出 P 值，如何进行分析

（1）使用探索性因子分析计算权重前，是否一定先找出因子与题的对应关系？

当使用探索性因子分析的探索因子功能进行分析时，需要先找出因子与题的对应关系，再进行指标权重计算。

（2）什么情况下 KMO 值为 0.5？

当使用探索性因子分析进行分析时，如果仅有两个题，那么 KMO 值为 0.5。

（3）在构建权重体系时没有输出因子得分系数矩阵，应该如何处理？

在使用探索性因子分析构建权重体系时，需要 SPSS 软件输出因子得分系数矩阵（SPSS 软件默认不输出），具体设置方法为：在"因子分析"对话框中单击"得分"按钮→勾选"显示因子得分系数矩阵"复选框。

（4）聚类分析应该选择哪一种方法？

聚类分析共有 3 种可选方法，分别是两步聚类分析、k-均值聚类分析和系统聚类分析。如果聚类变量中有分类数据，则只能使用两步聚类分析或系统聚类分析；如果聚类变量全部为定量数据，那么这 3 种聚类分析方法均适用。在现实研究中，两步聚类分析和系统聚类分析的使用频率更高。聚类分析方法的选择使用说明可参考 9.2.1 节内容。

（5）聚类分析没有输出 P 值，如何进行分析？

严格意义上讲，聚类分析并非统计假设检验分析方法，因此不会输出 P 值，研究人员也无法结合 P 值判断聚类效果情况等。关于聚类分析的详细说明可参考 9.3.3 节、9.3.4 节和 9.3.5 节内容。

附录 A 中英文术语对照表

1. 基本统计术语

中　文	英　文	中　文	英　文
问卷	Questionnaire	预测试	Pretest
P 值	P Value	显著性	Significance
样本/被试	Sample	显著性差异	Significant Difference
显著性水平	Significance Level	数据类型	Data Type
分类数据	Categorical Data	定量数据	Quantitative Data/Number
量表	Scale	五级量表	Five-level Scale

2. 描述性方法统计术语

中　文	英　文	中　文	英　文
描述统计	Descriptive Statistics	中位数	Median
频数分析	Frequency Analysis	众数	Mode
变量	Variable	算术和	Sum
频率表	Frequency Table	四分位数	Quartile
统计量	Statistics	百分位数	Percentile
方差	Variance	描述分析	Descriptive Analysis
平均值	Mean	最大值	Maximum
标准差（SD）	Standard Deviation	最小值	Minimum

3. 信效度研究方法术语

中　文	英　文	中　文	英　文
信度	Reliability	信度分析	Reliability Analysis
效度	Validity	效度分析	Validity Analysis
李克特量表	Likert Scale	信度系数	Reliability Coefficient
α	Alpha	校正的项总计相关性	CITC
结构效度分析	Construct Validity	内容效度分析	Content Validity

中　文	英　文	中　文	英　文
探索性因子分析	Exploratory Factor Analysis（EFA）	因子分析	Factor Analysis
抽取	Extraction	降维	Data Reduction
主成分分析	Principal Component Analysis	特征根值	Eigen Value
旋转	Rotation	相关矩阵	Correlation Matrix
方差最大旋转	Varimax Rotation	未旋转的因子提取结果	Unrotated Factor Solution
因子载荷散点图	Loading Plot	因子载荷	Factor Loading
方差解释率	% of Variance	碎石图	Scree Plot
方差旋转	Variance Rotation	共同度	Communality

4. 变量关系研究方法术语

中　文	英　文	中　文	英　文
相关分析	Correlation Analysis	相关系数	Correlation Coefficient
显著性检验	Significance Test	皮尔逊相关系数	Pearson Correlation Coefficient
正相关	Positive Correlation	负相关	Negative Correlation
强相关	Strong Correlation	弱相关	Weak Correlation
简单线性回归	Simple Linear Regression	多元线性回归	Multiple Linear Regression
自变量	Independent Variable	因变量	Dependent Variable
R^2	R-Squared	虚拟变量	Dummy Variable
标准化	Standardization	中心化	Centering
全部进入法	Enter Method	逐步回归法	Stepwise Regression Method
最小二乘法	Least Squares	自相关	Autocorrelation
D-W 值	D-W Value	多重共线性	Multicollinearity
Logistic 回归	Logistic Regression	二元 Logistic 回归	Binary Logistic Regression
多元有序 Logistic 回归	Ordinal Logistic Regression	多元无序 Logistic 回归	Multinomial Logistic Regression
分类表	Classification Table	对数比	Exp（B）
中介效应	Mediator Effect	调节效应	Moderator Effect
交互项	Interaction Term	分层回归	Hierarchical Multiple Regression

5. 差异性研究方法术语

中　文	英　文	中　文	英　文
均值比较	Compare Means	显著性差异	Significant Difference
t 检验	t-test	单一样本 t 检验	One Sample t-test
独立样本 t 检验	Independent Samples t-test	配对样本 t 检验	Paired Samples t-test
均值差	Mean Difference	方差分析	ANOVA
单因素方差分析	One-way ANOVA	多因素方差分析	Univariate ANOVA
事后检验	Post Hoc Test	方差齐性检验	Homogeneity of Variance Test
多重比较	Multiple Comparison	显著性水平	Significance Level
交叉表	Cross Tabulation	列联表	Contingence Table
卡方检验（x^2）	Chi-square Test	卡方值	Chi-square Value

6. 权重类、聚类样本研究方法术语

中　文	英　文	中　文	英　文
因子得分	Factor Score	聚类分析	Cluster Analysis
两步聚类分析	Two-step Cluster Analysis	k-均值聚类分析	k-Means Cluster Analysis
分层聚类分析	Hierarchical Cluster Analysis	标准化	Standardization

反侵权盗版声明

电子工业出版社依法对本作品享有专有出版权。任何未经权利人书面许可，复制、销售或通过信息网络传播本作品的行为；歪曲、篡改、剽窃本作品的行为，均违反《中华人民共和国著作权法》，其行为人应承担相应的民事责任和行政责任，构成犯罪的，将被依法追究刑事责任。

为了维护市场秩序，保护权利人的合法权益，我社将依法查处和打击侵权盗版的单位和个人。欢迎社会各界人士积极举报侵权盗版行为，本社将奖励举报有功人员，并保证举报人的信息不被泄露。

举报电话：（010）88254396；（010）88258888

传　　真：（010）88254397

E-mail： dbqq@phei.com.cn

通信地址：北京市万寿路 173 信箱
　　　　　电子工业出版社总编办公室

邮　　编：100036